新知 05
文库
XINZHI

The Keys of Egypt:
The Race to Read
the Hieroglyphs

The Keys of Egypt: The Race to Read the Hieroglyphs
by LESLEY & ROY ADKINS
Copyright:©2000 by LESLEY & ROY ADKINS
This edition arranged with CONVILLE & WALSH LIMITED.
through BIG APPLE TUTTLE-MORI AGENCY, LABUAN, MALAYSIA.

本书译稿由台湾猫头鹰出版社授权

破解古埃及

一场激烈的智力竞争

[英]莱斯利 罗伊·亚京斯 著 黄中宪 译

生活·讀書·新知 三联书店

Simplified Chinese Copyright © 2016 by SDX Joint Publishing Company.
All Rights Reserved.
本作品中文简体版权由生活·读书·新知三联书店所有。
未经许可，不得翻印。

图书在版编目（CIP）数据

破解古埃及：一场激烈的智力竞争／（英）莱斯利，（英）亚京斯著；黄中宪译．—2版．—北京：生活·读书·新知三联书店，2016.4（2018.12重印）
（新知文库）
ISBN 978-7-108-05663-4

Ⅰ．①破…　Ⅱ．①莱…　②亚…　③黄…　Ⅲ．①古文字－研究－埃及　②埃及－古代史－通俗读物　Ⅳ．① H673.2　② K411.209

中国版本图书馆 CIP 数据核字（2016）第 048871 号

特约编辑	张艳华
责任编辑	徐国强
装帧设计	陆智昌　刘　洋
责任印制	徐　方
出版发行	生活·讀書·新知 三联书店
	（北京市东城区美术馆东街 22 号 100010）
图　字	01-2011-0884
网　址	www.sdxjpc.com
经　销	新华书店
印　刷	河北鹏润印刷有限公司
版　次	2007 年 9 月北京第 1 版
	2016 年 4 月北京第 2 版
	2018 年 12 月北京第 5 次印刷
开　本	635 毫米 × 965 毫米　1/16　印张 20.5
字　数	250 千字　图 30 幅
印　数	24,000-29,000 册
定　价	38.00 元

（印装查询：01064002715；邮购查询：01084010542）

新知文库

出版说明

在今天三联书店的前身——生活书店、读书出版社和新知书店的出版史上，介绍新知识和新观念的图书曾占有很大比重。熟悉三联的读者也都会记得，80年代后期，我们曾以"新知文库"的名义，出版过一批译介西方现代人文社会科学知识的图书。今年是生活·读书·新知三联书店恢复独立建制20周年，我们再次推出"新知文库"，正是为了接续这一传统。

近半个世纪以来，无论在自然科学方面，还是在人文社会科学方面，知识都在以前所未有的速度更新。涉及自然环境、社会文化等领域的新发现、新探索和新成果层出不穷，并以同样前所未有的深度和广度影响人类的社会和生活。了解这种知识成果的内容，思考其与我们生活的关系，固然是明了社会变迁趋势的必需，但更为重要的，乃是通过知识演进的背景和过程，领悟和体会隐藏其中的理性精神和科学规律。

"新知文库"拟选编一些介绍人文社会科学和自然科学新知识及其如何被发现和传播的图书，陆续出版。希望读者能在愉悦的阅读中获取新知，开阔视野，启迪思维，激发好奇心和想象力。

生活·读书·新知三联书店

2006年3月

谨献给亲爱的丽斯（Liz）、乔恩（Jon）、波皮（Poppy）

目 录

9   中文版序　埃及学的开山祖师　蒲慕州

13   致谢

15   导言　时间之始

1   第一章　埃及之地
……拿破仑派遣学者随军远征埃及，不过是他的一时突发奇想，他心里大概只是想要超越亚历山大的历史成就而已。但若没有他的突发奇想，埃及象形文字或许至今仍未破解。

35   第二章　学生
学生时代的商博良表现出超人的语言天赋，他出身贫寒，靠其兄长供养，一边学习学校课程，一边刻苦学习科普特语，并着迷于古埃及研究。至于对手的存在他并不在意，而与老师、同学的关系更令他挂怀。

63   第三章　城市
来到巴黎，潮湿的气候令商博良诸多不适，但巴黎的文化和学术魅力深深地吸引了他。他终于可以想上什么课就上什么课，可以投入个人的研究，而不必被迫上一些无聊的课……在巴黎求学不仅让他得到所需的知识和技能，也让他得以结识许多最有名望的语言学家和东方学家，从此与他们成为朋友。

81   第四章　教师
在大学任教的商博良似乎比较顺利，但他的薪水只有正式教授的四分之一，因为贫困，加上事业上的雄心和个人欲望的交迫，他身心疲惫，而他仍然没有放弃对象形文字的研究，但他不敢率然出版他的研究成果。

105　第五章　医生

商博良最大的劲敌是比他大十七岁、年方四十一岁的英国人杨……他的人生道路和事业走来平顺，比起一直家境贫穷、为政治陷阱所困的商博良，可说是一个在天，一个在地。

145　第六章　克丽奥佩特拉

希腊语专家勒特隆将班克斯的方尖碑文给商博良看，他立刻认出这便是以象形文字写就的克丽奥佩特拉之名。而此前，班克斯就已发现了这个象形文字，但他和杨都未将此发现告知商博良，他们两人一贯不愿意帮他。

171　第七章　结识国王

商博良发现了表音象形文字表，破解了象形文字中诸多埃及统治者的希腊、罗马人名，揭示了椭圆形框内法老王的名字所具有的宗教和巫术双重意涵……学术报告会上商博良恰巧坐在素未谋面的最强劲的对手杨身边，一时弥漫着紧张气氛。然而报告会后，对手和朋友都走向前恭贺他……研究和破解仍在继续，他们之间的竞争愈演愈烈。

199　第八章　大师的秘密

传说基督曾俯视美丽的那不勒斯湾，有感于该城子民的罪恶而垂泪，当地盛产的葡萄酒因此得名"基督之泪"。商博良在返回那不勒斯途中，以"基督之泪"祭奠伊西斯神庙及维纳斯神庙。信仰天主教的商博良敬拜此两位女神，其中代表何种意涵，成为神秘待解之谜。

231　第九章　译者

商博良率领考察队在埃及探察数月，浑然不知巴黎正为他的象形文字破解体系闹得沸沸扬扬……考察队驻扎在拉美西斯国王的陵墓，商博良戏称此地真可谓不折不扣的王公住所，他们受到了国王的礼遇……商博良鉴定此墓为拉美西斯四世的陵墓，然而考察队因为罗马数字"Ⅳ"与"Ⅵ"的混淆，竟将此墓误记为拉美西斯六世之墓……

275　第十章　赐予文字与书写体系之人

古埃及人将透特等同于月亮，视透特为发明象形文字之神，因此称之为书吏之保护神及知识与真理之神。商博良破解了象形文字中的"透特"，其功劳意义非凡，因而，人们将月球上的一座环形山以其名字命名……

297　深入阅读

中文版序
埃及学的开山祖师

蒲慕州

当拿破仑在1798年抵达埃及时,大概很难想象两百年之后世人会如何看待他的这次冒险,也更无从预测,他所引起的埃及热潮,是如何地促成古埃及文明在现代重新被世人认识。他的军事行动,也就是想要占领并控制埃及,并继续向东发展的企图,结果以失败收场;其附带活动,即由一批学者进行对埃及的古迹及现况的调查,却是一项巨大的成就。就是由于这批学者所带回欧洲的文物,刺激了一班学者的研究热情,投入了对古埃及文字的研究,才产生了所谓的埃及学——研究一切有关古埃及的学问。

自从法国人商博良在1822年找到解读古埃及文的方法之后,经过一百八十年的时间,古埃及文明在现代人的历史知识中已经成为一种常识——至少,世人知道古埃及文明有它的历史,古埃及文字不是不可辨认的神秘象征符号,埃及学在世界上许多地方(当然仍以欧美为主)已经是人文学科中重要的一环。但说实在的,不论是在西方或东方,一般人除了对博物馆中精美的埃及艺术品赞叹不已,对金字塔与木乃伊有一种神秘感和莫名的恐惧之外,恐怕仍然弄不清楚埃及文(一般在中文的说法还加上"象形"两个字)到底是否为一种象征符号,或是要凭借神秘的直觉去解读的东西。这大概只能说,一般历史教育无法照顾到这样的细节吧。

对于那些想要多了解一些古埃及文字系统的人,也许去找一些浅显的介绍书籍看看,就可以大致有些了解。不过,如果还想要多知道一些商博良研究古埃及文的过程,尤其是在他短短十数年的学术生涯中所经验的各种困难和挫折,以及他研究的深刻意义,那就不容易有合适的读物了。本书的特色是用浅显的文字,说故事的技巧,生动地介绍了商博良的一生事迹和他的研究,给读者一个清楚的了解。在这同时,作者适时地在各个篇章中加入了有关古埃及文字结构的介绍,使读者在趣味中得以了解古埃及文字的一些基本概念,如什么是表意符号,什么是表音符号,基本的音符是哪些,人名的构造原则是什么,等等。两位作者是职业考古学家,虽不是埃及学者,但也有相当的埃及学知识,写了不少有关考古的书,主要是以向大众传播考古知识为业。他们对古埃及文字的介绍,从埃及学家的观点来看,可以说是中规中矩,没有什么错误。如果以古埃及文的经典教科书(A.H.Gardiner, *Egyptian Grammar*, Oxford:1957, 3rd ed.)来衡量,他们的介绍基本上沿袭了第一课有关古埃及文基本认识的部分,因此读者可以放心,他们的说法是可靠的。

不过本书的优点不止于此。两位作者花了相当多的工夫去追索商博良及其同时代一些学者之间的往来关系,描绘出19世纪前半叶欧洲学术界在解开埃及文字之谜的竞争中的一些有趣的故事,当然也可以作为了解欧洲近代学术发展史的一个例子。即使对埃及学家而言,作者对商博良的生平介绍也仍然是有参考价值的。毕竟埃及学发展到现在,一般人可以直接借着最新的文法书籍研读埃及文,不必重蹈覆辙,但是对于埃及学的开山祖师却不见得有什么深入的了解。所以,结论是,这是一本成功的普及性作品,在众多以埃及为题材的大众化读物中,算是比较高水平之作。

(作者为美国约翰霍普金斯大学埃及学博士、
台湾"中央研究院"历史语言研究所研究员)

致谢

本书撰写期间得到许多人和机构的帮助，很高兴在此一一表示谢忱。首先我要由衷感谢亚洲馆允许我引用商博良致帕里信函的内容，这封信收录在布雷齐亚尼编纂的《商博良致泽米尔书信集》（1978）一书中。本书中出现的"普塔霍泰普大臣的教谕"的部分内容和"向未来说话是件好事，它会倾耳聆听"这句话，都引自帕金森所翻译的《公元前1940年至公元前1640年间，西努希传记和其他古埃及诗篇》一书（1997）。帕金森并为该书写了译序，加上了注释。蒙该书出版者牛津大学出版社惠允引用，在此表示感谢。在此还必须感谢大英博物馆所属大英博物馆出版社，允许我们引用帕金森编纂的《古埃及的声音：中王国著作选集》（1991）一书中海卡纳克赫特所写信函的内容、护童咒、献给死去作者的颂词。其中的护童咒是经帕金森修订过的版本。

所有插图的版权都属莱斯利和罗伊·亚京斯图片馆所有,但罗塞塔石碑的照片则是蒙大英博物馆惠允引用。商博良和雅克－约瑟夫两人年轻时的照片,取自商博良－菲雅克所著《商博良两兄弟》一书(1887),并承蒙大英博物馆惠允引用。

许多图书馆的职员给了我宝贵的帮助,其中荦荦大者包括伦敦图书馆、布里斯托大学艺术与社会科学图书馆和沃斯利化学图书馆、牛津的葛利菲斯学院图书馆和博德利图书馆、大英图书馆;伦敦古文物协会图书馆的纳尔斯和詹姆斯、英国萨摩塞特书房图书馆的布罗姆维奇、法国格勒诺布尔市立图书馆的玛丽－弗朗索瓦·布瓦－德拉特。格勒诺布尔的德雷梅斯和商博良学会帮助良多,在此同样要申致谢忱;附近维夫镇的夏托米努瓦夫妇,则非常热心帮忙。在菲雅克镇停留期间,因商博良博物馆的普蕾沃女士、市立图书馆职员、鲁瓦与塔希·弗里库法官夫妇古堡的帮助,心情愉快,而又获益良多。

大英博物馆埃及古文物部门的帕金森博士,一直以来不吝于提供各种信息,在此必须特别表示感谢。史特鲁维克细心打字编排内文和象形文字,贡献匪浅;希姆斯夫妇的实质帮助,也不容或忘。

至于让本书得以付梓的哈泼柯林斯公司,亚什米德、费什维克、莫里斯、多比、克莉丝·伯恩斯坦,都给了我们宝贵的帮助,在此亦须致谢。

最后,必须向华尔什♀𓂀𓏏𓊖致上十二万分的谢意,没有他的帮助,这本书肯定不可能问世。

导言　时间之始

马札林路28号，是尚－弗朗索瓦·商博良的住所，也是他钻研埃及象形文字的所在地，此处距离他哥哥雅克－约瑟夫任职的法兰西研究院不到两百米之遥。1822年9月14日大约正午时分，商博良以最快的速度，奋力跑完这段路。他手里拿着稿纸、笔记、图画，飞也似地奔跑在这条狭长阴暗的街道上，接着拐过弯闯进了法兰西研究院。由于之前他生病还未完全康复，加上心情实在太兴奋，冲进雅克－约瑟夫的办公室时他已上气不接下气。他把稿纸往桌上一扔，对着哥哥大声嚷道："我找到了！"这天一大清早，他便埋头研究起新近从阿布·辛拜勒神庙遗址描绘的古埃及铭文，这些仿佛天书般的古埃及象形文字，现在他终于看出隐藏其后的组成体系，至于何时可以看懂所有的古埃及文，则只是时间问题。他向雅克－约瑟夫述说了自己的发现，但只能勉强地说出几个字，便倒在地上不省人事。一时间，雅克－约瑟夫还以为他就此一命呜呼。

这是商博良动荡一生中最重要的转折点，而这样的发展可能是他始料所未及。为了破解古埃及象形文字，他已埋首数年，投入的心力有增无减，但其实在他以此作为自己的终身职志前，甚至在尚未见过古埃及象形文字之前，就已结下了机缘。他之所以走上此路，缘于他对世界的源起有一种永难餍足的好奇心。商博良小时候，父母对他似乎疏于照管，自他很小起，就是由他的哥哥和三个姐姐负起照顾之责，而四位兄姐对这位年纪比他们小很多而又聪明伶俐的家中小宝贝非常溺爱，甚至近于宠坏。他哥哥看出商博良的聪慧和语言上之过人天分，便决定好好栽培他，以免暴殄他的天资。法国大革命爆发，国内一片大乱，所有学校全部关闭，雅克-约瑟夫为了让弟弟商博良所受的影响降至最低，主动休学，在家里亲自教导他。后来，还为他找了一名家庭教师。拿破仑上台后，政局重归稳定，学校复学，但仍潜藏危机。十二岁时，商博良已精通拉丁文和希腊文，于是学校特准他学习希伯来文、阿拉伯文、叙利亚文、迦勒底语*。商博良出生在法国西南部的偏远小镇菲雅克，父亲是个书商。习得拉丁文和希腊文的他遨游于题材无所不包的浩瀚书海，因而动念学习东方语言。起初此举似乎只是好奇之下的突发奇想，事实上，商博良这时已决意迎接知识界的一大挑战，那就是究明世界的源起和时间本身的发端。

  大革命后天主教被禁，宗教遭镇压，但说明世界源起的唯一典范仍存在于《旧约圣经》。当时的人认为，该典籍里描写的正是上帝创造地球后的地球历史。有意探讨此理论者都必须精通东方语言，才有办法研读早期的圣经版本和相关文献。当时的人还相信世界诞生之后不久，人立即就生活于地球上，因而从历史和哲学着手来探寻世界的源起，也就是顺理成章的事。当时考古学和地质学仍在萌芽阶段，还称

---

* 迦勒底语（Chaldean）与巴比伦人血缘相近的迦勒底人所用的语言，属闪族语。——译注

不上是值得郑重看待的学科。无法餍足的好奇心，让商博良野心勃勃，什么领域的学问他都想涉猎，而当他体认到古埃及的探究价值无可限量之后，他才找到了钻研的重点。这个神秘的国家，这个在圣经中就已出现、与犹太人的历史密切相关的国度，令他极为着迷。但由于古埃及象形文字的无解，以至古埃及的历史（应该说几乎对整个古埃及的了解）仍是一团迷雾。这些象形文字里可能藏有不可思议的秘密，甚至世界的源起都可得到精确的解答。以他的天赋异禀，这是个可以让他一展所长的挑战，只要能解读这些象形文字，就可以解开这无人知晓、遗忘千年的秘密，赢得无上的殊荣。

他之所以能成功地破解古埃及文，除了得益于其过人的语言天分，对图像的惊人记忆力也是一大助力。因为他的这种过人的记忆天赋，使他得以从所研究的数千个象形文字中看出类似的符号和符号群。而他初始学习写字、拼字时所以出现学习障碍，也或许肇因于对图像的记忆力；他小时候似乎总把文字看成图像，而把图像看成文字，使得书写和画画几乎就是一回事。这种不合传统、轻忽草率的学习态度，大概源于他小时候想以抄书来自学的学习经验。从另一方面看，这也说明了他从小就有能力自创奇招来解决问题。在攸关性格塑造的成长阶段，由于未受正统教育，兴趣未受外力的引导制约，使他得以自由发展，养成其对许多事物都感兴趣的强烈好奇心。这种好奇心成为推动他一生前进的主动力，却也促使他容易受到有趣而无关紧要的事物所吸引，从而偏离了原来的道路。这段不寻常的童年也并非完全无害。童年时的他恰逢法国大革命，社会动荡不安，为了避免小孩上街游玩的安全之虞，于是他的生活天地只限于家中。虽说受困于家中，至少他还可以自由摸索自己感兴趣的东西。后来他上学，因为必须遵守团体纪律，还得学习一些像数学这种他完全不感兴趣的东西，他顿时与周围格格不入，毕竟这和家中的自由有天壤之别。他花了多年时间适应学校的生活，努力让自己像个寻常的学童，但一直未能完全融入，因为他根本太不寻常了。他幽默起来可是非常尖刻，为了在学校的严厉管教中挣扎求生，他便利用这项辛辣慧黠的挖苦本事保护自己，而且愈来愈如此。不过对朋友和家人，他总是一贯的亲切大方。

初上学的不顺心让商博良变得暴躁任性、爱耍脾气，他经常更努力地压抑自己心中的不平之气，掩饰心中的不耐烦，于是坏脾气变成不情愿的忍耐，面对听不懂或内容重复而枯燥乏味的课程，面对惹人生厌而未能启发的老师，他隐忍着。但对于感兴趣的科目，他则毫不掩饰自己的才华和热爱。画画起初只是出于好玩，但他精益求精，发展成一技之长，而成为日后研究象形文字不可或缺的工具。植物学是他热爱的学科，而且终其一生热爱有加。他的语言天赋和对语言学习的执著依然不减，对古代史的热爱则与日俱增。

求学期间习得的上述技能，对商博良日后研究象形文字极为有用，而他在课余作业上就已显示出这些还在发展中的技能。拿到作业后，他总是一丝不苟地研究，针对所有可取得的证据来源，上穷碧落下黄泉去考证、评估。他很喜欢将搜集来的资料进行列表、分类、分析，然后以严谨的逻辑推理得出结果。最值得一提的是他很固执，做作业时他只可能因外力因素而被迫中断或放弃，只可能是搁置或受阻，但绝不会主动放弃。他还能以开放的心态来处理问题，由此可见他的勇敢和独立。法国大革命期间，宗教遭官方明令废除、强势镇压，商博良虽然在这段期间出生、成长，却往往受教于虔诚的天主教徒门下（其中许多是大革命前的教士和修道士），因而得以发展出不偏一执的包容心态，而这对他日后理解象形文字也功不可没。令竞争对手陷入门户之见而水火不容的问题（比如该支持或反对教会，该支持或反对拿破仑），商博良的处理态度是实事求是，权衡是非，据以做出结论。这种处世方式是福也是祸，用以解决学术问题绝对有其必要，但处在政局纷乱的年代则可能惹来杀身之祸。商博良对拿破仑的作为起初持批判态度，而在拿破仑退位前数星期，转而强力支持他。由于这一转变，王政复辟后他立即遭到当政者的猜忌，一辈子为许多保王党所痛恨和反对。

商博良成功的最后一项要素是资料取得容易。在此之前的学者所能获得的象形文字，数量非常有限，主要来自许久以前就已刻于欧洲的埃及纪念碑和手工艺品。由于埃及对外隔绝千百年，解读象形文字的工作受限于原始资料有限而不得不中止。但就在商博良开始受正规教育时，拿破仑发兵埃及，打了一场关键性战役。这场战役虽以战败收场，却让西欧注意到埃及的所有事物，特别是法国。因为这支远征军的随军学者返国时带回大量令欧洲学者为之震惊的笔记、图画和手工艺品；而幸存的士兵返国后，逢人便说起在法国前所未闻的奇异国度的新鲜事情，而且愈说愈添枝加叶，美化自己的所见所闻。从拿破仑本人到最下层的士兵，凡是曾参加过远征埃及者，无不深受这次经历的影响，埃及魅力弥漫整个法国，最终引发了一波埃及热（其实当时的埃及已迥异于古埃及）。接下来数十年，埃及热渐趋式微，但法国对埃及这个从未归属于殖民地的国家之喜爱至今不衰。

1807年商博良抵达巴黎时，巴黎已是语言学研究重镇，欧洲最出色的语言学家均汇聚于此。此外，拿破仑远征军刚从埃及带回的大量文物也存放在巴黎，几乎还没有人研究过，这令商博良雀跃不已。在巴黎多所图书馆内，充斥着拿破仑军队从欧洲各地劫掠来的珍贵书籍和手稿。商博良已开展的象形文字解读工作，迅即演变为有多名对手共同角逐的竞赛，而且这是一场在暗地里进行的诡异角逐，直到有参赛者对外公布研究成果，其他人才知道有此一对手。来自欧陆各地的学者开始在巴黎研究象形文字，其中许多人将重点放在新发现的罗塞塔石碑铭文。此碑文用三种文体雕刻而成，学者认为将其中的象形文字和希腊文字两相对照，或许就可打开破译之门。投入这场破解竞赛的学者愈来愈多，竞争激烈，最后演变成两强争霸的局面，即法国的商博良和英国的托马斯·杨。巧合的是，当时英法两国也正处于争霸对峙的局面。这是一场开放式的竞赛，任何人都可上场一试，但没有鸣枪正式的起跑，没有奖品，没有奖金，没有奖牌，最重要的是没有规则。然而每位参赛者都深知自己追求的是什么，就是抹去笼罩在古埃及的谜团疑雾，揭开古埃及的面貌，以此成就名垂青史，而唯有第一位破译象形文字者才能拥有这不朽的殊荣。

第一章　埃及之地

……拿破仑派遣学者随军远征埃及，不过是他的一时突发奇想，他心里大概只是想要超越亚历山大的历史成就而已。但若没有他的突发奇想，埃及象形文字或许至今仍未破解。

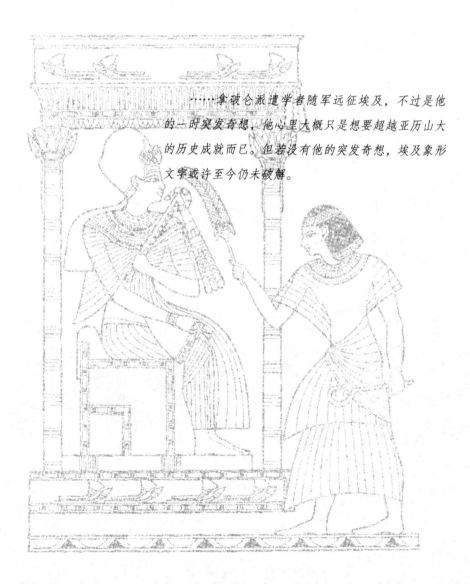

约瑟芬从未去过埃及，于是恳求拿破仑偕她同往，但唯独此次他对约瑟芬的要求犹豫不决，因为他知道这次远征埃及自己并没有完全把握，一旦满载部队、物资和武器的法国舰队遭英国海军拦截，就只有力战到底，根本没有什么机会逃跑。如果约瑟芬得以同行，那她将是一千多年来第一批前往埃及的西方妇女之一。由于当地危险重重，只有不怕死之徒，或愚蠢乃至一心寻死之人，才敢溯尼罗河谷而上。

1798年5月19日，拿破仑将军下令法国舰队启航，妻子约瑟芬终究未获同行，但拿破仑答应只要远征军打败英军，就会派人把她接过去。事实上他已经下令，除了少数核准同行的妇女，如洗衣妇、女裁缝外，一律不准妇女随行。但妻子、情妇跟着丈夫、爱人远赴战场，并不是什么破天荒之事，以此次远征而言，下层官兵并没有严格遵守拿破仑的命令。有些军官公然偕妻子上船，还有些妇女偷偷地溜上船，或者女扮男装上船。总之，共有约三百名妇女随军前往埃及。

远征舰队出海才四天，**拿破仑**就决定冒险将约瑟芬接来，于是派了装有大炮的波莫纳号（Pomone）快速帆船前去接她。不料波莫纳号抵法时，约瑟芬却病得无法远行。话说她在土伦军港目送拿破仑扬帆出海后，就前往洛林省的矿泉疗养胜地普隆比耶尔泡温泉，6月12日那天，一个高约4.5米的木制阳台突然坍塌，掉落街上，把约瑟芬砸成重伤。当地医生以煮熟的马铃薯加白兰地、樟脑敷在她的受伤处，加上水蛭、热浴和不时的灌肠治疗，约瑟芬为此忍受了三个月的痛苦才治愈。约瑟芬在她能够提笔给友人写信时，无不悲叹自己未能前往埃及的苦恼："我收到一封波拿巴寄来的令人窝心的信。他说他不能没有我，要我去和他会合，要我去那不勒斯搭船。我真希望自己身体好转，可以立刻出发，而我觉得自己的病痊愈还是遥遥无期。我仍然不能起来，只要站立或坐上十分钟，肾或下背部就会感到剧痛，我所能做的就是哭。"

这次意外对拿破仑和约瑟芬的一生是个转折点。约瑟芬身体复原到可以远行时，拿破仑也找到了约瑟芬红杏出墙的证据，已无意愿让她到埃及。他一度为这个比他大六岁的女人神魂颠倒，早在两年前将她娶进门，如今两人的关系已经发生了变故。不久之后，拿破仑走上了拈花惹草之路，情妇一个换过一个，而第一位和他勾搭上的就是陆军中尉的新婚妻子宝琳。宝琳是装扮成士兵偷渡上船的，在部队中人们都称她是"克丽奥佩特拉"。这个名字在希腊文和古埃及文里都出现过，后来为破解象形文字提供了重要而关键的线索。

拿破仑于1769年出生于科西嘉岛的阿雅克肖，父亲是下层贵族；于法国接受军事教育后，1785年进入法国陆军炮兵团。四年后法国大革命爆发，欧洲诸国害怕法国的社会改革扩及全欧，发兵赴法镇压。1796年起，拿破仑领军在意大利多次击溃奥地利军队，震惊全欧。很快地，与法国为敌的只剩下死对头英国，而拿破仑判断，若要进一步入侵英国本土，得先取得制海权，否则不易成功，于是拿破仑决定采取迂回方式，拿下埃及，借此摧毁英国。他认为拿下埃及，就可以切断英国与其最富裕的属地印度之间的贸易通路，并为法国远征南亚次大陆提供基地。

这项行动也符合拿破仑当时想远离巴黎政局的想法。他的盘算是：从埃及凯旋归国，再将其他人所密谋的政变纳归自己主导。当时掌权的是督政府，也就是由五名督政官组成的委员会，督政官握有

1795年8月22日革命宪法所赋予的行政权。对督政府而言，自然乐见拿破仑离开巴黎，甚至盼望他远征失败，连带终结这位年轻而有野心的将领的政治前途。因而拿破仑提议远征埃及，督政府则立刻欣然答应。

拿破仑的远征军航行了近六个星期才抵达埃及，这时的埃及作为奥斯曼土耳其帝国的一部分已有近三百年历史。而在土耳其人入侵之前，埃及这块土地的主人则是近九百年前入侵的阿拉伯人。在拿破仑之前，仅有极少数人曾涉险深入尼罗河三角洲以南，且清一色是男性。商人为数不多，大都只在开罗、亚历山大、罗塞塔和达米埃塔活动。来自西方的商人主要在开罗做买卖，在城内有其专属的营舍，营舍四周环绕围墙，入口有土耳其士兵站岗守卫。即使是在尼罗河三角洲，西方人出营舍若没有武装人员随侍，就会有安全之虞，更别谈前往三角洲以南地区。而生活在埃及的五六十名法国商人所能提供给祖国的信息很有限，因此拿破仑和其麾下将领抵达埃及后，才发现自己对远道而来欲待征服的土地，所知原来甚微。

法国远征舰队运气不错，航行途中避开了在地中海海域寻找他们行踪的强大英国海军舰队，于1798年6月底顺利抵达埃及沿岸，未遭英军拦截。远征军共四百艘舰只，官兵约三万八千名，野战炮六十门，攻城炮四十门；其中骑兵约三千名，但马只有一千二百匹，因为拿破仑打算以骆驼为运输工具。还有一批学者随行。远征军邀请学者加入这趟热带之旅时，并未明确告知目的地，但还是有国家研究院的一百五十多名学者欣然加入。国家研究院于1795年在巴黎创建，网罗了各科学领域的杰出之士；拿破仑于1797年也获选成为院士，对此他还甚为自豪。之所以会有如此多的学者（正式院士共一百六十七名）同意涉险远征，拿破仑的院士身份大概是原因之一。如果法国舰队在途中遭英国海军拦截并摧毁，法国学术界和艺术界的菁英将悉数葬身海底，为此法国当局安排这批学者分乘至少十七艘船只，且将同一领域的学者分散在不同船只。

这些专门领域的学者包括天文学家、土木工程学家、素描家、语言学家、东方学家、画家、诗人、音乐家，以及一些学界大师，如杰出数学家傅立叶（Jean Baptiste Joseph Fourier）、发明画法几何学的科学家兼数学家蒙热（Gaspard Monge）、化学家贝托莱（Claude-Louis Berthollet）。其他值得一提的学者还有发明家兼飞船驾驶员孔泰（Nicolas Conté），他最为人称道的事迹应属发明石墨铅笔；矿物学家多洛米厄（Déodat Gratet de Dolomieu），意大利多洛米蒂山脉即以他的姓命名；博物学家圣蒂莱尔（Saint-Hilaire）；艺术家兼雕刻师德农（Dominique Vivant Denon）；诗人格朗迈松（François Auguste Grandmaison）；工程师兼地理学家若马尔（Edme François Jomard）。

拿破仑让这么多平民学者涉入如此危险的军事行动，真正动机为何着实令人不解，但有了他们的同行，拿破仑可以名正言顺声地称这趟远征是民间活动，而非帝国主义的征服行动。拿破仑甚至还打算筑一条运河穿过苏伊士地峡，将地中海和红海连接起来，为前往东方提供新海路。拿破仑之所以会有这样的念头，缘于他想踵武亚历山大大帝的丰功伟业。亚历山大是希腊马其顿人，于公元前331年攻占埃及，随后远征波斯帝国，兵威远及兴都库什山之外的阿富汗和南亚次大陆，疆域横跨欧亚。亚历山大在巴比伦死于中毒或发烧之后，遗体运回他在埃及新建的城市亚历山大埋葬。征波斯之役，他带了一群学者和科学家随行；此后千百年，欧洲人对东方科学性的了解全都仰仗这些学者当年搜集的资料。拿破仑带了这么一大群学者，大概就是为了与亚历山大相互辉映，甚至超越他的成就。

刚开始，想破解象形文字的其实只是少数对古埃及遗迹有兴趣的学者。整个学者团预定的任务是记录埃及的各个层面，包括地质、水力、动植物、宗教、农业、制造业，而这项任务与能否达成军事远征的既定目标之间其实没有必要的联系。至于记录古代遗迹则未获重视，因为学者团多半根本不知道还有大批古代遗迹尚存于世。若说这些科学家和工程师的同行能带来什么立即而实质的好处，那就是评估、记录埃及现有的财富、战略价值和发展潜力，以利于将埃及纳为殖民地。但从当时法国政局的混乱来看，法国根本无力这么做。事实上，带这些学者随军远征埃及，不过是拿破仑一时突发奇想的产物，他心里想的大概只是要超越亚历山大的历史成就。但若没有拿破仑的突发奇想，埃及象形文字或许至今还未破解。幸存的学者带着数千张描绘自墓室、神庙墙上的象形文字稿返回法国，不仅让象形文字的破解工作重获重视，且首度为这方面的研究提供了大量的材料。在埃及度过艰险的三年后，学者带回这些材料，法国的埃及热由此展开。

舰队一抵达埃及，舰上人员就必须迅速上岸，片刻不得迟疑，因为英国战舰随时可能出现，趁法军还未上岸、舰队还未重整为战斗队形，而将它打个措手不及。法军于7月1日正午左右在亚历山大城西边的马拉布海滩登陆，由于沿岸礁岩密布，舰船只能停泊在岸外约五公里处的海上，这时天气急遽转坏。第一批登陆小船于晚上八点靠岸，部队登陆行动持续整夜。由于浪大，又必须躲过礁岩，小船划了八个小时才登岸。从舰船接驳到小船的过程中，许多人也因为浪大而受伤或掉进海里。拿破仑记载说登陆过程中只有十九人溺毙，但很可能是不实的宣传数据，实际伤亡数字应该高很多。

直到7月3日，全部士兵才登岸完毕，但拿破仑等不及士兵全部上岸，大炮、马匹乃至饮用水都还未卸下，就在7月2日清晨，率领约五千名士兵，成行军纵列往亚历山大城出发。上路士兵又累又饿，身上除了武器、衣服，没有其他东西。从登陆地点到亚历山大城没有道路，为数不多的水井和储水罐早已遭游牧的贝都因族阿拉伯人破坏。行进途中不断遭贝都因人骚扰，一旦掉队，即遭贝都因人掳走。士兵掉队遭俘的消息传开后，剩下的士兵唯恐被俘而遭贝都因人虐待，无不战战兢兢跟好队伍。早上八点法军抵达亚历山大城外围，部队疲惫不堪，加上酷热口渴，苦不堪言，但拿破仑仍下令立即攻城。城中居民守卫薄弱，法军进逼令他们惊恐万分，早已连夜派人前往开罗求援。法军为解口渴之急，无不奋力攻城，而守城兵力又极其薄弱，不到三小时，亚历山大城就落入法军手中。

学者直到7月4日才上岸。拿破仑把他们摆在次要顺位处理，主力部队离舰后，有些学者受到的待遇很低，被迫睡在甲板上，而且没东西吃。大部分学者带着个人行李，被冷落在亚历山大城外，不仅尊严尽失，还得自己保护自己。初抵亚历山大城令法国人既震惊又失望。在这里完全见不到昔日古代世界文化和学术中心的光彩，也见不到藏书七十多万册的著名图书馆、神庙、剧场、宫殿、亚历山大大帝陵墓。亚历山大城一度有长近五公里、宽一点六公里的规模；建于公元前3世纪的著名法罗斯岛灯塔，守护着该城的双港，被誉为古代世界七大奇观之一。史上记载该城人口曾多达三十多万，甚至上百万，但7世纪中叶阿拉伯人攻占后，亚历山大城即逐步衰落，加上地震和地层下陷，该城大部分地区已没入海中。如今靠着水下考古挖掘，才让亚历山大城的往日荣光重见天日。但对当时这批法国学者而言，只感到幻想破灭，只见到看似随时要垮掉的简陋小屋密密麻麻地挤在脏乱的窄街旁，城中人口还不到六千。

法军领导阶层未虑及这些学者的安危，任由他们花了几天时间，寻求住在城内的欧洲人收容，或寻找法军进城前即已逃离的英国领事宅邸来栖身。后来矿物学家多洛米厄找上拿破仑投诉，军方才将必需品给他们，但即使如此，也仅得到与一般士兵相同的配给。拿破仑急于离开亚历山大城，到处都是乱哄哄的。负责管理这群学者的卡法雷利将军，只肯拨出时间照管其中的军事工程师，对其他学者则置之不理。随着战事进行，学者已习惯于让人当作部队一分子来看待，不过刚开始在部队里，学者地位比最低阶的士兵还低，还是令学者很不满，觉得军方拿他们当事务员和信差来使唤，简直是糟蹋他们的才华，而对于爱抱怨的学者，卡法雷利愈是给他派发这样的工作。

事实上在航往埃及的途中，士兵和学者间就已有摩擦发生，双方都曾向拿破仑数落对方的不是。拿破仑对任何一方都不偏袒，毕竟他既是军人也是院士，但对双方的不和却深觉不以为然，因而逐渐对双方的抱怨感到不耐烦。拿破仑规定每日举行的会议，则让双方关系更为恶化。这会议常在甲板上举行，学者和军官都必须参加，以讨论各种问题。据推测应与拿破仑打算成立埃及研究院有关。士兵替学者取了许多侮辱性的称呼，其中最常听到的就是"驴子"。行军途中，士兵就拿负重物的真驴子开玩笑说是"准学者"；敌前部队得排成防御方阵，这时只要"驴子和学者到方阵中央"的命令高声下达，就必然惹得全部队哄堂大笑。

在亚历山大城短暂驻留期间，城市的脏乱及值得探索的古迹少之又少，令学者们觉得索然无味。最抢眼的遗迹是庞贝石柱。这根古罗马时期的石柱高踞在山丘顶上，俯瞰整座亚历山大城。公元前48年，西泽为追杀庞贝将军到了埃及，而在他登上埃及陆地时，就有人献上了庞贝的项上人头。庞贝石柱之名虽然取自这位公元前1世纪的罗马将军，却与这段史实毫不相干。而事实上它是为纪念罗马皇帝戴克里先（公元284—305年在位）访问亚历山大城而竖立。戴克里先也是最后一位立足埃及的罗马在位皇帝。令学者们感兴趣的是"克丽奥佩特拉之针"。虽名为"针"，其实是两座方尖碑，碑上都刻有象形文字，一座屹立如昔，另一座则已倾倒，半截柱身没入沙中。这是法国人最早见到的真正古埃及遗物，但与克丽奥佩特拉毫无关系。它们原来是公元前1500年左右竖立于古城赫利奥波利斯（现位于开罗郊外的地底下）某神庙前，公元前10年才由罗马皇帝奥古斯都下令搬到亚历山大城。仍然屹立的那座方尖碑基座上刻有希腊文和拉丁文，但由于基座已埋于沙里，法国学者无缘看到这些文字。碑上虽有象形文字，但法国学者看不懂，所以不知道这两座石碑的来历。其实它们最初来自遥远南方阿斯旺附近的采石场，经雕刻修整后竖立于赫利奥波利斯，后来搬运到最北方的亚历山大城，足迹纵贯埃及南北。拿破仑死后数十年，已倾倒的那座方尖碑被运到英国伦敦的泰晤士河河堤，如今仍名为"克丽奥佩特拉之针"；另一座则运到纽约，立于中央公园。

法国学者在这两座方尖碑上所看到的象形文字，相当多是框在椭圆形框内的人名，例如：

代表"太阳神拉之子，阿蒙神的挚爱，拉美西斯"。这些题献性的铭刻，几乎全是法老的名字和头衔，但法国学者并不认为这有何特殊之处，因为一千五百多年前罗马人从埃及掠夺到罗马的方尖碑和其他巨大雕刻作品，上面刻的就是这种象形文字，因此法国学者早已见过这种铭文。到目前为止，他们只见到沙漠和令人气短的亚历山大遗迹，得在几个月后走出尼罗河三角洲往南而去，才会见识到古埃及遗物的多样风采。

埃及境内大部分是沙漠，但尼罗河水每年定期泛滥，为尼罗河谷两岸铺上厚厚一层湿润而肥沃的黑色沉积土，埃及因而有"凯默特"（▱🝔🝕，"黑土地"之意）这么一个古名。这黑土地非常肥沃，生产了埃及的真金：𓃾𓏥（谷物）。数千年来，由于河水每年定期泛滥，埃及得以保持特定的生活方式，而且这种生活方式代代之间的改变非常缓慢，缓慢到无法察觉。由于拜谷物和其他作物之赐，埃及极为富裕，因而供应得起替国王建造大型陵墓、替神建造雄伟神殿所需的大量劳力（征召工而非奴隶）。只要神仍叫尼罗河每年定期泛滥，仍叫太阳每天出来普照大地，就没有必要改变这种生活。但这么一个桃花源般的地方并未能免于邻国的觊觎，埃及因而时蒙战火，屡遭外族入侵。亚历山大大帝从波斯人手中夺走埃及，他死后部将争夺继承权，帝国一分为三，其中埃及归托勒密统治。公元前30年，罗马将领屋大维击败希腊托勒密王朝，征服埃及，女王克丽奥佩特拉七世兵败自杀。屋大维返回意大利后，斗垮其他政敌，成为第一位罗马皇帝（即奥古斯都）。在这同时，埃及成为罗马帝国一省。

对罗马人而言，埃及省是丰厚的战利品，有着奇怪神祇和丰盈财富。肥沃的尼罗河谷所生产的大量谷物攸关罗马存亡，因而埃及由罗马皇帝直接管辖。埃及盛产黄金，相较之下，银则变成昂贵的舶来品。屋大维之后有多位罗马皇帝走访埃及，对古埃及的古物至为着迷，由于着迷甚深，索性将方尖碑、斯芬克司像*等各式雕像运回罗马，以供随时观赏，而这些古物表面均饰有神秘的象形文字。埃及热随着古物而兴起，席卷罗马帝国之下的意大利，罗马人因而将坟墓建成金字塔状，把屋宇和庭园装饰成埃及风格。有些表面素净的方尖碑则刻上了伪造的象形文字，以便看起来更富埃及味，结果反为日后解读象形文字的学者带来不少麻烦。后来学者开始解读象形文字，正值法国兴起埃及热之时，而这场因拿破仑远征造成的埃及热，景况一如一千八百年前的罗马，埃及风再度引领流行，巴黎公墓里建起了以金字塔和

---

* 斯芬克司像（sphinx）指古埃及狮身人面像、狮身羊头像或狮身鹰头像。——译注

方尖碑为墓碑的坟墓,一如当年古罗马城墙外的坟墓样式。

在罗马的统治下,象形文字渐趋式微。基督教的兴起迫使埃及人不再兴建异教神庙,神庙上的象形铭刻也随之成为废文。最后一个标有日期的象形铭文,刻于上埃及阿斯旺附近菲莱岛上某神庙的门道上,时间是公元394年8月24日。此后,看得懂象形文字的人愈来愈少,甚至连这么简单的铭文都没人看得懂,直到商博良予以破解,才成为有意义的文字。

法国学者于1798年7月抵达亚历山大城五天后,兵分三路。蒙热和贝托莱跟随拿破仑于7月7日离开亚历山大城,往攻开罗。隔天,另一群学者随梅努将军离开,准备走海路前往罗塞塔;其余学者则与克莱贝尔待在亚历山大城。拿破仑急于开赴埃及,已指派德塞和雷尼耶两位将军领军走沙漠路线前往达曼胡尔,打算和他们在那里会合。但士兵的装备不足以应付沙漠环境,身上仅有配给的干饼,没有随身水罐,只有少数士兵得以在行前找到装水的容器,因而这趟行军变得极狼狈,一路上净在寻找能解渴的东西。

部队离开亚历山大城后再度受到几股贝都因人的袭扰,直到开罗方休。这时埃及正值夏天,一年中最热的时期,部队虽天未亮就出发,但太阳一升上来,炙人热气随之袭来,士兵苦不堪言,更糟的是他们还穿着厚质料的制服,且无水解渴。未遭贝都因人破坏的水井和储水罐中的水很快就喝光了,其中大部分是德塞的部队喝的,等到后面的雷尼耶部队抵达时,便已没水可喝。只要一发现储水罐,士兵们就抢成一团,因为根本不够大家喝。几乎找不到水用来软化干粮,部队既渴且饿。有时远方呈现出湖泊或水坑,四周草木青青,大伙儿立即跑上前去,结果却什么都没有发现。由于非常口渴,又没见过所谓的海市蜃楼,士兵一再受骗。蒙热研究过此现象后,费心向士兵解释,士兵才了解它的虚幻,但从亚历山大城到开罗的途中,还是有许多士兵受不了这一再的幻灭而发疯，举枪自尽。

从亚历山大城出发往达曼胡尔的士兵约一万八千人，途中有数百人不是死于贝都因人的突击，就是自杀或热死、渴死。从拿破仑的观点来看，这点死亡不算什么，但对行走其间的士兵而言，这段七十二公里长的路程可是无穷无尽的折磨，每走一百八十米就至少有一人死亡，一名军官还写道："队伍后面留下了绵延成列的尸体。"经过令人作呕的海上航程、危险万分的登陆和攻克亚历山大城之战，士气本已低落，再经过这趟沙漠行军，士气消磨殆尽。这时部队上下自然而然把过错归咎于拿破仑的领导无方，认为他没有先见之明，未准备足够的物资，才会让他们受这般苦难。拿破仑也深知，此时唯有打一场胜仗，彻底击溃马穆鲁克人*，才能重振士气。

埃及虽是奥斯曼土耳其帝国的一部分，由君士坦丁堡指派的苏丹王来治理，但实权仍掌握在马穆鲁克人手中。马穆鲁克为阿拉伯语，意为"买来的人"。这种人都是自小被卖为奴者，大多来自高加索地区。主人买进之后，就刻意培植为战士，只要肯接受军令行事，就自动获得自由之身。马穆鲁克人是埃及的真正统治集团，以榨取人民的税收过活，生活极为奢侈。"总督"是地方首长，承苏丹王之命治理地方，总督下面有一帮马穆鲁克人效命。马穆鲁克人对内实行恐怖统治，偶尔对奥斯曼土耳其军队发动战争。拿破仑入侵时势力最大的两个总督是伊布拉辛和穆拉德。马穆鲁克人只懂得骑马、杀人和拷问，接敌时骁勇善战，撤退时又极其神速。拿破仑不久就见识到了他们的厉害。

7月9日，幸存的士兵全数抵达达曼胡尔，拿破仑率领会合后的部

---

* 马穆鲁克，阿拉伯语作"Mamluk"，英语作"Mameluke"，意为"奴隶"或奴隶出身的人，指1250至1517年统治埃及的军人集团成员。奥斯曼土耳其帝国统治埃及期间（1517—1798年），马穆鲁克人无法再出任苏丹王，但仍构成军队核心，是埃及政治结构上的一个阶层，直到1811年埃及新统治者上台，恣行屠杀马穆鲁克人，才因此式微。——译注

队往尼罗河边的拉赫曼尼耶进发。这时尼罗河正值年中最低水位期，但水量仍然不小，饱尝缺水之苦的士兵到了河边，当下欣喜若狂，跳入河中狂饮作乐达数小时。但经历了这么长时间的口渴后，有些士兵喝得太多、太猛而给活活喝死。拿破仑据报穆拉德总督下面一支马穆鲁克部队，正往南方约十三公里处的舒卜拉希特镇逼近，于是率军离开拉赫曼尼耶，往尼罗河上游前去查探虚实。穆拉德总督体格壮硕，生性残酷而狡猾，一生在战场里打滚，自认为从未打过败仗，而实际上也从未打过胜仗。拿破仑部队沿尼罗河而上时，河面上另有一小队炮艇在旁护卫。据报穆拉德的部队配有马穆鲁克人率领的炮艇，拿破仑军队于是将先前在罗塞塔征调来作为运输用的小船改装用以对抗。这些小船同时也作为非战斗人员的运输工具，如蒙热、贝托莱、宝琳都在这些船上。

  法军于7月13日抵达舒卜拉希特，与马穆鲁克部队首次正面遭遇。马穆鲁克部队虽以骑兵为主，但也有一支步兵，步兵大多为埃及农民，仅以大头棒为武器。法国步兵组成方阵队形，各方阵四角置放火炮，寥寥可数的骑兵则放在方阵内以为保护。马穆鲁克人根本没见过这样的阵势，觉得非常奇怪，但还是相信自己一贯的往前冲战术可以克敌制胜。他们在战场上绝少被俘，仗着攻退迅捷，不是大败敌人，就是迅速撤退，否则就是战死沙场，绝不沦为俘虏。马穆鲁克人随身配备多种武器，包括短弯刀、投枪、狼牙棒、战斧、匕首、短筒马枪，往往还会带上几副手枪，身上穿着色彩艳丽的丝绸和穆斯林纱制衣服，钱币和珠宝等个人财产全带在身上。作战方法就是往前冲，先射短筒马枪，再射手枪，射完后把枪往后一抛，由仆人捡起；接着掷出投枪，最后拿出弯刀攻击。有些马穆鲁克人甚至以齿咬住缰绳，空出双手各执一把弯刀作战。

  马穆鲁克骑兵将法军方阵团团围住长达数小时，寻隙进攻，直到双方炮艇开始发炮互攻，他们才往前冲。马穆鲁克骑兵一进法军射程，法军方阵中的大炮、火枪、手枪齐发，形成强大的火力网予以击退，法军分毫未伤。约一小时后，马穆鲁克骑兵撤回原来阵地。与此同时，法国炮艇陷入苦战，连平民都加入战斗。拿破仑下令部队援助炮艇，不久一发炮弹击中敌人船队的旗舰，一声爆炸巨响，马穆鲁克船队尽数被毁。法军阵营开怀大笑，马穆鲁克骑兵迅即调头逃跑，其他的马穆鲁克部队也跟进窜逃。

舒卜拉希特大胜，法军一时士气大振，但还是让穆拉德总督和其部队跑掉了。法军再度踏上前往开罗的艰苦路程，一路上不断有士兵中暑而死、渴死、自杀身亡，法军的兵力慢慢在耗损。7月20日，接近开罗时，法军得知穆拉德已在开罗北方恩巴达处的尼罗河两岸集结重兵，严阵以待。隔天，经过十二小时行军，法军于下午两点抵达恩巴达，正是一天中最热的时候。远方约十六公里外可见到金字塔的身影，因而这次战役就名为"金字塔之役"。根据拿破仑在回忆录中的记载，当时他指着金字塔向部队训话说："众弟兄，四千年历史正俯视着你。"到底有多少士兵懂得或在意金字塔的重要性，实在令人存疑，可以确定的是，听训官兵散布在如此广阔的区域，能听到这番训话的只有最靠近他的少数几位，因而与其说拿破仑试图以名垂青史为诉求激励全军士气，还不如说是说给军官听的。

面对马穆鲁克人有壕沟保护的炮台阵地，法军组成方阵队形，在敌方炮台阵地射程之外移动，刺激马穆鲁克骑兵出阵冲锋。在这当儿法军仍按兵不动，直到对方骑兵冲到相距不到四十五米处，立即枪炮齐发，阻挡骑兵队攻势。马穆鲁克人不死心，不断向法军方阵冲锋，还是无功而返，最后颓然逃回壕沟阵地，但这时阵地已遭到德塞和雷尼耶率领的法军前军攻击。马穆鲁克人阵势大乱，全军溃败，穆拉德带了一些骑兵逃走，步兵则大部分逃到尼罗河对岸。除了让穆拉德总督逃跑，稍嫌美中不足，整体而言此仗如拿破仑所愿大获全胜。接下来的一个星期，法军官兵全在忙着从尼罗河里捞出马穆鲁克部队的尸体，以搜获他们身上的黄金、珠宝和其他珍贵物品。这场胜仗代表着双方势力消长的转折，本已心灰意冷而有叛变之虞的拿破仑部队，也因这场胜仗而重新上下一心听令于他。翌日，7月22日，开罗诸领袖开始商讨投降条件，两天后拿破仑胜利进城。

从1798年7月初第一批部队登陆开始，法军花了近一个月才拿下亚历山大城和开罗，这段期间，纳尔逊率领的英国海军舰队仍继续在东地中海猎寻法国远征军的踪迹。纳尔逊于1770年进入海军，在西印度群岛服役多年。尽管他在1794年于科西嘉岛战瞎右眼，三年后于特内里费岛战失右臂，但仍是很难对付的海军将领，一流的海军战略大师。8月1日，纳尔逊抵达亚历山大城，得知法军舰队就泊靠在东方数公里处，而风向又对他有利，当下下令英军舰队驶往阿布吉尔。这时法军舰队司令布律伊（Admiral Brueys）已将法军运输船和较小船只停泊在亚历山大港，至于最大的战舰，布律伊担心港内的浅水处和逆风对其不利，于是下令十七艘大战舰全停泊在阿布吉尔湾，并排成弧形防御队形横跨整个湾面。法军水兵这时最在意的是寻找补给，因而有超过四分之一的水兵上岸，有些甚至远至亚历山大城和罗塞塔采集食物。表面看来这些战舰船坚炮利，但它却只是对从海这边来的攻击设防，向陆地这边的大炮并未配置操作人员，有些炮甚至还让物资和行李挡住。

当天下午两点，几艘纳尔逊舰队的先导舰船绕过了阿布吉尔的陆岬。在漫长的猎寻过程中，纳尔逊司令和各舰舰长已好整以暇讨论过战术，因而只要发现法军，随时就可将法军打个措手不及。这时法军各舰舰长正在旗舰"东方号"上开会，一听英军来袭，慌忙赶回自己船上。下午四点，英军十四艘舰艇已全部通过岬角，两小时后夜色降临，两军正式交锋。布律伊察觉危险，立刻发出信号让岸上水兵回船接战，但横陈在湾面的战舰离岸超过两千四百米，距浅水处也超过八百米，意味着法舰向陆的一侧门户洞开。几艘英军的先导船舰兵走险招，沿着法军战舰编队向陆的一侧驶去形成包夹。英军舰队从法军战舰编队的两侧逐步蚕食推进，每两艘英舰对付一艘法舰；未交战的法舰远在编队下方，帮不上受攻的友舰。

海战由傍晚直打到夜间。法舰腹背受敌，每艘战舰至少遭到两艘英舰的轰击，而只能以向海舷炮勉力还击。纳尔逊坐镇"前卫号"上，正犯严重牙痛。战斗开始前他曾告诉下属军官："明天此时，我就可以获封贵族爵位，或（下葬）西敏寺。"晚间八时三十分左右，纳尔逊遭铁片击中前额，伤口垂下的皮遮住他的左眼，让他什么都看不见。纳尔逊倒入贝里舰长的手臂中，喃喃自语道："我命绝矣，代我问候我的妻子。"船上医生安慰他此伤不碍事。经一番治疗，纳尔逊恢复部分视力，重回甲板上。而就在他待在甲板上的短短时间内，正好给他目睹了法军旗舰"东方号"灰飞烟灭的场面。"东方号"遭轰击爆炸，火光冲天，在亚历山大城都可见到，爆炸威力则在四十公里外都可感觉到。贝里舰长写道："东方号轰然巨响炸成碎片。接下来的三分钟，爆炸飞向空中的桅杆、帆桁等船骸一一落入水中和周遭船舰上面，战事突然中断，气氛死寂而可怕。"

英军大获全胜，法军只有两艘战舰得幸脱逃，死伤惨重，计有一千七百人战死，一千五百人受伤。法军还损失了尚未卸下船的大量物资，包括学者的设备。航行埃及途中掠夺自马耳他岛的黄金、白银、珠宝，也随着"东方号"葬身海底。后来有一支法国考古队找出"东方号"遗骸的位置，除了发现部分舰身和某些船员的遗骸，还打捞出数枚金币和一面刻有舰名的饰板。

"东方号"和其他战舰被毁，拿破仑征服东方的野心也随之破灭。拿破仑虽然不露惧色，勇敢地面对这次惨败，甚至还提及要领军远征印度。但实际情形是，法军已受困埃及，孤立无援。法军虽有运输船，但没有战舰保护，防御不了英国海军的攻击，也就无法回法国运送补给。除了军事受挫，更重要的是接下来所衍生的政治效应。由于法国远征军已元气大伤，土耳其见风转舵，终止与法军协商，转而投入反法联盟，最后集结军队，欲进军埃及攻打法军。各战舰上的黄金白银沉入大海，对法军也是个打击。以往拿破仑带兵出征，都是让士兵在当地恣行掠夺，取得给养，但这次拿破仑打算以付钱的方式从当地百姓中取得所需物资，以赢取当地民心，然而海战失利，法军的金钱很快就告罄。

阿布吉尔湾大捷是英军对法作战以来的最大一场胜利，也是向来自诩为天下无敌的拿破仑所遭逢的第一场大败。纳尔逊成了英国民族英雄，在英王乔治三世尚未授封他贵族爵位前，《泰晤士报》就直称他为"纳尔逊勋爵"。世人称呼此次大捷为"尼罗河之役"，而不称"阿布吉尔之役"，纳尔逊也因此成为"尼罗河的纳尔逊男爵"，终生享有两千英镑的年金。纳尔逊集无数尊荣于一身，送他的礼物纷至沓来，其中不乏惊世骇俗的实用之物，例如参与炸沉"东方号"的"迅捷无疑号"舰长哈洛威尔（Hallowell），就送了他一具棺木。哈洛威尔随礼附上一封信，信的开头写道："阁下，本人在此送您一具以东方号部分桅杆制成的棺木，您百年之后，或许就可长眠在您的战利品之中。"1806年1月9日，这具棺木装上了纳尔逊勋爵的遗体，缓缓降入伦敦圣保罗大教堂的地下室。

对法国学者而言，尼罗河之役惨败不仅意味着无法在完成埃及的记录工作后迅速返国，更意味着大部分工具书和许多科学仪器尽付汪洋。亚历山大城的法军得知海战失利，当下第一个反应就是担心英军舰队会接着攻击这个港口，于是发明家孔泰设计了数台火炉，以制造红热的炮弹供抗击英军舰队之用，还设计了一台浮动抽水机来灭火。后来孔泰在开罗设立工场,由他和助手合力制造科学用和军用器材,以弥补海战中损失的大部分器材。首先要克服的难题就是制造生产精密器材所需用到的工具。从这些工场出炉的科学器材包括罗盘、显微镜、望远镜、外科手术设备、描绘和测量用设备,军用器材则有剑刃、军号、布乃至制服钮扣。

1798年8月22日,拿破仑在开罗成立埃及艺术与科学研究院,遴选七人成立委员会,再由这些委员推选更多院士。研究院下设数学、物理学、政治经济学、文学与艺术四个部门,涵盖最杰出和最有前途的学者,数学家傅立叶出任终身书记。研究院的成就对后代影响深远,在埃及战事已为世人遗忘许久之后,在尼罗河之役和接下来两年拿破仑在埃及打的无数战役,以及因此战死的大量士兵都已成为历史的脚注之际,世人仍受益于该院的成就。拿破仑极其重视此研究院和所有学者的研究工作,这可从拿破仑替他们在开罗郊区纳斯里耶所安排的住处窥见一斑。他们住在一处建筑群中,其中坐落着马穆鲁克人遗留下来的宫殿,建筑群里有一座小型自然史博物馆,会议室数间,农业实验区数座,孔泰的工场数所,化学实验室、图书馆、观测台和印刷所各一,动物园和植物园数座,甚至还有矿物学和考古学方面的收藏品。宫殿内和四周的部分房舍,辟为学者的住所。过去曾是伊斯兰教徒女眷居住的内室,成为学者举行正式会议的场所。每天傍晚还在花园里举行非正式会议。

研究院的宗旨很宏大:探寻、研究、刊行有关埃及的自然、产业、历史方面的客观事实,并传播研究所得的知识。研究院一开始就以多学科齐下的方法来处理所遭遇的问题,不仅负责建构医院、下水道体系、防治传染病的检疫所、邮递网络,还承担拟定灌溉计划,执行几乎涵盖埃及各层面的研究计划。研究院的工作五花八门,其成果于1809年至1828年间陆续刊出,最后结集为《埃及记叙》。这套皇皇巨著大部分内容与埃及的古文物有关，对埃及学的拓展贡献奇大（不过"埃及学"此名词直到19世纪中叶才出现），尤其是在法军离开埃及后的数年里，埃及有些古文物被毁，《埃及记叙》成为这些古文物仅存的唯一纪录，更显其珍贵。这些古文物上铭刻的象形文字，经学者陆续刊布，成为日后有意破解者最重要的资料来源。但由于这些刊行的象形文字都是经学者描摹下来的，描摹过程中难免有不精确和谬误之处，研究人员因此走了不少冤枉路，不过这得等象形文字破解之后，有人拿这些刊行的象形文字和古文物上的原版比对才发现。

学者于纳斯里耶安定下来后，开始懂得寻找异国的生活乐趣。每名学者都埋头于自己的专门领域，却也觉得能与其他领域的专家进行前所未有的交流，是件无上的乐事。凡是与埃及有关的事物，他们都很有兴趣尝试，并渐渐地习惯当地风俗。好几名学者爱上喝土耳其咖啡*，爱抽水烟斗；他们发现下巴剃得干干净净会被当成奴隶，于是也蓄起了胡须，不过他们对开罗本身却仍激不起什么兴趣。大部分士兵和学者一致认为这城市乏善可陈。工程师德维里埃虽然觉得开罗的三百座清真寺美丽非凡，却也深刻体验到城中街道令人作呕的脏乱。艺术家德农则失望地写道，他在开罗见到"人口众多，地方开阔，但街道没有一条是美的，古迹没有一座是精致的；有座大广场，但看上去却像田野……宫殿外围的城墙没有给街道增色，反倒让街道更显难看；贫民区脏乱得没有哪个地方可以与之相比"。在拿破仑眼中，有三十万人口的开罗，是个住着"全世界最丑陋的下等人"的城市。

法国人对开罗没有好感，开罗城许多居民同样也不喜欢法国人。当地人认为法国人在许多地方侵犯了当地习俗和宗教传统，比如不管死者多么圣洁，都禁止葬于城内；课征房屋税，连居民自认是私人用、

---

* 土耳其咖啡，用咖啡粉煮成的浓烈甜味浓咖啡。——译注

有时还具宗教意义的屋宇，都因此得拿房子的相关文件受检；制定许多繁琐的小规定，如强制要求扫街、清除垃圾。法国人某些行径也往往令当地居民觉得有违道德，比如当地人就搞不清楚为何法国人到处请妓女帮忙，却不找男童帮忙。更糟的是，城中男人开始担心自己的太太和女儿也学起欧洲人的自由样，脱去面罩和这些入侵者公然厮混。1801年法国失去埃及后，埃及许多这类妇女因行为不轨而遭砍头。居民对法国人的厌恶给了宗教狂热分子和马穆鲁克特工很好的可乘之机，这些特工宣称奥斯曼军队已在赶来途中，穆斯林应奋起发动圣战，将法国人赶出埃及。每逢穆斯林礼拜期间（每天五次礼拜），清真寺的宣礼塔就会传出发动圣战的呼声，但法国人浑然不知情势的演变，因而在10月21日爆发叛乱时，法国人根本不知所措。

叛乱于清晨展开，起事者于街头筑起路障，武装人员聚集在清真寺，店家全部关门。法军于八点奉命保持戒备，但法国当局还未察觉到严重性，拿破仑和三名将领甚至到城外检视防御工事的施工情形。十点，拿破仑收到消息，得知城内发生大规模叛乱才赶紧回城，发现街上尸体横陈，枪弹在空中呼啸，非穆斯林区遭到攻击。暴民们冲进卡法雷利将军的宅邸，杀死四名学者，许多科学仪器或遭劫或被毁。

只有护城城堡、兵营、位于艾斯贝奇亚广场的部队总部和埃及研究院的建筑，还在法国人手中。暴民拿下大半个开罗城后，见货栈就冲进去抢，也不管货栈是基督徒的还是穆斯林的。距艾斯贝奇亚广场约三公里的埃及研究院遭愤怒暴民围困，援军傍晚才到。一队精锐部队的士兵带了四十枝火枪前来支持，但只有少数几个学者懂得如何使用。数学家蒙热统筹研究院的防卫工作，将重点放在了仪器和设备的保护上。当天晚上得以平静度过，翌日一早暴民进攻，学者以零星火力反击，直到两小时后两支法军巡逻队前来援助才解围。为了恢复城中秩序，拿破仑下令集中全力攻击暴民大本营阿兹哈尔（Azhar）清真寺。法军先是以炮火猛轰，接着派出三营上了刺刀的步兵和三百名带着马刀的骑兵，强攻下这座清真寺。数百名叛民遭俘，清真寺遭法军劫掠一空，甚至遭刻意羞辱。暮色降临时战斗终于结束，法国共约三百人丧生，居民则可能有五千人死亡。

开罗之乱是法国进军埃及以来所遭遇到的最严重的叛乱，尽管法国统治下的其他地方也曾发生叛乱，但法军都能迅速敉平。如今开罗之乱虽已平定，而马穆鲁克人仍是法军心腹大患。穆拉德总督于金字塔之役败逃之后，又开始招兵买马。1798年8月25日，也就是开罗之乱前约八个星期，德塞率领二千八百六十一名步兵，加上两门野战炮，往上埃及追击穆拉德。这趟长征走了四千八百多公里，花了好几个月的时间。德塞虽善于带兵，却不可能完成此任务，因为沙漠地形让穆拉德享尽了地利优势；不过这趟长征却深深影响了日后埃及学和象形文字研究，因为艺术家德农随行参与了大部分行程。德农于11月初赶上德塞，然后跟着德塞的部队和刚刚前来增援的贝利亚尔将领的部队，沿尼罗河谷上上下下走了九个月。

赴埃及的学者之中，年方五十一岁的德农属于年纪较大的一个，且来此之前已是事业有成。他曾在路易十五之下为官，也甚受路易十五情妇庞巴杜夫人赏识。研习艺术和文学后，从事素描、绘画，也写了几本书，包括一幅春宫素描和一部成功的剧作。他周游各地，阅历丰富，曾出使俄国、瑞典、瑞士、意大利。法国大革命爆发时，他人在威尼斯，费尽千辛万苦赶回法国，总算使自己的名字从处死充公的名单中消失，但所有家产已遭充公，只得靠卖素描和著作勉强维生。德农和一群艺文界朋友常去约瑟芬在巴黎举办的沙龙，借此结识了约瑟芬的丈夫拿破仑。德农在革命前和王室的关系匪浅，拿破仑因此有所疑虑，且认为他太老，因而起初还不愿让他随军远征埃及，经约瑟芬游说才让他加入。而也因为这段因缘际会，引发一连串事件，使得古埃及成为西方世界的注目焦点，欧洲的风格和时尚因此受埃及风影响达数十年之久。

自抵达埃及以来，德农一有时间就把所见的事物用笔描画下来，已累积了大量素描。由于学者得到的补给总是不足，德农很担心没有铅笔可用，不断向孔泰要求补充铅笔，因为孔泰在开罗开设工场，负责制造铅笔等必需品。随德塞部队长征后，补给跟不上来，德农就自行熔化铅弹来制造铅笔。对他来讲，铅笔短缺还不如时间不够来得严重。基于安全，他必须与部队一起行动，连片刻拖延都不行，但部队为追逐穆拉德总督迅速前行，绝少长久停留一地，因而通常只有几分钟时间完成速写，接着部队又赶着开拔。

尼罗河谷两侧全为沙漠包围，部队往南沿着河谷往上游走。先前在亚历山大城几乎不见古迹，只有在开罗附近见到金字塔和人面狮身像，令法国人颇为失望，但走进上埃及，眼前出现难以令人置信的神庙和坟墓，失望之情转为瞠目结舌。德农抓住每个瞬间即逝的机会，查看古迹，再速写下来，不久发觉几乎每个古迹上都刻有象形文字。当下他了解到速写有其局限，无法巨细靡遗地呈现这些古迹，并道破这些象形文字的难题：“如果有人懂这语言，也得花上好几个月才看得完，如果要把它们描摹下来，则得花上好几年的工夫。”部队抵达登德拉后，无论军官或士兵都对眼前的神庙惊叹不已，不自觉走出队伍，冲到神庙去看个究竟。德农难得有一次机会，可以把当天剩下的时间全用来描画所见景象，但他和士兵一样完全为这建筑的雄伟所震惊，差点不知如何动笔。这建筑的每一面、每个浮雕、每幅画以及几乎覆盖了神庙内外所有表面的无数象形文字的铭刻，令他目不暇接。他记录道：“我拿着铅笔，走过一个又一个东西……觉得眼睛和手都不够用，头也不够大，无法将令我震惊的所有东西尽数看过、画下、分类。想到自己竟以不够格的素描来画下如此壮美的东西，心中顿觉羞愧。”

德农埋头猛画，完全不理会身外事物，直到天色已暗，才知道部队早已开拔，不过他的朋友贝利亚尔将军还待在那儿保护他。两人骑上马儿放足狂奔，天黑前才赶上部队。

登德拉神庙是这支部队第一个近距离目睹的大型古代遗址，许多士兵深受感动。神庙的建筑风格，法国人闻所未闻，只看到到处都刻有象形文字，有个房间的天花板上则刻了神奇的圆形黄道十二宫图。深受这座遗迹触动的德农如此记载："很想让读者也感受到我心中的激动，我实在惊讶莫名。"那天傍晚，一名下层军官走近他，表达了其他许多人共同的感受："来到埃及，觉得完全受骗，心情一直很低沉，人也不舒服，但登德拉让我不药而愈。今日所见的景象，抚慰了一路而来的疲累；不管这趟远征未来还会碰上什么事情，我都会一辈子庆幸自己曾踏进这里。"

部队继续追寻马穆鲁克的领袖穆拉德总督，德农也竭尽所能将所见古迹速写下来。速写通常"于膝上，或站着，或在马背上完成，至今还没有哪一幅速写合我的意，因为整整一年我都还没找到桌子，好让我稳稳当当地用尺来画"。但有时还是有好心的士兵替他撑着画板，遮蔽炙热的阳光。1799年1月27日，这支部队绕过一个弯，古底比斯城尽收眼底，士兵看到这前所未见的景象，惊讶得止住脚步，不自觉地爆出如雷般的掌声。但对德农而言，这只能让他更觉沮丧，因为部队不能停下，他所能做的就是在一名骑兵的护卫下，骑马奔驰过每座神庙，再到墓地，然后带着满脑子的浮光掠影，快马赶上部队。部队继续往南走了十天，四百公里路，途中经过数个古代遗址，于2月2日抵达阿斯旺，而马穆鲁克人两天前才从这儿离开。贝利亚尔将军在这里于日记上写道："可怕的暴雨，辽阔的沙漠，老天似乎在说'停下来，别再往前了'。"在阿斯旺待了两天，部队折返往北。接下来五十天，他们沿着尼罗河上下寻找马穆鲁克人的行踪，又走了约八百八十公里路。

　　某些古遗址,部队来回经过好几次,德农得以针对这些遗址渐渐积累了一系列素描,而他的素描纸夹也成了无价之宝,随时看着,绝不让它落到视线之外,睡觉时则拿来当枕头。凡是带得走的古物,他也尽力搜集,比如陶罐、小雕像,乃至在诸王谷某墓穴内所发现的木乃伊女脚。后来戈蒂埃(Théophile Gautier)从这只脚得到了灵感,创作了短篇小说《木乃伊的脚》。这部1840年付梓的作品,并非史上第一部以木乃伊为主题的小说,但它开启了传奇文学和恐怖小说这种自成一格的文学体裁,促生了日后一系列的恐怖电影。德农最自豪的一项搜集,是一部上面写有象形文字的纸莎草纸卷。这部纸莎草纸卷获自底比斯,当时法军正与几个阿拉伯酋长商谈受降事宜,突然有人拿了一具木乃伊给他,木乃伊手里就握着这份纸莎草纸卷。德农当下喜不自胜,说道:"我讲不出话来……不知怎么处理这项珍宝,真怕毁了它。我不敢碰这本书,到目前为止已知最古老的书……压根没想到这本书的内容和所用的语言我根本一窍不通,一时间只想着自己拿到了埃及文学的纲要。"

　　正当德农努力记录、搜集古文物之时,法军曾数度追上马穆鲁克人,与之交战。马穆鲁克人有其一贯的战术,就是在法军抵达某地之前几天抢先赶到,对当地农民宣传洗脑,鼓动抗法情绪,然后招募他们入伍。法军攻击时,穆拉德就叫这批农民站在第一线作战,然后趁着战事方酣、法军无暇他顾时,策马离开战场,进入沙漠。农民战死者成千上万,法军人员伤亡虽没这么多,却必然比马穆鲁克人多,而这时马穆鲁克人已移到尼罗河谷其他地方,招募另一批农民入伍,好整以暇等着法军到来,继续打一场消耗战。从法国人的角度来看,法军终有消耗光的一天,但其实马穆鲁克各总督间也是嫌隙日深,各有盘算。每个总督都希望与法军接战后,自己的部队能尽快脱离战场,以保存实力,而让其他总督的部队遭法军歼灭。1799年3月中旬,穆拉德部队分崩离析,对法军已不构成威胁,但法军可不想就此罢手,因为各总督还是可能合而为一,让法军再度处于挨打局面。德塞数次兵分多路,追剿已散成数股的马穆鲁克部队,与此同时,另一支由贝利亚尔率领的部队,则继续在尼罗河谷上下游来回寻找马穆鲁克人,与之交战。

同样在3月间,由总工程师吉拉尔率领的工程师队,奉派加入贝利亚尔部队,以研究尼罗河,看是否有办法提高土地的肥分。其中两位工程师若鲁瓦和德维里埃,对这些古代遗迹特别感动,于是决心竭尽所能将它们记录下来。5月25日,两人在基纳与德农相遇,看到德农在登德拉所描绘的令人难以置信的遗迹,更坚定了他们的决心。部队驻扎于基纳时,两人多次走访尼罗河对岸的登德拉,精心绘制了平面图、截面图、透视图,并研究建筑结构和建筑方法。由于是工程师而非艺术家,他们从科学的角度来记录这些古迹,所绘制的黄道十二宫图也比德农的记录更为精准。吉拉尔对他们花这么多心思在古迹上深感不以为然,竭尽所能阻止,但他们就是有办法在完成尼罗河水文研究工作的同时,抽出时间投入这些古迹。甚至连贝利亚尔将军都不顾吉拉尔的反对,公然支持他们,因为他认同德农的说法,认为两人的所作所为确实很重要。这两位工程师除了走访登德拉,还去了阿斯旺附近的菲莱岛,考姆翁布、伊德富、伊斯纳三地的神庙,以及底比斯的神庙和坟墓,绘制了平面图、建筑结构图,描摹了数百份象形文字。他们和先前的德农一样,用光了孔泰在开罗制造的铅笔,不得不自行熔化铅弹,将铅液倒入中空的芦苇秆中,以自制铅笔。

1799年7月19日,拿破仑成立两个学者考察团,计划由数学家傅立叶和科斯塔斯领军前往上埃及,针对该地古迹作科学性调查和精确记录。但直到8月中旬德农返回开罗,他们才了解到这项任务的工程浩大。德农说明了自己在当地所见，拿出素描和所搜集的手工制品，他们耳闻目睹，惊喷不已，也了解到下埃及的少许遗迹，包括金字塔在内。它们比起登德拉或底比斯那些令人不可思议的古迹，不过是小巫见大巫。事实上，德农的发现已凸显了象形文字的不可轻忽。这些古迹表面几乎全布满了象形文字，只要能破解这些文字，就可以了解古迹的意义，但法国人眼下所能做的就只是将它们描摹下来。许多学者的日记中，均只提到这些象形文字的形状样貌，对它们所代表的意义还无法发表任何看法。8月20日，这两支考察团离开开罗，到上埃及与若鲁瓦和德维里埃会合。傅立叶和科斯塔斯明智决定，凡是前面两位工程师已考察过的古迹就不再重做，而集中全力在有待记录的古迹。结果完成了大量笔记、素描，搜集到大批纸莎草纸文献、木乃伊、小雕像和其他手工艺品，全部送回开罗进一步研究。

　　拿破仑设立上埃及考察团的同一天，罗塞塔镇出土了一项古物，对日后象形文字的破解大有帮助。在罗塞塔西北方数公里处有一座颓圮的要塞，名叫拉希德要塞。法军将其防御工事强化，并改名为朱利安要塞。强化工事时，士兵道特普尔于敲毁的一堵破墙下，发现了一块已折断的深灰色石碑，石碑一面刻有铭文。在场负责军官布夏尔中尉猜想这可能是重要古物，呈报长官朗克雷。朗克雷检视后发现，石碑上有三段铭文，分别以三种书写体刻成，一是他一看即知的希腊文；二是象形文字；三是不知名的书写体。经翻译之后得知，希腊铭文表示，这是公元前196年3月27日孟斐斯祭司所撰写的敕令，用以记述托勒密五世（公元前204—公元前180年间在位）的即位庆典。当下学者推断这三段铭文以三种书写体和语言写成，但其所记述的是同一件事情，因而可能是破解象形文字的关键。

　　这块高近一米二，重零点七五吨的大石碑，交由布夏尔运到开罗；而刚获选成为埃及研究院院士的朗克雷，则告知院内同僚说："工兵官布夏尔先生在罗塞塔镇发现了一些铭文，不妨好好看看，可能还蛮有意思的。"位于开罗的学者一看到这石碑，立即想办法将上面的铭文毫厘无误地复制下来，于是有了拓印、素描、铸模等多种复制品。他们觉得象形文字的解读已是指日可待，无不兴奋异常，但其实他们高兴得太早了，要经过二十三年的艰辛钻研，象形文字才成为可读的文字。学者们开始以"罗塞塔石碑"称呼拉希德要塞这件古文物，不久之后它便跻身于全世界著名的古文物之林。

学者过去所努力做的工作和身心所受的煎熬，如今终于有了丰厚的回报，而德塞和贝利亚尔的部队也在某种程度上恢复了尼罗河谷的秩序，重新掌控该地，但就拿破仑所率领的绝大部分远征军而言，这时候并非值得庆贺的时刻。英军严密封锁埃及，让法军几乎得不到物资、人员的补充和外界的消息，更严重的是土耳其人也公然与法国为敌。1799年2月，拿破仑就已得知土耳其打算对法军发动钳形攻势，一支攻击部队由海上运来，另一支则走陆路往南经叙利亚进入埃及。为反制这项威胁，拿破仑带着他的重要部队远赴叙利亚，企图在土耳其两支部队攻击定位之前，先行摧毁陆上这支部队。如果计划成功，且马穆鲁克和阿拉伯人都归他辖控，他或许就可以完成进军印度而与亚历山大大帝相辉映的梦想。偏偏事与愿违，叙利亚一役拿破仑惨败，虽阻滞了土耳其进军埃及的行动，却无力制止其继续前进，最后不得不从今日的巴勒斯坦的阿卡撤兵。

6月14日拿破仑率兵返抵开罗，以大胜而归的姿态举行凯旋仪式，但这时情势已很明显，除非从本土得到补给和增援，否则法国失去埃及只是时日问题。7月，有消息指出土耳其舰队伴随英国舰军，在阿布吉尔（数月前纳尔逊击败法军舰队之处）卸下大批部队。法军迅速驰赴阿布吉尔，在这紧要关头击败土耳其部队，生俘英军指挥官，并以此换回法军战俘。在这同时，拿破仑得知法国经济已是危机深重，保王党试图复辟，发动政变推翻督政府一事愈来愈可能成为现实。这是拿破仑梦寐以求的夺权良机，但时间紧迫，能否及时赶回巴黎还是个问题。8月17日，拿破仑匆忙前往亚历山大城，五天后搭船航返法国，随行者包括贝蒂埃、拉纳、米拉三名将领，一小队军事幕僚和侍卫，平民学者蒙热、贝托莱、德农，还有三名埃及研究院院士跟士兵同行。得知这项秘密行动的诗人格朗迈松，在最后一刻跳上其中一艘船，紧抓住船的绳索，苦苦哀求让他一起回法国。幸亏其他学者的说项，拿破仑才未叫人将他扔下船。

命运之神眷顾拿破仑！他抵达法国之前不久，法军在阿布吉尔大败土耳其军队的消息也传回国内，拿破仑得以大肆宣扬自己在埃及的战绩。拿破仑与亲信密谋了近一个月，于11月9日发动政变成功掌控大局，督政府下台，由三位执政官组成政府，负责掌理国政，拿破仑出任第一执政官，为期十年。后来他连这点民主的假象都不要，把另两位执政官赶下台，于1804年12月称帝。

拿破仑一离开埃及，部队就交由克莱贝尔全权掌管。但拿破仑离开前并未特别告知，克莱贝尔因而对他弃远征军于不顾非常愤怒。拿破仑留了书面指示（开头写道："将军阁下，你看到这东西时，我已在大海上"），但克莱贝尔无视它，立即和英军指挥官商谈法军撤出埃及之事，并达成协议，签署条约。2月4日下午六时，约有四十位学者已准备好要离开埃及，后因为爆发瘟疫，行程延后，到3月27日才带着所有搜集物，包括罗塞塔石碑，于亚历山大港登船。随后又有更多学者登船。如果他们这时启程前往法国，罗塞塔石碑今日就不会放在大英博物馆展示，而是放在卢浮宫供人参观。缔约的消息传回英国后，英国政府拒绝履约，因为英国政府坚持法军应无条件投降，原来获准离港的学者船只硬是被拦截下来。

学者在船上天天盼望获准启航返法，如此苦等了一个月，心知离开已不可能，心中百般惆怅。尽管对埃及的困苦生活已厌倦至极，也只能心不甘情不愿下船登岸，回到原来的工作岗位。直到十八个月后，他们才如愿离开埃及，而在这段磋商期间，英军甚至对学者所能带走的东西也限制多多，谈判数度破裂，差点兵戎相向。最后，学者获准带走所有记录和大部分搜集品，但最重要的对象都给英国人拿走，包括珍贵的罗塞塔石碑。

罗塞塔石碑于1799年出土后不久，法国人就将碑上三段铭文的墨拓分送给欧洲各地的学者，包括巴黎的法兰西研究院。法军投降之后让渡的古文物（共五十吨）随之运往英国。1802年2月，罗塞塔石碑运抵英国朴次茅斯；运送石碑的船是装有大炮的快速帆船，系英军在亚历山大港从法军手中夺来的，船名取得很是恰当，就叫英国皇家海军舰船埃及号。石碑随后运到伦敦古文物协会制成石膏模型，分送牛津大学、剑桥大学、爱丁堡大学、三一学院、都柏林大学；并翻制成雕版，复制为印刷品，送给欧洲各大学术机构。甚至在1801年3月至1803年5月，英法难得停止敌对、有了一段短暂的和平之时，英国还将此雕版印刷品送给巴黎的国家图书馆。石碑真品最后于1802年底落脚大英博物馆，但希腊文字、象形文字、通俗文字铭文的雕版印刷品，却得等到1815年才由古文物协会刊行于世。

法军在埃及伤亡多少，由于官方数据遭拿破仑篡改，精确数目已难查知，但可以知道的是他带到埃及的五万部队，超过一半死在当地，数千人瞎眼或残废。三年远征，学者也有死伤，至少二十五名学者死于埃及（大部分死于瘟疫等疾病，少部分死于战场或遭暗杀），所有学者都染病上身。士兵和学者无时不饱受疾病的威胁。由于强烈阳光的刺激，加上飞沙走石的环境，而当时还没有太阳眼镜，罹患眼炎几乎是无一幸免。眼炎严重的话会导致永久失明。至少一眼失明的埃及人，占了全埃及人口的五分之一。许多学者因眼疾而数星期甚至数月无法正常工作。饮水不洁，使士兵和学者同受水蛭侵入喉咙、腹部、鼻腔之苦，痢疾横行；另外还常中暑、患各种热病，包括伤寒在内。除了这些疾病和食物与水的不时短缺，更凶险的是随时可能夺人性命的鼠疫，许多学者和数百名士兵便死于它的手中。

从军事观点来看，这趟远征是场挫败。打了三年下来，法国不仅未建立东方帝国，最后还被迫放弃埃及。打破马穆鲁克人对埃及的宰制，则是这趟远征的成就，奥斯曼帝国因此恢复对埃及的实质统治，十余年后马穆鲁克人的势力遭铲除净尽。经过法军的扫荡，往尼罗河上游行走变得比较安全，不久之后欧洲人开始往这区域探索。就拿破仑的政治野心而言，这趟远征差点砸了他的前途，所幸他在最后一刻及时赶回法国夺下大权。但这趟远征真正的成就，在学者身上。学者带着记录和搜集品回到法国，是科学上的大胜，比起这次远征在军事上的失败，其对后世的影响只有过之而无不及。此后法国和埃及一直保有特殊关系。

1799年随拿破仑远征埃及的学者中，德农是最早返抵法国的学者之一。回来后他立刻着手整理笔记，将自己的速写作品全翻制成雕版，最后诞生了《下埃及与上埃及之旅》这本插画书。书于1802年出版，成就非凡，19世纪期间再版超过四十次，翻译成数种语言。更重要的是，这本畅销书让埃及成为一般大众的注目焦点，不仅法国如此，更广及全西欧。后来走访埃及者也如法炮制，将在当地冒险的所见所闻形诸笔墨，加上插图出版。

官方集结出版各学者的记录则耗费较长时日，前两任主编（孔泰和朗克雷）来不及见到第一卷问世就已去世。第三任主编工程师兼地理学家若马尔，花了二十年岁月完成这项工作，于1809年至1928年间陆续出版二十卷皇皇巨册，总称《埃及记叙》。傅立叶为此写了一篇序，说明埃及的历史。这套巨著附有数百幅插图，其中许多是彩色的，其对西欧学界的影响大概和德农著作对西欧民众的影响不相上下，但由于卷帙浩繁，价格昂贵，印刷数量相对较少。

拜拿破仑远征埃及之赐，得以有这些出版物问世，进而让读者见识到前所未见、前所未闻的数千年文明遗物。在这之前，只有少数学者知道世上存有这些遗物。诚如德农所说，埃及"这个国家，欧洲人仅知其名，此外几乎一无所知"。突然之间，西欧人眼中的世界变得更广阔、更古老、更陌生。光是这种崭新的世界观本身，就足以引发埃及热潮席卷全西欧，而在法国，拿破仑还刻意推波助澜，使埃及热烧得更为红火。因为他意识到，要让自己一手创造的帝国和朝廷更显高贵庄严，必须创造一种风格来促成，而这种风格不能使用从前各政权用过的象征。拿破仑掌权后，将他在埃及的军事惨败篡改成大胜；埃及式装饰图案极为流行，普见于建筑、家具和装饰品上。1806年下令建造的巴黎十五座喷泉池中，有六座采用埃及风格；人面（或羊头、或鹰头）狮身像、埃及神庙的塔式门楼和金字塔成为常见的建筑装饰。埃及风格的普遍运用，使这项风格为更多大众所熟悉。戏剧、歌剧舞台上的埃及式布景，也有同样的推波助澜效果，其中影响最大的，当属莫扎特《魔笛》一剧的舞台布景，这出剧目曾在欧洲各歌剧院巡回演出。

建筑师、设计师从德农书中的整版插图取得创作灵感，家具的制造和大部分室内设计受该书插图影响尤大，而当时巴黎正是欧洲时尚的中心，影响所及更从巴黎广及全欧。例如法国塞夫尔瓷器厂出产的一套餐饮器具，上面饰有复制自德农插画的埃及景物，还配了一组供放在餐桌中央的巨大装饰品，这些装饰品包括菲莱岛某神庙、卢克索的方尖碑、伊德富神庙的塔式门楼、成排羊头狮身像等的模型。

为了与过去法国诸王朝划清界线，拿破仑甚至舍弃百合花徽（象征波旁王朝），而改以埃及象形文字中的蜜蜂为帝国象征。当时人们还不知道蜜蜂只是下埃及的象征，上埃及另以莎草为象征，而在古埃及人民心目中，统治全埃及的法老便是 ![字] (拥有莎草与蜜蜂的男人)。但拿破仑大概是因为古罗马作家马塞莱努斯（Ammianus Marcellinus 约公元325—395年）的一句话，而采用蜜蜂来代表他的帝国。马塞莱努斯曾说埃及之所以以蜜蜂为王徽，原因在于"统治者除了应恬和如蜜，还应懂得发出螫刺保护自己"。蜜蜂成为拿破仑帝国最常用的帝徽，但也用于其他图徽，如一颗星星和月桂枝叶。月桂枝叶向来是胜利者的象征，古罗马皇帝就以月桂冠为帝徽。至于星星则作五尖状，有时作成和埃及象形文字★一样的形状。当时人误以为这个象形文字代表"神"（其实指"星星"），因此拿破仑有时会拿这符号和蜜蜂一起使用以代表自己，暗示"神君"之意。

至此，欧洲淹没在埃及热的狂潮之中，解读象形文字变得益形迫切。许多学者看准这是扬名立万的良机，甚至可以名利双收，纷纷开始寻找象形文字的破解之道。为抢得先机，学者间竞争激烈，相互攻讦，学界自此进入多事之秋，数年方休。

第二章　学　生

学生时代的商博良表现出超人的语言天赋,他出身贫寒,靠其兄长供养,一边学习学校课程,一边刻苦学习科普特语,并着迷于古埃及研究。至于对手的存在他并不在意,而与老师、同学的关系更令他挂怀。

象形文字最终为商博良所破解，他也因此声誉鹊起，成为法国家喻户晓的人物。大家甚至开始谈起他小时候曾有哪些神奇事迹，注定日后必有如此出色的成就，其名气之高由此可见一斑；但他早期生平的记录也因此难以区分哪些是事实，哪些是虚构，哪些是夸大。他的父亲雅克·商博良原本住在阿尔卑斯山区格勒诺布尔南方的瓦尔博奈，以四处走卖书籍为业，是个流动书贩。瓦尔博奈的生活极其艰苦。为了讨生活，村里的男子不分老少，都会离家外出做小贩，甚至以乞讨为生，而且一去就是好几个月。1770年，雅克于法国西南部凯尔西地区、奥弗涅山脉西缘的菲雅克镇定居下来，在市集广场开了镇上第一家书店，销售各种新书和二手书，包括宗教小册、祈祷书、政治书籍和政治宣传小册、字典、报纸，以及医药、农业等方面的实用书籍。菲雅克正位于信徒前往西班牙圣地亚哥－德坎波斯泰拉朝圣的路上，所以刚开始雅克生意不错，赚了不少钱，两年后就在当地买了一栋房子。1773年，雅克娶嘉柳为妻。嘉柳出身于当地中产阶级，家中从事制造业。她嫁给雅克之后并未学识字、写字，就书店老板娘而言的确令人意外。两人结婚时年纪都已三十，婚后生了七个小孩，但有两个儿子早夭，其中纪尧姆出生时死亡，尚－巴蒂斯特于近两岁时夭折。尚－弗朗索瓦·商博良是最小的孩子，其他存活的子女包括一个儿子（雅克－约瑟夫）和三个女儿（泰蕾兹、佩特罗妮叶、玛莉－珍纳）。

尚－弗朗索瓦出生那年的一月，母亲得了重病，差点因风湿痛而瘫痪，医生束手无策。最后找上一位名叫雅库的信仰疗法术士，让嘉柳服了草药，病情才有好转。雅库不仅治疗甚有成效，还预言她会完全康复，并说她尽管已有八年未生小孩，下一胎却会是个名垂青史的好儿子。随着病情持续好转，雅库的第一个预言证明灵验无误，第二个预言应验的可能性也为之转高，全镇的人为此兴奋非常。

这就是有关商博良身世的传说，人们大可斥之为虚构的故事，但撇开预言的部分，这故事倒非全不可信。当时大夫用水蛭治病就像今日医生开阿司匹林一样常见，在那样的时代，"术士"所开的草药是可能比较有效。当然，以当时医疗保健的贫乏，四十六岁高龄的产妇在大病后不到一年，就生下了健康的宝宝，这也很值得注意。1790 年 12 月 23 日凌晨，这一年黑夜最长的日子，商博良于菲雅克镇家中出生，当天就在山顶的中世纪教堂"山上圣母堂"受洗。如今这教堂仍俯视着菲雅克镇。商博良的教父是十二岁大的哥哥雅克－约瑟夫，教母则是阿姨桃乐黛·嘉柳。

商博良是法国大革命下长大的小孩。他出生和襁褓时的住所，位于阴暗狭窄的布杜凯里路上，距断头台和栽植"自由树"的小广场不到二十七米。"自由树"是法国大革命的象征，政治集会和庆典都在这里举行。行刑时群众惊骇的叫声和革命分子在广场上狂欢作乐的喧闹声，是商博良最早听到的声音之一。法国大革命在他出生前一年的 1789 年爆发，原因是贵族享有特权，大部分不用缴税，而其他人民则饱受苛捐杂税的重负，且受压迫愈加严重，致使双方对立日益升级，终于爆发了革命。接下来十年，波旁王朝覆灭，法王路易十六和许多贵族命丧断头台。天主教遭镇压，君主政体废除，取而代之的是后续几个仓促组成的政府。

大革命期间，常有人以反对新政权的罪名向当局告发别人，借此打击异己，许多人只因为遭控言谈间反对当前革命政府便被处死。在菲雅克镇，一如法国其他地方，小孩因安全顾虑而无法上街游玩，学校也纷纷停课，因为大部分学校系修道会所经营。为此，商博良的童年大部分关在家里，无缘享有欢乐的童年时光。但从某些方面来看，他的言行举止并不像个小孩，一如许多天才儿童，他的心智年龄很快就超越同龄的孩子，与大人为伍反而让他更觉自在。一直到七岁大，也就是拿破仑启程远征埃及那一年，商博良还未受教育。这时他母亲似乎再陷病疾，无法照顾他，父亲则常不在家，于是照顾他的责任很可能就落在兄姊身上。很多时间他都只能待在房里或书店，自己找乐子。以拥有五个子女的家庭而言，这所房子实在窄小，只有三层楼和当地人称为"索莱尤"的顶楼，四周完全为高楼所包围。索莱尤是当地建屋的一项特色，指的是以石柱或木柱搭起棚顶，但四周敞开的顶楼。在人口拥挤的城镇，索莱尤就相当于后院，可用来存放柴火、晾干衣物，甚至种花种草，当然也是孩子游戏的地方。

　　商博良聪明过人，但这也意味着他很容易就觉得无聊，加上有限的生活天地，更让他无法排解这股闷气，以至于情绪变化无常，如钟摆摆荡在两个极端之间。这一刻在玩游戏还闹哄哄的，下一刻就突然陷入沉思，或者安静地研究起他觉得有趣的东西。在这期间，他发展出不肯轻易认输的坚毅性格，有助于日后走出缺乏耐性引发的种种问题；此外，急躁的性情也在这时候出现。他最爱的动物是狮子，甚至自称"狮子"（lion），以此作为自己姓氏"Champollion"的简称，原因大概是这个字比较好念。后来他到巴黎求学，有时也会在信末签上阿拉伯短语 Assad Saïd al-Mansour 的署名，意思就是"胜利之狮"。

　　置身书香世界，却无缘接受正规教育，商博良于是努力自学认字和写字，而结果似乎颇为成功。民间传说认为，商博良就从这时开始爱上解读不明所以的文字，并开始描摹图画。事实上在商博良眼中，"书写"就代表以画画的方式来描摹写字，而他的绘画天分和日后对画画终生不辍的热爱，似乎正滥觞于此。他的心智不为世俗常规所限，因而会将文字看成图画，把图画当作是文字，而这种心智状态大概就诞生自这时期。商博良和拿破仑一样,喜爱温暖而厌恶寒冷,这可由他从小到大经常瑟缩着身子倚在火炉旁看出。他家火炉的楣石上有一面饰有纹章的盾,盾上大致画着一棵树,树两旁各有一只狗在跳。商博良认为这两只动物就是狮子,更因此而对自己所采用的个人象征深爱不渝。

商博良四岁时,十六岁的哥哥雅克-约瑟夫开始到菲雅克镇公所上班,这是他的第一份工作。雅克-约瑟夫只受过基础教育,又因法国大革命爆发而未完成学业,但他学得快,又肯上进,很快就能独当一面,负责新法令和护照的登录。当时法国人不仅出国要护照,在国内迁徙也需要。尽管他也热爱读书,对古代史的兴趣不下于日后的小弟,但对"无敌"将军拿破仑南征北讨的战功,他也和当时许多年轻人一样振奋不已。1798年初,雅克-约瑟夫得知心目中的英雄拿破仑正在组织远征军,想办法要加入,结果从军不成,希望落空,后来知道远征目标是埃及,更是失望透顶。同年7月,父亲替他在遥远的格勒诺布尔安排了一份工作,与他的几个侄子共事。这是一家内外销兼营的小公司,名叫"沙泰勒、商博良与里夫",专门买卖纺织品,生意网远达美国。这时雅克-约瑟夫已透过努力自学,提升自己的教育水平,在拉丁语、希腊语、古代史方面表现出色,闲暇时仍学习不辍。

离家去格勒诺布尔前几个月,雅克-约瑟夫开始亲自教导小弟,因而他的离去使商博良既失去挚爱的大哥,还失去受教的机会。1798年11月,商博良八岁生日前不久,开始到菲雅克镇上新近复课的男童小学上学,但学校生活并不快乐,学校规矩令他格格不入,许多课程他也不喜欢。有些学科太简单,呆板的教学方法令他觉得无聊,其他课程则根本激不起他的兴趣。数学令他厌恶透顶,尤其心算更是如此;加上自成一格的拼字方式,让他在学校里问题不断。不久师长就了解,这种正规学校根本不适合他,他只适合在专为天才儿童的特殊需求而设立的学校受教,于是在雅克-约瑟夫的安排下,商博良离开小学,转由家庭教师卡尔梅勒专门教导。

卡尔梅勒曾是本笃会修士(大革命后因修道院关闭才当不成修士),商博良在他门下受教两年之久。他的教学方式包括带学生在菲雅克镇和附近乡下四处走逛,商博良注意到有趣或不解的事物时,就与他讨论,从中培养了观察和推理能力。当时的菲雅克镇是个三角形聚落,镇内屋宇大部分是中世纪的砂岩建筑,屋宇之间以窄巷区隔,挤在中世纪城墙里。整个镇坐落在塞雷河北岸的缓坡上,只有少数几处空地可以见到周遭起伏的绿色丘陵。

商博良学拉丁语和希腊语学得很快,很早就表现出语言天分;他走访全镇各处则激起了对艺术、建筑以及自然史的兴趣,但整体而言,他的进步并不稳定。他的拼字还是很差,情绪变动仍然剧烈,无法自制。卡尔梅勒教了商博良一年之后,写信给雅克-约瑟夫说明他的学习进展,信中便提道:"他的胃口很大,学习欲望很强,但这种胃口和欲望都敌不过无心、冷淡这种心态。有那么几天,他似乎什么都想学,但也有时他就是什么都不想碰。"这时候驱策着商博良前进的,似乎是对哥哥的爱和敬重,而雅克-约瑟夫也开始施以漫长的鼓励、哄骗,有时甚至是威逼,以激励、指引他奋发向上。

渐渐地,商博良的程度超越了家庭教师的能力,卡尔梅勒自觉教不动他,便推荐了格勒诺布尔的一位老师,认为他或许更有办法让商博良发挥天赋。最后,雅克-约瑟夫写信警告弟弟:"如果你想来跟我住在一起,学东西就必须快速;没有学识的人一点出息都没有。"1801年3月,雅克-约瑟夫请人将商博良带到三百二十公里以外的格勒诺布尔与他同住,不料就此与母亲永别。兄弟俩远隔两地时,雅克-约瑟夫就已是指引商博良学习最有力的人物,如今两人住在一起,他更是取得完全主导权。弟弟抵达格勒诺布尔时十岁又三个月大,肤色黝黑，发黑而鬈曲，杏仁状的眼珠也很黑，眼神传达出慧黠的智商和暴躁的脾气。下车之后，格勒诺布尔给这个小男孩的第一印象是富庶而迷人。格勒诺布尔位于法国东南部，四周群山环抱，雅克－约瑟夫的住所和他侄子的公司就位于镇上的格兰德路（"主街"之意），站在这条路上往上看，有时可见到所有街道和一座山，山顶有些地方终年积雪。镇不大，位于伊泽尔和德拉克两河汇合冲积而成的沼地平原上，大部分镇区位于17世纪防御工事（今多已颓圮）所围起来的区域内。两条河的水流往往湍急而汹涌，时起洪灾。比起其出生所在的菲雅克镇，格勒诺布尔更是商博良的故乡，而他已经开始喜欢这里。

那几年摧残许多法国城镇的野蛮杀戮行径大体上不见于格勒诺布尔，而这正是此小镇令商博良喜爱的魅力之一。因为这一地区的贵族是大革命的前锋，在流血冲突爆发前十年，就已逼迫国王重新召开法国议会（由僧侣、贵族、第三阶级代表组成），因而大革命爆发后其他地方出现的极端行径和内战冲突，大部分在这个地方已经消失。只有在恐怖统治时期（1793年10月至1794年7月）的巅峰，镇民得知革命委员会打算在该镇成立地方机构，格勒诺布尔的稳定才受到威胁，因为这时期许多无辜的法国人民惨遭迫害，多半就出于革命委员会之手。1794年7月，恐怖统治时期革命政府领导人罗伯斯庇尔被捕，旋遭处决，罗伯斯庇尔政权垮台，巴黎几所监狱内等候处决的数百名死刑犯，因此免去一死，其中包括年轻贵族寡妇德博阿尔内（即日后的约瑟芬）。格勒诺布尔革命委员会的设置自此胎死腹中，该镇得以免于像巴黎一样惨遭政治迫害和大屠杀的蹂躏。危机已经过去，此后数年格勒诺布尔日益繁荣，成为商业和学术重镇，商博良在此度过其青春年少，而年轻寡妇德博阿尔内夫人则改嫁，成为拿破仑夫人约瑟芬·波拿巴，日后的法国皇后。

先前，雅克－约瑟夫抵达格勒诺布尔后一阵子，就把姓改为商博良-菲雅克。一直以来，外界都将此举视为他有意借此和弟弟尚-弗朗索瓦·商博良有所区隔，说明他早早就体认到商博良有朝一日必成大器。但更可能的原因是他试图和格勒诺布尔几位同姓的侄子有所分别，并借此自我标榜为志在千里的资产阶级。当时凡是想在社会上出人头地者，通常都会替自己的姓加上出生地，以彰显姓名的高贵庄严。大革命爆发前，雅克-约瑟夫大概就想把姓改为"商博良·德菲雅克"（意为菲雅克镇出身的商博良），好让名字带点贵族气；但即使大革命已经结束，僭称贵族仍很危险，更别说是许多真正的贵族。以德博阿尔内夫人为例，署名时就略去了德字，而签"博阿尔内公民"。后来有些人提到尚-弗朗索瓦时，会以"商博良-菲雅克"的姓来称呼他，但他似乎不愿跟人赶时髦改名字，署名偏爱签"较年幼的商博良"。他从很小就深知文字的力量，深知表达想法时务求精确（尽管他常拼错字），后来还会运用文字，特别是以绰号来褒扬、攻击他人，就像有些人借送礼或刀枪来达成同样目的一样。商博良打心底拒斥哥哥采用的姓，显示在如此年少之时，他对社会就已有自己的看法。他从来都没有像哥哥一样雄心勃勃，要在社会上闯出名号，也没有八面玲珑的社交手腕，因为这只会让他苦不堪言，但他这位哥哥日后却是靠此手腕而得以在动荡的年代青云直上。

商博良在格勒诺布尔的前二十个月，最初由家庭教师教导，后来改由哥哥一手调教。这时他的情绪仍很不稳定，雅克-约瑟夫曾写信给卡尔梅勒，他在信中难过地表示："他有时非常热衷，急着想完成，好像深怕自己的学习热情有穷尽之时；有时又非常软弱、没有斗志，好像每件事都是有待克服的障碍，有待解决的难题。"信中的见解和先前卡尔梅勒写信给他的看法何其相似！雅克-约瑟夫将这些性格特质归咎于商博良的心智状态，认为他的心智尚不知如何妥当地处理问题，而这项缺点很快就会得到矫正。1802年11月，商博良进入狄塞尔（Abbé Dussert）教士主持的私塾就读，狄塞尔在教育界声望崇隆，但收的学费也很高。雅克－约瑟夫要供养弟弟上这么好的学校，荷包元气大伤，但也凸显了商博良过人的语言天分，知他最深的哥哥才肯做出如此牺牲，以给他最好的受教机会，好好发挥这份才华。

狄塞尔的学校与"中央学校"实施联合教学，而"中央学校"是当时法国国立学校之一。商博良的语言课程由狄塞尔教授，其他课程则大部分到中央学校上。上学之后，他的语言天赋立即表露无遗。一年之后，他的拉丁语和希腊语进步神速，校方于是批准他研习希伯来语，以及阿拉伯语、叙利亚语和迦勒底语这另外三种闪族语言。他认为这些语言有助于自己课余的研究，因而选修这些语言。虽然只有十二岁，商博良却对人类的源起深感兴趣，而圣经是当时所知最古老的历史文献，里面明显提及世界的创生，因此他要直接阅读以原始语言写成的原典，而非日后他种语言的译本，以避开翻译版中的谬误。这时他已开始编纂古代人物年表，并获得他的哥哥大力支持，事实上他一生的研究生涯就从这时开始。雅克－约瑟夫搜罗了大量书籍，藏书日丰对弟弟的研究大有助益；也因为法国大革命造成一些人倾家荡产，被迫将藏书贱价求售，雅克－约瑟夫才得以搜集到这么多书。

刚开始商博良在格勒诺布尔似乎很惬意，不仅沉浸在古代语言中，中央学校的许多课程他也上得很开心。数学仍是他最弱而讨厌的科目，但绘画技能不断精进，还对植物学大感兴趣，甚至远至周遭山区研究、搜集植物，就像过去与家庭教师在菲雅克镇闲逛、研究、探讨所接触到的每样事物一样。在格勒诺布尔初期，他还有幸结识了新上任的省长傅立叶，与之交谈。傅立叶是随拿破仑远征埃及的顶尖学者，曾在开罗主导埃及研究院的管理工作。随军远征之前，就已是著名的科学家和数学家，回法国后，以三十三岁的年龄，受命撰写《埃及记叙》的历史性大序。1802年初，从埃及返国后几个月，傅立叶接任伊泽尔省省长的新职，省府驻在格勒诺布尔，这时他已是国内响当当的人物。

到过埃及的学者都自称"埃及人"，凡是与埃及沾得上关系的事物，他们都很着迷，傅立叶自然也不例外。除了忙于《埃及记叙》的工作，只要省长职务许可，他就会一头栽进古埃及各方面的研究。巡查公学也是他的职责之一，有一次当他到某个学校视察，发现有位名叫尚-弗朗索瓦·商博良的学生对埃及兴趣浓厚，便邀他去参观自己的古文物收藏。十一岁的商博良到了省府，面对傅立叶这位著名的科学家、"埃及人"和格勒诺布尔最有权势的人，紧张得讲不出话，甚至连傅立叶的提问都不知如何回答。后来傅立叶谈起埃及种种，带他参观一些古文物，他才自在起来。商博良见到石碑和纸莎草纸残片上的象形文字，虽然完全看不懂，离去时却已下定决心要研究、破解这些古文字，并且表明自己必会成功的坚定信念。不管这是他个人的预感，还是年少轻狂的大胆表白，从此之后，商博良和傅立叶两人不断相互切磋，直到1830年傅立叶入土为止。最终，两人几乎是紧挨着葬于巴黎的佩勒拉雪兹公墓里。

自从国家宣传机器将拿破仑的埃及远征渲染为大获全胜，埃及热一直高烧不退，当时埃及仍是全法国的热门话题，傅立叶在格勒诺布尔也见识了同样的狂热。《埃及记叙》的制作与出版获得了官方的全力支持，学者群开始在巴黎整理自己的笔记，以供这部皇皇巨著出版之用。傅立叶在格勒诺布尔忙于为之写序，商博良则悠游于狄塞尔的私塾教学和国立中央学校的课程之间，生活惬意，且愈来愈习惯这里的生活。不幸的是，国立学校的组织将大幅变革，他得忍受一阵子不如意，才能重享这乐在其中的学习生涯。

1799年拿破仑自埃及返国后，推翻了革命政府的最后一个政权督政府，代之以三名执政官所组成的政府，由拿破仑任第一执政官，但实际上由拿破仑独揽大权。多年来，他一直很关心法国教育体制的重整。1802年，他针对全国四十五所公学颁布了一道法令，由政府支付各公学一百八十名学生的膳宿费。公学是专为培养杰出男童而设立的学校，课程、制服、军事训练全由政府制定。官方甚至还列出五百二十六册书籍，规定各公学图书馆一律采用，以确使这些学校都使用同样的课本。在这些公定书籍中，五十六册关于法国文学，一百四十二册关于古希腊罗马作品，并以拉丁文学、希腊文学、数学为教学重心，自然史、化学、制图、地理学为附加课程。为了对新近获得平反的天主教会表示尊重，当局刻意将哲学从课程中删除；历史所分配到的授课时数则很少，因为当时法国人对历史存有争议。

公学都是寄宿学校，所有男童一律穿制服，头戴两端尖起的帽子。制服原是深蓝色的，后来因为所需染料系从法国殖民地输入，而随着敌国对法国海军的封锁日益严密，染料愈来愈难取得，于是法国政府将规定颜色改为灰色。男童都得接受军训教育，编成数个连和不同官阶，一如步兵团中的编制。每天早上五点半起床，晚上九点就寝，按既定课表作息，每堂课结束开始都以军鼓声为准。在格勒诺布尔，公学直到1804年才设立，校址就是先前的中央学校。那一年初，商博良通过考试，获准进入公学就读，并取得膳宿费补助资格，但他对新学校不抱什么指望，反而称之为"监狱"，心中只有怅然。

此时欧洲大陆的局势有如暴风雨前的宁静，而非真正的和平。与法兰西帝国接壤的大国，比如奥地利、俄罗斯，都在伺机推翻法国霸权。1803年5月，英法两国再度爆发战争。至次年年底，拿破仑达到权力的巅峰，于1804年12月2日登基称帝，其妻子约瑟芬成为皇后。在这同时，年近十四岁的商博良却觉得茫然无助，进入公学仅两个星期，一心只想逃走。他觉得公学的军事化管理根本毫无必要，只是限制发展，浪费时间，因而满腹苦楚与怨恨，一心盼望能无拘无束学习，而且怀念起从前学校里的死党，特别怀念他的哥哥。

商博良当了近两年半的寄宿生，在这期间他几乎每天写信给大哥。这些信是了解他当时生活、想法和感受的绝佳材料，但信件几乎都未注明日期，能从中找到写于何时的蛛丝马迹可说少之又少。这一点，当时雅克－约瑟夫就曾大加批评，他写道："我亲爱的弟弟，我已收到你的来信，但我无法告诉你是几天后收到的，因为信上面没有写日期，你就是这样。"商博良每次写信总是草草赶着写完，也令雅克－约瑟夫怒不可遏，后来他就警告商博良说："我希望你写信时在遣词用字上更用心些，你常常是不知所云，这很要不得，胡乱写惯了，久了就不以为意。"从一开始，商博良在正规写作上似乎就已达到高标准，但他平时所写的信要能摆脱粗率乃至语焉不详的弊病，则是好几年以后的事。

心知不可能逃离学校，商博良退而求其次，不时乞求雅克－约瑟夫把他转到别的学校，但他也深知哥哥希望他留下来。他告诉大哥："你能不能把我带离公学？一直以来我都在压抑自己，不要惹你不高兴，但我实在很难受。我觉得自己根本不适合现在这种压抑的群居生活……在这里待久了，我保证我一定会死。"他内心的苦楚有一部分的确缘起于公学的管理方式，但也有一部分是来自刚到新学校就读、第一次离家在外生活所带来的压力，许多寄宿学校的学生都曾饱尝过这种痛苦。

商博良因在严苛的教学体制里，有些课程对他来说太容易、太乏味，其他课程如数学，则又太难，激不起一丝兴趣，于是，情绪变化无常的老毛病再犯，一如初上学时令商博良苦不堪言。有时显得兴致盎然，有时又显得沮丧而提不起劲。有些老师认定他就是懒惰、傲慢、叛逆，因而当他兴致昂扬时所表现出的独立思考与锋芒毕露的才华，反而更让他成为这些老师的眼中钉。然而，行事作风不为这些心胸狭小的治校官员所喜,还不是商博良唯一的困扰,因为他的奖助金只能支付四分之三的开销,剩下的四分之一得由雅克-约瑟夫来供给,而他哥哥已挪不出多少钱给他。商博良通常是身无分文,看到许多同伴出身富裕人家,零用钱多得花不完,而自己却没钱买鞋、买衣服,甚至买书,穷厄困顿之感就更为强烈。这段时期,商博良写给大哥的信中一再提到自己的贫穷,不幸的是,终其一生,他都摆脱不了贫穷的折磨。

除了得忍受不喜欢的课程,更惨的是校方还禁止学生于课余时间读自己有兴趣的书。他不得不把课堂以外的书本,如希伯来语、阿拉伯语方面的书本藏起来,待晚上舍监巡完房偷看。就这么每天晚上偷看,不仅让他疲累不堪,还弄坏眼睛,尤其是左眼,因为他总是向左侧躺在床上,以利用外面街上灯笼仅有的余光。商博良一直处于自艾自怜的悲情中,不时从自行研究的乐趣里寻得慰藉:"东方各语言是我最热爱的学科,一天只能遭遇它们一次……希腊语、希伯来语和其各种方言,是我狂热、渴望想学的东西。"他写给哥哥的信中不时要求哥哥寄书来,字里行间流露出超越他年龄的学问和成熟:"别忘了其他书,附带一提,恳请你寄给我鲁道夫编的字典和埃塞俄比亚语文法。请放心,我不会因此而影响到其他功课";"亲爱的哥哥,我恳请你寄本《荷马》给我,版本不拘。我非常需要,可以的话,希望能在今晚就寄出,那我的生活会快乐许多。"

在有些信中,商博良要求的语气似乎粗鲁无礼得无以复加,但即使如此,仍不时流露出对哥哥的爱与感激:"你知道吗?你对我的厚爱,如父亲般的照顾,只要我尚有记忆,一刻都不敢忘却。"日后,他哥哥穷困潦倒时,他坚定不移地支持哥哥,并投注大量时间教导哥哥的小孩,回报当日的恩情。商博良也深知哥哥无法永远支应他所需的一切,而父母的经济状况更惨。他父亲写信来说想提供资助时,很能体谅家境的商博良却委婉回绝："我什么都不需要，谢谢您的好意。哥哥已供给我所有需求，我非常感激他。因为他的手足之爱，我得以享有许多好处，我希望善用这些好处，借此证明他帮助的并非忘恩负义之人。"

在公学度过数月严酷如寒冬的学校生活，学校终于放大假，商博良回到雅克－约瑟夫家度过数星期自由自在、阳光普照的家居生活，只觉学校的日子何其漫长，在哥哥家的日子又何其匆匆。商博良的青春年少，就在这种漫长而匆匆的交替中度过，并开始注重各种形式的自由，尤其是思考自由。他对哥哥的爱和敬重不下于对英雄的崇拜，他也深知公立学校是哥哥所能负担得起使他接受的最好教育，基于感恩之情，他没有逃离学校。他虽讨厌公学，觉得处处受压抑，却不代表他在课业和人际上一塌糊涂。看来他似乎很受同学的喜爱；校方鼓励学生成立学术性社团，而商博良正是几个这类社团里颇具影响力的主要干部。他曾多次获同学推选出任班长，每次任期十五天；他虽然讨厌许多课程，却仍是学校里功课最好的学生。

1804年暑假，还未住进公学之前，商博良就在家中编了《从希伯来词形变化论巨人传说》一书，因而进学校后，学校对学生个人研究所加诸的限制让他更为恼火。后来他把编写这本书称作是"生平第一桩大而无当的蠢事"。书中他分析了希腊神话中人名的词源，将源起追溯到他正在研习的东方各语言，但往往推论错误。尽管结果有瑕疵，但其中的研究方法令他心仪，并认定研究古历史的最佳途径就是透过语言。这时他研究埃及已有好几年，但还未迷上象形文字，那时他的最爱还是世界的大事年表和源起。为此他博览群书，学识超出同学一大截，但也体悟到，透过科普特语（埃及基督徒使用的语言）和古埃及象形文字，或许可以解开至今尚未破解、尚无人知晓的文献，进而了解其中所蕴含的人类最古老（甚于《圣经》）的历史纪录。文献中的象形文字已困扰学者千余年，必须进一步研究，才能揭开其秘密。

十五六世纪文艺复兴期间，有一批古希腊罗马文献出土并出版，成为最古老的印刷书籍之一，其中有希腊和罗马史学家对象形文字的评注。这些古代学者没有一个懂象形文字却传播错误的观念，以为这种书写体系含有象征性或寓言性的意涵，但其实大部分是可辨识的自然万物和人造物的图画。四五世纪时，贺拉波洛（Horapollo）写了一份名为《象形文字》的希腊文手稿，1419年有人将此手稿带到意大利。手稿内共有一百八十九节，每一节处理一个象形文字。贺拉波洛对象形文字的确有所了解，但在他的笔下，许多字还是凭空生出特殊的寓意，甚至他还捏造象形文字。后人将这手稿传抄了无数份，流传于佛罗伦萨，1505年首度印刷出版，在16世纪期间有多种语言、无数版本问世。《象形文字》的问世，在艺术文化界掀起了一股象形文字的风潮，范围遍及文艺复兴时期的意大利和其他国度。当时的人们习惯于以分析的角度来看待梦境、风景、彗星等所有事物，试图从中分析出可进一步解读的象征意义；在这样的时代氛围下，象形文字就被视为解开真知识的钥匙。当时的人们深信古埃及宗教中含有与基督教有关的预言，而象形文字则是表达神圣真理的符号。这些神圣真理不仅无法以言说表明，还必须隐藏起来，不让外行人看懂。

当时人们认为象形文字具有象征意涵，而非只是像平常的书写文字般用来传达讯息。受这一观念影响，在接下来的三个世纪里，许多人前仆后继试图解开象形文字，但因开头方向即遭误导，自然无功而返。古代学者暗自认为古埃及有两种书写体：一是神圣的寓意体，二是一般的书写体。这使此时期的破解方向走得更偏。以古希腊史家希罗多德为例，他就把这两种书写体分别称为神圣体和通俗体。早期学者并不知道，象形文字早已演化出笔画简化的草书体，以便于快速书写埃及语。僧侣体就是最古老的草书体，在埃及历史上运用了很长一段时间。僧侣体随着古埃及语不断地演变，至约公元前650年时，这语言和书写体都已和原貌相差甚远，成为今人所谓的通俗文字。通俗文字衍生自僧侣体和象形文字，不易懂，且几乎难以辨识。这时尽管某些史迹上的铭刻仍继续采用象形文字，但也有些采用通俗文字来刻写铭文，例如罗塞塔石碑。古罗马统治埃及后，名为科普特的新书写体诞生，以书写正在缓慢改变的埃及语，这种书写体混用了希腊字母和通俗文字字母。7世纪时，阿拉伯语和阿拉伯书写体系引进埃及，但埃及基督徒仍以埃及语，也就是科普特语作为言说、书写的工具；科普特原即"埃及语"之意。让商博良开始感兴趣的古埃及语就是这种科普特语。在此列表简单介绍这些语言的变革：

书写体系	口语
象形文字 （正式书写体）	古埃及语
僧侣书写体 （草书体）	
通俗文字 （始于公元前650年，仅用于书写通俗语）	通俗语 （演化自晚期古埃及语）
科普特文 （始于公元250年，仅用于书写科普特语）	科普特语 （演化自通俗语）

不妨把象形文字视同今日书本和纪念性建筑上所见的正式印刷体，僧侣体则等于是线条有粗细变化的工整手写体。如果说僧侣体是

工整手写体，通俗文字就是平常的手写体。比起象形文字和僧侣体的线条分明和美感，通俗文字往往只比潦草字迹好一点。科普特语虽演化自通俗语，但它的书写体系却和象形文字、僧侣体、通俗文字截然不同，而是由希腊字母和一些通俗文字构成。元音字母在此首度形诸笔墨。

《象形文字》于1505年首度出版后，无数以象形文字为主题的书籍接踵在意大利问世，而其对象形文字的解释，均以遭误导的传统观念为圭臬。瓦雷里亚诺（Valeriano）埋头钻研象形文字，写出洋洋洒洒五十八册评论集，并把这些作品也总称为《象形文字》。这部大作于1558年出版，但瓦雷里亚诺生前无缘见其问世。书中将象形文字分门别类，如异教神类、人体和植物的器官类，并探讨各象形文字中他认定所具有的宗教意涵和哲学意涵。这部作品和前人的所有作品一样错误百出，却还是成为这个研究领域里的权威，屹立不摇将近两百年之久，其间曾出现无数版本和德文、意大利文、法文的译本。研究象形文字象征意义的热潮不退，但有心厘清真假，揪出后人捏造的象形文字的作品，却是少之又少。

一直到17世纪，才真正有人试图破解埃及象形文字，那人就是基歇尔(Kircher)。基歇尔在东方学的研究上卓然有成，于三十年战争期间由日耳曼逃到罗马。当时刚有人从埃及回罗马不久，带回了科普特语的字汇和文法手稿；基歇尔身为科普特语学者，参与了这些手稿的出版工作。当时埃及基督徒仍在礼拜仪式时使用科普特语。基歇尔推断，科普特语可能就是古法老王时代所用的埃及语，因此了解科普特语对象形文字的理解和破解至关紧要。基歇尔从已出土、仍屹立于罗马的古埃及的遗物和手工艺品着手，他是史上第一位研究象形文字真迹的学者。可惜他一如前人，继续追索象形文字中所隐含晦涩难解的象征意涵，而不将象形文字视为单纯的书写体，因而他的解读全是胡说八道。不过他的作品还是有一项重大贡献，那就是让科普特语研究成为显学。

基歇尔等人视埃及为所有智慧来源的观念，渐渐不再为人所采信，旅游者也开始破除埃及是神秘境域的说法。1741年，沃伯顿（William Warburton）出版了《摩西的神圣使命》一书，书中针对三年前翻成法文的象形文字，有一段离题的冗长讨论。这位英格兰主教虽然未能研究象形文字真迹，但他所提到的某些破解方法却已逼近事实的呈现，如果当时有人从他的观点着手，象形文字可能早已获得破解。他甚至还推论出今日所谓的僧侣体文字即源自象形文字。他公开宣称，古埃及人创造象形文字，并非要它高不可攀，亦非"用以遮掩、隐藏他们的智慧，不让平民百姓知道"。他的这番论调与文艺复兴时期的思想家大相径庭，语出惊人却是正确之音。沃伯顿猛烈地抨击基歇尔及其神秘论点，以科学来了解象形文字的新时代于焉展开。

约二十年后，巴黎的"奖章管理人"巴泰勒米（Barthélemy）教士首度指出，象形铭刻上常见一端画有一线条的椭圆形饰框，框内的符号可能是国王或神的名字。若干年后，巴黎法兰西学院古叙利亚语教授德吉涅（Joseph de Guignes）进一步发挥这一观点。他通过汉语研究认为中文书写里以加框方式来凸显专有名词，因而埃及铭刻里的饰框很可能是用来标举国王的名字。遗憾的是，德吉涅因一巧合推论出奇怪的看法，导致研究误入歧途。他荒谬地认为中国曾是埃及殖民地，后来埃及语遭受希腊语污染，中国语言汉字书写的形象描绘则呈现出了未受污染而纯正道地的埃及语的书写形式。他也因此认为破解象形文字的正确途径应由中文着手，而非由科普特文着手。这个观念一时大为盛行，让许多有潜力的破解者误入歧途，白忙一场。商博良所获取的有关象形文字的出版物，便涵盖了各式千奇百怪的理论，因为埃及象形文字和中文字之间的关联，当时仍未遭完全否定。

　　在之后问世的作品中，最重要的一部是丹麦学者兼科普特语专家佐埃加（Georg Zoëga）的著作。他在1783年迁居罗马，研究当地的方尖碑，在象形文字上获得了许多重大发现，并批评了前人的许多谬误之处。佐埃加首开先例，搜集象形文字为研究素材，认出九百五十八个象形文字，并根据其形貌而非意义分成植物类、器皿类、哺乳动物器官等类，但还不知象形文字的意义。例如，▱▱▱▱描绘人的不同面向，▱▱▱▱▱描绘不同的鸟。他还观察到很重要的一点是，铭文该由哪个方向读起，取决于符号所朝的方向，以象形文字短语▱▱▱▱（意为"愿他长寿、发达、健康"）为例，图中符号朝左，就该由左向右读。同样意思的短语，也可写成▱▱▱▱▱，但因为符号朝右，就必须由右向左读。象形文字都是"望"向该行正文的开头，而纵写的象形文字都是由上往下读。尽管佐埃加本人并未着手破解象形文字，但他一再重申椭圆形框里写的是专有名词或宗教仪式上的习用语，因为这番见解，后来才有学者对照罗塞塔石碑，探索象形文字的这一层面。

　　象形文字的破解一直处于青黄不接的阶段，直到学者随拿破仑远征埃及，并将研究成果公诸于世，才打破了这个局面；1799年罗塞塔石碑的出土，意义尤其重大。当时拿破仑军队往埃及心脏地带一路挺进，学者团殿后，途中发现这块石碑，上面有各式奇形怪状的象形符号，其中大部分不曾在埃及以外见过。学者这时顿然省悟，先前试图从欧洲境内为数极少的遗物来破解上面的象形铭刻，原来都是枉然。罗塞塔石碑上刻有三段文字，但只属两种语言，其中的希腊语以大写写成，埃及语以象形文字写成（遗憾的是石碑上就属这部分损毁最严重），第三段文字则属晚期埃及语，以通俗体刻就。学者将罗塞塔石碑的复制品和铸模自埃及带回巴黎，开始研究，并译出其中的希腊碑文。罗塞塔碑文的内容并无值得深究之处，老实说还颇为无趣，不过是公元前196年一位祭司所撰的敕令，为统治埃及的希腊托勒密五世国王打造偶像崇拜。内容主要是以冗长文字来歌颂国王，一开头如此写道："这位年轻人从其英明伟大的父亲'诸王之王'那儿继承王位，他建立埃及，对诸神虔诚，战胜敌人，恢复了人类的文明生活，是'三十年节庆之主'，在他统治下……"接下来还是类似的语调。这三段文字的重要之处，在于似乎是以象形文字、通俗文字、希腊文三种不同文字表达同样的意思，因而可能蕴含了足以破解通俗文字和象形文字的线索。

1802年，商博良只有十一岁，甚至还未在格勒诺布尔念公学之时，巴黎的东方学家德萨西（Silvestre de Sacy）已决心解开罗塞塔碑文之谜。首先他从专有名词切入，试图根据那段希腊铭文，从通俗铭文中找出同样意思的文字，结果只找出代表"托勒密"和"亚历山大"之名的近似字组，几乎谈不上突破。德萨西自知无力破解，将罗塞塔碑文复本转交学生奥克布拉德（Åkerblad），希望这位曾在君士坦丁堡当过瑞典外交官、主要兴趣在语言的徒弟能有所突破。奥克布拉德只花了两个月时间，就根据希腊铭文的专有名词，奇迹般地辨识出通俗铭文中的所有相应文字，并发现这些通俗文字的专有名词都是以表音符号写成；每个表音符号各代表一个音，有如字母表中的符号。于是通俗文字中的托勒密、克丽奥佩特拉、亚历山大、贝丽奈西（埃及一皇后）、阿尔西诺伊（埃及一王族名）、亚历山大（地名）等专名，如今全都可以读懂。奥克布拉德运用科普特语知识来解读通俗文字，又辨识出"神庙"、"埃及人"、"希腊"等字。从他的研究可知，科普特文和通俗文中有某些字相当近似，从而证实科普特语的确是古埃及语的后代。他还建立了由二十九个字形构成的通俗字母表，不过后来发现其中一半有误。1802年，他以写给德萨西的长信形式出版了个人研究成果。德萨西回函批评了奥克布拉德的某些发现，但最后还是以鼓励的语气写道："如果你决心将那封惠赐予我的信件刊出，而且打算将我的回函并入其中，那我真是不胜荣幸，如此一来我将捷足先登，成为赞扬你的第一人。"

奥克布拉德和德萨西再也没有深究这段通俗铭文，因为他们认为通俗字全是拼音字母，一如希腊字。他们除了稍微研究了数字，对象形文字谈不上研究。象形文字仍是无人能懂，但事实上，外交官出身的瑞典东方学家帕林（Palin）伯爵，曾试图以一份粗劣的碑文复本，破解罗塞塔石碑上的象形文字。就在奥克布拉德致力于研究通俗文字之时，帕林刊出了几篇相关的论文，但他的主张就和先前德吉涅所提的中国曾是埃及殖民地的说法一样荒诞不经。帕林宣称中文和埃及象形文字系出同源，意义相同，因而"只要将圣经《戴维诗篇》译成中文，再以中文的古字写下来，就可复制出木乃伊上所发现的埃及纸莎草纸古文献"。后来，帕林在罗马时，为了保护所收藏的丰富埃及古文物，命丧抢匪之手。

19世纪初前几年，象形文字的解读没有实质进展，但已有愈来愈多人试图破解，它演变成一场没有鸣枪起跑的竞赛，各参赛者往往不知道有哪些人在与自己竞争。有些人比赛还未真正开始就已退出，像德萨西和奥克布拉德之流。象形文字成了热门话题，"趋从时尚与想法怪异之人，针对它们撰文无数，议论滔滔，但这些人通常是未受教育之徒"。罗塞塔石碑出土后所带来的那股乐观如今转为失望，它所引发的研究热潮开始消退。石碑刚发现时，学者曾推断只消几星期的研究，就可以揭开它的秘密，事实则不然。速战速决不可能，但在某些学者心中，这石碑仍是破解象形文字的唯一根据，因而并未就此中断探究。甚至连雅克－约瑟夫也开始进行研究，并于1804年夏天向格勒诺布尔学院提交了一篇论文，探讨上面的希腊铭文。

雅克－约瑟夫于格兰德路其侄子公司工作时，仍一如以往想办法自我进修。他搜集到更多的书，与格勒诺布尔资产阶级的知识圈和文学圈时相往来。这时他已是卓然有成的语言学家，对古代通史也很有兴趣。两兄弟同在格勒诺布尔的时期，两人所关注的事物大抵一致。雅克－约瑟夫用心研究该镇的古建筑，而在古文物研究界声名大噪，成为这方面的专家，并获得伊泽尔省省长傅立叶的赏识。傅立叶是随拿破仑远征埃及的资深学者，这时对历史的许多领域仍保有浓厚兴趣。格勒诺布尔原坐落在格拉提安城的上部，傅立叶在伊泽尔省任省长时，格勒诺布尔城内某处在盖房子时发现了古拉丁铭文，于是委任雅克－约瑟夫负责采录这些铭文。不久之后的1803年底，雅克－约瑟夫就获准成为戴尔芬纳勒学院的院士。法国大革命期间，所有学术性学会都被官方明令关闭，这个学院也不例外；直到1795年以"格勒诺布尔艺术与科学学会"之名复行运作，后来又改回原名。此学院是该地区声望最高的学术机构，在法国国内外向来极受尊重。雅克－约瑟夫以二十五岁之龄，既没上过大学，在格勒诺布尔仅住了五年，就成为该院院士，充分说明了他的才华和研究热诚。透过这院士身份，加上与傅立叶往来，雅克－约瑟夫的学术生涯和社会地位都更上了一层楼。

由于两人的这层关系，傅立叶替法国远征的研究成果《埃及记叙》所撰写的长篇大序，有部分内容请雅克－约瑟夫进行考证。雅克－约瑟夫因此得以深入参与这部巨著的出版准备工作，而商博良也因哥哥的缘故，参与这项考证工作，替多项主题报告准备材料，但傅立叶起初似乎并不知道这件事。1804年，两兄弟都已进入古埃及的研究中，同一年雅克－约瑟夫出任该学院的联合书记，与他人共同执行书记职务。两年后成为正式书记，享有书记的所有权利和地位，并出版一篇有关埃及的论文，名为《谈登德拉神庙一段希腊铭文的信》，以写给傅立叶的正式信函形式刊出。此后十年，雅克-约瑟夫连年获选连任正式书记一职。

商博良本人则对古埃及愈来愈着迷，在阅读过前辈研究者的作品后，他深信科普特语必然与古埃及语有关，因而当下的目标就是学会科普特语。但在公学的重重限制下，这并非易事。1805年，曾任科普特教会僧侣的拉斐尔走访格勒诺布尔，与商博良相识。拉斐尔随法国的埃及远征军返法后，获拿破仑指派，在巴黎东方语言学院教授阿拉伯语。在格勒诺布尔期间，他教商博良科普特语；数月后又带了许多书回格勒诺布尔，包括一本科普特语文法书。至此，商博良似乎已决定穷毕生之力研究埃及，他以如下语句向世人宣誓了他对这个国家的忠诚不渝："我希望深入、努力不懈地研究这个古国……我所挚爱的各位，我向你们发誓，没有人可以取代古埃及语在我心中的地位。"

这时他还浑然不觉象形文字的破解之路上，是否已有对手在埋头钻研，而从他求学的过程来看，对手的存在还不如与老师、同事的关系更令他挂怀。就读公学期间，他至少有一位知心好友，若不是有一位素来不喜欢商博良的老师，拼命将他们两人分开，后人大概也不会知道他有这么一位好友，更不会知道他的名字叫约翰尼斯·万盖希了。商博良多次在信中向哥哥宣泄心中的愤恨，认为有些老师根本是挟怨报复的小人，他毫不留情地批评道：

> 我的朋友把他们的劝告当耳边风。他总是带给我慰藉，仍跟我在一起，这些怪物看到之后，火冒三丈，干脆更改他的课程表。从此之后，除非路上相遇，我再也见不到他……我很慌张，很愤怒。折磨何时才会结束……在这公学里，如果有哪个人沮丧或不开心，那就是我！他们会让我失去理智。

后来有评论者说这两位少年有同性恋关系，尤其是商博良曾满腔怒火写了一封信给哥哥，更让评论者如是想，因为商博良在信中抱怨老师以他已"腐化"，警告万盖希不要再跟他走在一起。但可能的情况是，某些能力较差的老师见商博良才华出众，很难应付，于是想方设法要削弱他的影响力。从他写给哥哥的信看来，提到与万盖希分开一事时，他同时也提到对学校教职员的其他不满之处；他还公开指责那位说雅克－约瑟夫坏话的老师，说他是心胸狭窄的伪君子。商博良那种结交挚友无数、但树敌也同样无数的本事至此发展成熟，并成为他日后终其一生的一大特点。他不懂得耍手段，而是见好就赞扬，而且见恶就批评，毫不隐讳，这种个性有时使他在无意中冒犯了别人。

万盖希和他分开几个月后就生了病，最后不得不休学回家治病。至于商博良，尽管学校给他的健康报告评为最优，但他的身体并非完全安好。长期在昏暗的灯光下偷看书，让他的视力出了毛病，睡眠太少让他总感疲倦，除此之外，他还常在信中向大哥诉苦说自己不舒服，并描述了多种症状。这些不适究竟有多严重，很难评估，以他谈到身体的不适而恳求离开公学来获得解脱而言，至少有某些病痛是夸大之词。他写给雅克－约瑟夫的其他信中，则充满了歉意和感激。道歉的是，他的态度不逊和没有更认真用功；感激的是，哥哥给予他很多帮助。他在公学期间，情绪一直波动不安。他深知若不是哥哥的牺牲奉献，自己进不了这间最好的学校；没有哥哥的帮忙，他的个人研究也无法这么顺利。因此他无时无刻不惕励自己善用这个机会，方不致辜负哥哥的苦心。但他还是痛恨纪律，痛恨公学猛拍拿破仑马屁的作风，痛恨某些教职员的心胸狭窄和一肚子坏水，痛恨那些令人窒息的种种规定。而无法随兴选择研读自己喜爱的科目，尤其令他深恶痛绝。

1806年8月，商博良获选于学年结束时在省长傅立叶面前演讲，以展示公学教育的优良成果。想到自己得在这么多人面前讲话，商博良吓得不知如何是好，写信央求哥哥想办法让他不用上台："省长先生对我赏识有加，我觉得非常不好意思，但我自知无法克服怯场。倘若在四人面前就令我不安，那在千人面前结果会是如何，就更不用说了。因此我恳求你尽可能想办法，推辞此事。"然而真正上场时，他完全不见怯意，以希伯来语解说《创世记》的部分段落非常成功，当地报纸还刊登说省长非常满意他的表现。尽管仍显羞怯，但他那异于常人的才华已开始受到大家的肯定。11月份回公学就读时，他还不到十六岁，但在语言学和埃及的研究上，已经表现出长足的进步。他依然恳求哥哥让他离开公学，语气仍非常激动，却愈来愈坚定、愈理性，而雅克-约瑟夫也开始想办法让商博良到巴黎求学。后来，哥哥终于告诉他一年后就可以离开，商博良知道自己的解脱大愿短期内不可能实现，不免非常失望。

他知道自己终会离开公学前往巴黎，受此激励，似乎迸发出新的活力，于是开始利用多年来所搜集的材料，编纂《东方地理学辞典》。以他如此喜爱将资料编排整理、分门别类的个性来看，撰写辞典的确是很适合他做的一项工作。为了读懂以各种语言所撰写的埃及数据，他开始自修意大利语、英语、德语，但终其一生始终没把德语学好。为了编写这部辞典，他的研究延伸至圣经，他不仅带着信徒的虔诚，还抱持史家批评分析的心态来读圣经。历来普遍认为圣经前五篇出自于埃及长大的摩西之手，但他心存怀疑，因为这五篇都不是以摩西的母语埃及语撰写的。与此同时，商博良开始搜集历来有关"古埃及语象征符号"的注解，对贺拉波洛所编纂的《象形文字》研究尤力。贺拉波洛这本书虽然很不可靠，但至少是当时所能找到解说象形文字意义的最佳古籍。

1807年初，公学寄宿生发起暴动，商博良的密集研究因此中断。

暴动似乎因某些学生遭遇不公的严惩所致，一群寄宿生因此于白天搜集棍棒和石头，晚上发起暴动。他们以石头将宿舍的玻璃窗户全砸碎，然后拿起便盆敲打窗框。副校长出面劝阻无效，最后派出上了刺刀的部队才镇住。这批部队的派驻原是为了保护住宿生，并维持秩序。商博良写信给哥哥申辩自己的清白（"我完全没有参与此事"），但以他对公学的痛恨，加上信里所描述这次暴动的亲眼见闻，说他未参与实在令人难以相信。不管真相如何，似乎由于这次暴动使他受惠——这时他再度恳求哥哥让他离开公学，而且这次还得到省长傅立叶的支持。于是雅克－约瑟夫让他搬出宿舍，兄弟俩再度同住，他只需到公学上选修课即可。如此，商博良有了更大的自由、更充裕的时间来从事个人研究，进步也越发神速。

在雅克－约瑟夫安排下，商博良预定于1807年秋赴巴黎就读，而这之前的漫长暑假正好用以做密集预习，但他的预习计划被一连串的事件打乱了。6月19日，他才刚写信请父母趁他未赴巴黎前来格勒诺布尔看他，就传来母亲去世的消息。次月，他们两兄弟到普罗旺斯待了几天，在博凯尔图书博览会上与刚丧偶不久的父亲会合。他父亲每年都会参加这个博览会买卖书籍；自16世纪初起，这类博览会就是西欧流动书商必去的地方。后来这些流动书商以法兰克福书展为交易中心，法兰克福遂成为德国和国际书市的重镇。但在约1750年时，法兰克福的声望下滑，莱比锡取而代之，这时法国出版商几乎不参加法兰克福书展，而把生意重心放在巴黎和博凯尔等地的图书博览会上。

两兄弟与父亲会合时，雅克－约瑟夫新婚不久，7月初才刚举行婚礼，娶进格勒诺布尔资产阶级望族出身的佐埃·贝利亚。佐埃的父亲是镇上律师联合会的会长，家中虽不算顶有钱，还是送了一栋乡间别墅当嫁妆。别墅就在格勒诺布尔正南方的维夫村。商博良虽和大哥关系亲密，但对大哥娶妻似乎并不嫉妒，不仅赞成这桩婚事，而且与嫂子相处甚好。佐埃就是有办法撩拨他,而不致激起他暴躁易怒的脾气。她替他说话,指不该因他排行最小就称他为"cadet"(老弟),借此博取他的好感。以前商博良签名时总爱签"cadet",而不签姓氏,佐埃知道阿拉伯文的"seghir"与"cadet"意思相近后,就坚持要他改名,于是从那之后,家人和朋友都以"Seghir"称呼他。

1807年8月27日,是公学学生大喜的日子,因为一学年就此结束。商博良获颁"品学兼优结业证书",并取得在巴黎就读的资格。就商博良个人而言,这一天之所以值得庆贺,不是因为过去几年的优异表现,而是因为他心中满怀梦想,更因为他终于挣脱出了这个厌恶至极的苦海。在一些庆祝场合,他激动的情绪难以自制,竟然一下子失去知觉,颓然倒下。比起五天后格勒诺布尔学院将给他的肯定,学校所颁给他的结业证书根本不值一顾,这就像他在公学期间一直把个人研究看得比学校课程还重要一样。这位十六岁的孩子,面对着聚集在台下的地方学术名流,讲述起个人著作《论波斯国王冈比西斯征服之前的埃及地名》。这时,他在语言学上的过人天分已是尽人皆知,但透过这篇评论,大家才首度见识到他从事原创性研究的能力,从整理、分析史料,到以通畅易懂的方式展现结果。与会者对这部作品的精湛出色钦佩不已,当下就提议应让商博良进入格勒诺布尔学院成为院士。六个月后,学院正式批准他的院士资格,获得这无上殊荣,商博良喜不自胜。他写信给雅克-约瑟夫道:"能成为格勒诺布尔学院的院士,我实在太高兴了,而最令我高兴的地方在于,我可以更加当之无愧地做你的弟弟。"

第三章　城　市

来到巴黎，潮湿的气候令商博良诸多不适，但巴黎的文化和学术魅力深深地吸引了他。他终于可以想上什么课就上什么课，可以投入个人的研究，而不必被迫上一些无聊的课……在巴黎求学不仅让他得到所需的知识和技能，也让他得以结识许多最有名望的语言学家和东方学家，从此与他们成为朋友。

9月10日早上,商博良和雅克-约瑟夫在格勒诺布尔搭乘公共马车,前往四百八十多公里外的巴黎,两年后商博良才又重返格勒诺布尔。他们夜以继日赶路,穿过法国大片地区,途中路况很差,几无睡眠,还得时时防抢,一路上疲惫不堪。13日终于抵达巴黎。抵达次日,英国签署撤军条约,埃及的未来尘埃落定。原来1801年法国埃及远征军遭遣返回国后,埃及政局便陷入了权力倾轧之中,角逐权力者除了埃及数个派系,还有土耳其人和英国人。原本英军在法军战败后立即撤出埃及,但后来又听信马穆鲁克一派的游说,再度入侵埃及,以支持该派。但这次入侵以大败收场,最后经英军、马穆鲁克人和穆罕默德·阿里所率领的阿尔巴尼亚佣兵部队三方协商,英军同意撤军,而让穆罕默德·阿里代表土耳其人统治埃及,但统治力量极为薄弱。

由于先前一心盼着早日离开公学,对巴黎抱有美丽的憧憬,商博良抵达巴黎后,不免对眼前所见感到失望。但令他不悦的不是当地的老师或教学设施,而是这个城市本身。见识过环抱格勒诺布尔的壮丽群山和菲雅克镇壮美如画的塞雷河谷后,巴黎市的噪音、脏乱实在令他难以忍受。此外,从处处受限的公学来到这个没有朋友的城市,他得了思乡病,写信给已返回格勒诺布尔的哥哥,语调哀凄:"过去从没有离开过你,如今我独自一人,要常写信给我。"更糟的是,从空气清新的山区搬到满是低地及沼气弥漫的巴黎,他的身心迅速变坏。他在信中说:"我的身体有一边很疼。巴黎的空气让我元气大伤,我像疯子一样猛吐，体力大不如前。这个地方真可怕，脚上老是湿湿的。泥巴河（绝不夸张）流进街道，我实在受够了！"这时的巴黎是个破败、肮脏的地方，有些建筑年久失修，还有些则空无人住，有用的设施全都被拿走了。古迹和古建筑遭人捣毁或夷平，街道非常狭窄，照明昏暗，肮脏发臭，道路全无铺砌，没有排水道和污水管。各种废弃物全堆满街道，然后大部分被雨水冲进了塞纳河。这条堤岸、桥梁寥寥无几的河流，就恰似巴黎大型的污水排放管道。一直到数十年后约瑟芬的孙子治理法国，巴黎才改头换面，宽阔的林荫大道使之成为优雅的都市。而商博良所见的巴黎则还是潮湿、脏乱，疾病丛生的巴黎，法国大革命所造成的许多损坏都还有待修复。

相对地，巴黎在学术和文化上的魅力却是举世无双。在公学时，商博良对于世人吹捧拿破仑的行径感到怒不可遏，抱持着反帝思想，但也正是他所鄙视的帝国主义为西方世界打开了埃及的大门，让巴黎成为欧洲学术中心。巴黎各图书馆塞满了拿破仑征战各地劫掠来的书籍和手稿，而公立博物馆和私人收藏家的家中，则充斥着欧洲的艺术珍宝。这年11月，商博良告诉他的哥哥说："最近拿破仑博物馆有一个展览，除了展出许多古文物和埃及雕像的残块之外，还展出一批精美绝伦的绘画，都是征战日耳曼、普鲁士、俄罗斯得来的。"法兰西研究院这个望重士林的机构，拿破仑尤其看重；该院杰出的科学家不断地提出最新的研究成果，尽管这些学者的身份如同公务员，只领普通的薪水。巴黎已是许多学科的研究重镇，这时更吸引了法国和其他国家最好、最著名的学者、教师前来，使巴黎成为科学和艺术创新突破的中心，欧洲时尚的引领者，处处生机蓬勃。即使是英国人，也在与法国短暂停战期间成群慕名而来。1814年，拿破仑首度遭流放时，巴黎出现了无数外地访客，甚至出现名为"全世界尽在巴黎"的流行歌曲，正足以说明当时的盛况。后来拿破仑兵败滑铁卢，先前自全欧各地劫掠而来，尤其是日耳曼和意大利的战利品，许多都一一归还原主；但在他兵败之前这几年间，巴黎提供了学习、研究这些古文物的最佳设施。而商博良何其有幸，正好在巴黎的巅峰时代抵达此地学习。

商博良讨厌巴黎至少有一项好处，那就是他因此绝少为巴黎的耀眼繁华所吸引，而得以专心学习。他的生活天地就只有法兰西学院、东方语言特种学院、国家图书馆，以及负责出版《埃及记叙》的埃及委员会。才几个月时间，他就发现了虽然受累但使人愉快的养生之道，那就是来回游走于塞纳河两岸。他在写给哥哥的信中概述了他的这项例行活动：

星期一，早上八点十五分我前往法兰西学院，于九点抵达。你也知道这段路很长，学院就位于贤人祠附近的孔布莱广场边 (Cambrai Square)。早上九点至十点，上德萨西先生的波斯语课。之后，由于希伯来语、古叙利亚语、迦勒底语课中午才开始，于是我立刻赶去奥德朗 (Audran) 先生那儿。他已说好腾出每星期一、三、五上午十点至十二点给我。他住在法兰西学院内，我们把这两个小时拿来讨论东方语言，翻译希伯来文、古叙利亚文、迦勒底文或阿拉伯文，中间总会花半个小时在迦勒底语与古叙利亚语文法上。中午我们离开，他在学校教授希伯来语课。他说我是这一班的"教长"，因为我最行。上完这课，下午一点，我穿过整个巴黎，前往特种学院上朗格雷 (Langlès) 先生下午两点的课，他对我特别关照……星期二下午一点，我到特种学院上德萨西的课。星期三早上九点到法兰西学院上课，十点上奥德朗先生的课，中午又上他的课。下午一点到特种学院上朗格雷先生的课（两小时），傍晚五点上拉斐尔的课，拉斐尔要我们把拉封丹的寓言译成阿拉伯文。星期五，我就像星期一一样去法兰西学院,跟奥德朗和德萨西两位先生学习。星期天,下午两点跟朗格雷先生学习。

剩下的时间则用来做个人研究,到圣罗克教堂找懂科普特语的教士练习自己的科普特语,以及替哥哥跑腿办各种事务。

商博良终于可以想上什么课就上什么课,可以投入个人的研究,而不必被迫上一些无聊的课。他开始能抓住学校作业的重点,表现出为完成目标坚持到底的精神;日后尽管遭遇许多挫折和干扰,他仍能继续研究下去,靠的就是这股精神。在巴黎求学不仅让他得到所需的知识和技能,也让他得以结识许多最有名望的语言学家和东方学家,往往还自此成为朋友。当时,教他的两名教授朗格雷和德萨西,是欧洲最顶尖的东方语言学者。德萨西虽是保王党,也支持天主教会,却还是躲过大革命的迫害,并在1803年获拿破仑颁予荣誉勋位。三年后更以四十七岁的年纪,奉派担任法兰西学院阿拉伯语教授。德萨西在语言学上天赋异禀,除了教商博良波斯语和阿拉伯语,对商博良个人发展也影响很深,并鼓励他钻研自己有兴趣的学科。德萨西曾试图破解罗塞塔石碑,但成就甚微,不过他还是无法忘情于象形文字,凡是有关古埃及的学术探讨和争议,他都是核心人物。商博良在他面前,起初慑于他的声威而显得怯生生,但很快就打成一片,认为他比朗格雷谦抑自制,而且没交过朋友。对于商博良,德萨西后来写道:"我仍然记得第一次见面时的情景,我印象非常深刻。不用说,这个新学生坚持自己的人生使命,来首都追寻他想上的课,然后勤奋学习。"

商博良与朗格雷的关系没这么好。朗格雷是东方语言特种学院的创办人之一,商博良就在这所学校上他的波斯语课。他本身也曾受教于德萨西,鄙视大部分人,只对那些全心全意学习亚洲语的学生照顾有加。起初,朗格雷还努力想将商博良的兴趣由埃及转到亚洲,终究不成之后，便对他敌意日深，而商博良也很快予以反击。他天生善于替人取些尖刻诙谐的绰号，于是把"Langlès"（朗格雷）取名为发音相似的"L'Anglais"（英国人）。由于当时英法两国征战不断，称他为英国人，侮辱的意味特别鲜明。

希伯来语巨擘奥德朗除了教商博良希伯来语，也教授相关语言，如阿拉伯语。奥德朗对商博良超凡出众的语言天赋极为叹服，两人结为莫逆；奥德朗还给商博良额外指导，且让他帮忙编纂古叙利亚语文法书和阿拉伯语、希伯来语比较文法书。奥德朗有时还要十七岁的商博良上台教同班同学希伯来语，对他的器重由此可见一斑。与他同班的大部分是见习修士，来此学希伯来语以便研习圣经，其中只有少数有语言天赋，而奥德朗替商博良取的绰号"教长"，肯定让他们觉得受辱。商博良意兴飞扬地写信告诉哥哥："我已赢得我们的教授奥德朗先生的特别青睐，他跟我说：'你年轻又有胆识，我们可以一起有番作为。'……他对我很好。"

拉斐尔在格勒诺布尔教过商博良科普特语，如今在巴黎教他科普特语和阿拉伯语。对这门阿拉伯语课，商博良曾自我解嘲道："我已能以非常优美的声调'咳出'阿拉伯语。"到这一年年底，由于钻研阿拉伯语甚深，连他平日讲话也大受影响，他写道："糟糕的是，阿拉伯语已完全改变了我的声音，我讲话时变成由喉中发出，声音粗嘎而低沉，嘴唇几乎动也不动。"也正是经由拉斐尔的引荐，商博良得以结识圣罗克教堂的教士切夫提奇（Cheftitchi）；商博良跟他学讲科普特语，并从他那儿得知埃及许多科普特语人名和地名的意涵。这时商博良已清楚知道还有人也在钻研象形文字，但凭着年轻人的自负，他深信自己终会成功，并决定先专攻科普特语和其他东方语言。而他学起东方诸语言既快又投入："我翻译波斯语轻而易举，朗格雷先生很满意我的波斯语。如果说阿拉伯语是最漂亮的语言，波斯语就是最甜美的语言。我孜孜矻矻想弄清楚埃塞俄比亚语也成功了，我研究了它和希伯来语、阿拉伯语之间的关系，如今翻译起来轻而易举。"

商博良于巴黎求学时，学习东方语言以便研究更早期、看来更精准的圣经版本，并非只有少数人从事的冷僻学门，而是最前卫的显学。学术分裂为数门不同分支的学科，这时才刚开始，而科学也还未与艺术分道扬镳。世界创生日和创生初期的历史，还只能奉旧约圣经推断出来的年表为圭臬，一直要到研究埃及古文物的某些学者开始怀疑，这些古文物的存在年代可能比圣经里所记载的年代还要早，也就是比大家所认定的世界创生日还早，这套年表的公信力才开始动摇。在此之前，圣经年表几乎未受到任何质疑，因此上述学者的主张堪称是惊世骇俗。

商博良人在巴黎时，在格勒诺布尔当省长的傅立叶还在忙于《埃及记叙》部分内容的工作。由于傅立叶这层关系，商博良结识了在巴黎协助出版这套巨著的人士，并经他引荐认识了《埃及记叙》的主编若马尔。若马尔是工程师、地理学家及古文物专家，曾随拿破仑远征埃及，继前两任已去世的主编之后，成为这套巨著的第三任主编。学者专家为这套巨著连续忙了好些年，但这时连第一卷都还未问世。商博良见到若马尔后，毫无掩饰地道出自己的雄心壮志，并拿出自行编制的古埃及地图送给他。这份地图就是他当年在格勒诺布尔学院提出的研究成果之一。若马尔本身也在钻研埃及地理，并有心破解象形文字，见这年轻学生在自己面前如此放肆，大为不悦，当下打心底讨厌商博良，认为他如此才华横溢，将来必定是危险的对手。此后，若马尔虽仍与雅克－约瑟夫交好，但终其一生都与商博良为敌，竭尽所能阻挠他的进展。商博良和若鲁瓦、德维里埃这两位工程师的交情就好得多了，他们两位在远征埃及期间，记录遗址和古迹，贡献卓著。与这些协助出版《埃及记叙》的学者往来，商博良得以随时了解埃及研究的最新见解，并在此巨著出版之前，就能亲眼见到学者和工程师所描画下来的神庙和坟墓上的象形文字，而比大部分破解对手更占优势。

白天清醒的时间，他全用来学习或研究，一刻也不浪费。通常他必须穿梭于巴黎的大街小巷，才能从一个老师这里赶到另一个老师那里上课，没多久他的身体就开始出毛病了。他头痛得厉害，身体许多地方也感到疼痛，呼吸困难，咳嗽；常常诉苦说很累、太热，于是医生嘱咐他多喝有甜味的清凉饮料。这期间他写信给哥哥谈到个人健康时，口吻与在公学时大不相同，在巴黎写的信更为冷静客观，虽然一样是在寻求同情，但已听不到希望离开这苦海的恳求。到了1807年底，他的身子变得非常瘦弱，令人不禁怀疑他是否患了肺结核。次年7月更为严重，双颊凹陷，他因而说自己看起来倒更像是阿拉伯人。

健康不佳似乎对学业的影响不大，大概只是让他颇为困扰，不致阻碍学习，而健康不佳的主因可能是太穷了。他待在巴黎期间比公学时还穷，雅克－约瑟夫虽然曾替他申请额外的政府补助，也曾设法替他在国家图书馆谋差事，但都未成。格勒诺布尔提供的奖学金还是只能支应他四分之三的生活开销，剩下的四分之一仍得靠雅克－约瑟夫资助。商博良的生活当然谈不上豪奢，但也不太懂得善用手边的金钱。他频繁地写信给哥哥，内容总是与要钱有关，雅克－约瑟夫的回信则总是告诫他用钱要谨慎，并抱怨他花钱太凶。尽管雅克－约瑟夫这时的收入比弟弟在公学时优渥得多，但要供养商博良在巴黎求学还是颇为吃紧。

雅克－约瑟夫这时有了一子。儿子出生前，他曾要商博良为儿子挑个阿拉伯名字，商博良为此在信中写道："我很快就替我未来的侄子找到了阿拉伯名字，就叫阿里（挚爱的人），这名字哪个法国人听了都不会反感。如果是侄女，就取名佐拉伊德（春花），因为她会在这个季节出生。"几年后商博良自己生下一女,便取名佐拉伊德。这时雅克-约瑟夫的手头变得更紧,而他似乎希望弟弟替他在巴黎跑腿办许多事。1808年秋,两兄弟的摩擦愈来愈严重。商博良的心情陷入谷底,穿的衣服只比抹布好一点,根本不好意思穿出去见人。他写信给雅克-约瑟夫说:"长裤已经不能穿。那些紫花布长裤我从夏天穿到现在,如今的我成了不折不扣的无马裤汉,但没有他们的信念和意图……只要让我有衣着、有鞋穿,我愿意为你做牛做马,干什么事都可以,因为届时我就可以出去抛头露面,甚至如果你喜欢的话,要我去见皇帝都可以。"激进革命分子之所以取名"无马裤汉",即"不穿马裤者",是为了与穿着马裤(裤脚束紧及膝的裤子)的贵族有所区别。这时法国人民对无马裤汉记忆犹新,但这批人已不再是危险分子,一般人可以拿他们来开玩笑,而不必担心遭报复。商博良在莱雪勒-圣昂诺雷路租房子住,有一次没钱付房租给女房东梅克朗太太,写信向哥哥紧急求援:"梅克朗太太老缠着我,要我赶快付房租……如果你还没寄钱来,请赶快寄来。"最后到了紧要关头,商博良迫于无奈,只好写信向父亲要钱。过去他写信要钱,哥哥向来是有求必应,而这次却使两兄弟发生严重的争执,彼此恶言相向。但这次危机只是让他们短暂失和,后来似乎反而让兄弟之情更为坚定,到了年底已全部烟消云散。

健康不佳未让商博良的努力松懈半分,贫穷的日子虽然艰苦,他还是习惯了下来,只是应征入伍的阴影却不时令他不安。商博良初抵巴黎时,拿破仑仍在权力的巅峰,但如今形势日蹙,为维持强大军力,开始强征愈来愈多的年轻人入伍。1807年12月23日,商博良满十七岁,自这一天起他就整天为入伍之事而心烦意乱。为此,雅克-约瑟夫找到省长傅立叶,请他代为说项,傅立叶于是商请担任教育局长的朋友富克鲁瓦帮忙,商博良才免去了入伍的威胁。次年年底拿破仑迫于兵力短缺,再度征兵,商博良慌忙写信给哥哥,雅克-约瑟夫语气坚定告诉他，要他别担心。这一次雅克－约瑟夫再度用上与傅立叶的交情，由傅立叶亲自向拿破仑说项，希望"基于科学之故"，免征该学生入伍。商博良再一次免于服役。

　　傅立叶对这对兄弟除了敬重有加，这时更因两人对他的《埃及记叙》长序出力甚多而感激无比。不过，雅克－约瑟夫深知省长的影响力终有穷尽之日，因而劝弟弟申请就读师范学校。这是新设的教育机构，提供两年免费受业，但毕业后得教至少十年书。好处是师范学校的在校生可自动免服兵役，其他学生则无此优惠；不利之处则是此学校以严格的军事方式来管理。商博良觉得师范学校死板不用脑子的生活，跟军队不用脑子、只讲纪律的生活没什么两样，更糟的是，进了这样的学校，他将有许多年无法做个人研究，无法实现自己的梦想，比如无法到埃及走走。于是他拒绝了这提议，宁可生活在当兵的阴影下，甘愿忍受入伍后艰苦危险的生活。

　　当局不仅征召年轻人入伍，还大力鼓吹巴黎东方语言学校中一些合适的学生赴国外当领事。教商博良波斯语的朗格雷自己不喜远游（甚至不愿参加近十年前的拿破仑埃及远征军），却力劝他到波斯当领事，商博良找了些借口拒绝。从此之后，他躲避朗格雷远远的，尽可能不和朗格雷碰面，直到几个月后的1808年3月才发现，朗格雷已提报他来担任这个职务。为此他写信向哥哥解释，他只想去埃及当领事："那里（埃及）的环境确实比君士坦丁堡、特洛伊、波斯波利斯*的郊野还要糟糕，但那里却迷人得很，因而尽管危险，我还是想到那里去。"遗憾的是埃及领事没有出缺，雅克－约瑟夫只得再度动用个人关系，帮弟弟脱离困境。朗格雷非常痛心商博良未接下这个职务，甚至因此拒绝发给商博良该年的学习证书，怀恨在心可见一斑。

---

*"Persepolis"，古波斯帝国都城之一，遗址在今伊朗西南部。——译注

在巴黎期间，每逢学校放假，商博良由于没有足够的盘缠回格勒诺布尔，只好将更多时间花在自己所做的研究上，其中一个重点项目就是扩充1807年于奥古斯特格勒诺布尔学院曾经提出要点的埃及地理学著作。在巴黎的第一年年底，他已完成该书的初稿，并定名为《法老王统治下的埃及》。这本书的写就，特别得益于他对科普特语地名日益深入的了解。撰稿之前的研究工作多半在国家图书馆完成，其间获得了古文物保管员德格朗迈松的许多帮助。在这之前，德格朗迈松已和雅克－约瑟夫有定期书信往来达数年之久，他还是《百科杂志》的主编。图书馆特准商博良取用拿破仑征战各地时掠夺而来，但尚未适当归类整理的大量外文书。馆中的科普特文稿大部分是法军从罗马梵蒂冈图书馆抢来的，商博良一头栽进其中。数年后，这些手稿归还意大利时，英国古文物专家盖尔爵士说道："提起科普特语和商博良，我认为欧洲境内的科普特文书籍，没给商博良检视过的少之又少。有位学识渊博的朋友告诉我，梵蒂冈图书馆里的科普特文书籍，没有哪一本无他的眉批，而且几乎每一页都有，全是他在巴黎时写的。"商博良很快便发现，现有的科普特语字典和文法书已不够用，因此在细心翻阅这些书稿的同时，也开始编纂相关的文法书和字典。这项浩大的工程也为他日后的象形文字研究奏响了序曲。

在这个研究阶段，商博良推断象形文字是纯粹的表音文字，以表音符号组成的字母表来拼写埃及字，并认为这种古埃及语和科普特语差异甚小。如果这个说法成立，一旦娴熟掌握科普特语，只需找出科普特文的每个字母各自对应于哪个象形符号，就可以读懂所有古埃及文。后来他才了解到这个看法大错特错，并了解到科普特语虽是古埃及语发展至晚期的产物，但象形文字并非只是充当字母。尽管如此，这个看法仍是他赖以破解象形文字的坚实基础。

商博良所学习的其他语言，如阿拉伯语和希伯来语，只以符号（变音符号）来标示元音，但科普特语则自有元音，且以其希腊式的字母表书写出来。深入了解科普特语之后，商博良得以开始解读用象形文字书写的古埃及文。象形文字未标示出元音，是它不容易解读的原因之一，因为许多字都写成类似今日的缩写形式。比如"pkg"、"grg"、"gdns"这组字，独立看根本看不懂，但如果出现在房屋出租广告上，就可以理解是"parking"、"garage"、"gardens"（附车位、车库、花园）的缩写。最有名的法老王图坦卡蒙（Tutankhamun）的名字，便是以类似方式写成 𓇋𓏠𓈖𓏏𓅱𓏏𓋹。这些象形符号音译就是"*imntwtˁnḫ*"。这个名字由𓇋𓏠𓈖、𓏏𓅱𓏏、𓋹三个部分组成，各代表"阿蒙"、"的形象"和"活的"之意，意译则是"阿蒙神的活化身"（living image of Amun）。在*imntwtˁnḫ*这个字中没有真正的元音，w 为了方便发成 u 音，表音符号 *i* 和 ˁ 则代表"弱子音"（有时又称半元音），在希伯来语等闪族语中都可见到这种表音符号。表音符号 ḫ，大致发成 kh 音。今日，大家都知道"gdns"代表"gardens"，而不代表"goodness"。同样地，古埃及人也知道念某字时，该在这字里塞进哪些元音，才能正确发出它的音，只是这项知识已经失传，但科普特语留下了蛛丝马迹。

　　为了让法老王的名字能完全念出，如今各名字的子音之间都放进了元音，而且出于发音上的方便，常用"e"这个元音，因此 *imntwtˁnḫ* 这个名字就成了"Ementutenkh"。但有时为了不要让发音太单调，也会用到其他元音，于是上述名字就成了"Amuntutankh"。古埃及人基于敬神之心，将神名放在前面，如今则依据语意"living image of Amun"的理解顺序改拼成"Tutankhamun"。但由于法老王图坦卡蒙的名字里所包含的神名，在圣经和古希腊书稿中以"Amun"、"Ammon"之名出现（但这并非意味着古埃及人如此发音），事情变得愈发复杂棘手。这个部分今日的拼法，因此有"amun"、"amon"、"amen"三种，但不巧许多法老王的名字里都有这个部分，于是演化出多种不同的拼法和念法，但没有证据可证实古埃及人就是这么念的。

这时商博良除了学习科普特语，也准备好研究罗塞塔石碑和碑上的三段铭文。这事轻而易举，他这么认为。1808年夏，他有幸得以利用罗塞塔石碑的复制品来研究，而这复制品是已上了年纪的泰桑（Abbé de Tersan）教士在伦敦大英博物馆制作的。泰桑是古文物收藏家，住在巴黎附近的阿巴耶沃布瓦，家中收藏有大量古文物，商博良常去他家。商博良首先仔细盯着通俗体铭文瞧，与希腊文版本相对照，并运用他的科普特语知识，终于了解到某些通俗文字字母的意义。他很高兴自己的发现与奥克布拉德六年前出版的研究成果一致，当时奥克布拉德就以与德萨西通信的形式出版，而今德萨西是商博良的老师。

在这同时，商博良开始研究写有僧侣体（象形文字的"工整手写体"）文字的纸莎草纸文献，以便和罗塞塔的通俗体碑文相比较，这时他还没有知道通俗体和僧侣体其实是两种不同的草体字。他甚至在8月底宣称，他已证实这两种文字其实是同一种文字，并破解了德农从埃及带回的纸莎草纸文献上的一个句子。几星期后，商博良写信给他的哥哥，说他虽然已搞懂某纸莎草纸文献的一行半文句，且根据罗塞塔石碑编出了字母表，却无法更上层楼，他说："我碰到了瓶颈，几组（符号）困住了我。我推敲、思考了好几天……还是搞不懂！"然后说道，他反而被伊特鲁里亚这个在古罗马之前一度昌盛于意大利的文明古国迷住，"因为伊特鲁里亚人来自埃及"。泰桑教士收藏有许多伊特鲁里亚的古文物，商博良深感兴趣，并认定伊特鲁里亚人经由北非的腓尼基人而与埃及人有所接触，且认定腓尼基语字母表衍生自本质上以字母表示的埃及文字。虽然事后证明这个看法大谬不然，但当时他还是兴冲冲地研究起这些相关课题，以及古乐器名称等其他问题。雅克-约瑟夫为此非常恼火，痛骂他研究象形文字中途而废："你已译出一行半，又编出字母表，然后就原地不动。我不会再理你。你那股凡是与埃及有关的事物都要探究到底的热情到底到哪里去了？"

1808年底，勒努瓦（Lenoir）不声不响地突然出版了四卷编《象形文字新解》的第一卷，声称已破解象形文字，令商博良深受打击。勒努瓦比商博良大二十九岁，原以专攻中世纪法国而非古埃及著称于学界。大革命期间，他费尽千辛万苦，有时甚至冒着生命危险保护许多法国古迹，使之免于被毁，也因为保护古迹有功，后来伦敦古文物协会还赠予他荣誉会员的身份。拿破仑当政时期，勒努瓦担任文物馆长，向约瑟芬皇后直接负责，前途看好；他还帮助约瑟芬从巴黎的法国古迹博物馆挑选文物，用来装饰她位于巴黎正西方的乡村别墅马尔迈松城堡。商博良见到勒努瓦的著作后，对自己在象形文字的破解上是否已遭淘汰出局忧心忡忡，但仔细一读，却发现书中的观点无一正确，原因之一就在于勒努瓦犯了和先前许多学者一样的错误，将象形文字视为含有神秘意涵的符号，一开始就已走偏。他甚至信心满满，认为勒努瓦对象形文字的解读倒不失为治愈雅克－约瑟夫的一帖良方，可以让哥哥不必再担心他荒废研究，或者可像泻药般纾解哥哥满腔的积郁。

商博良原本颇为自负，认为破解象形文字的第一人非自己莫属，但勒努瓦的举动令他大为吃惊，顿然了悟自己虽然一直在为最后的成果构筑坚实的基础，但终究不能否认有许多学者也想抢下这份殊荣。尽管这些学者有许多是他所不知的，但他们却随时可能推出研究成果，先驰得点。日后商博良如愿破解时，这些对手则变得言行怪异、执迷不悟、眼红嫉妒，甚至怀恨在心。但商博良不愿因此放弃精通科普特语的理想，他在1809年3月写信给哥哥："我全心投入科普特语……希望把古埃及语弄得像法语一样娴熟，因为我要以这语言为基础，在埃及纸莎草纸古文献上闯出一番事业。"

一个月后他谈到自己的立场："我脑海里转的就只有科普特语和古埃及语……我无时无刻不想着科普特语,甚至为了好玩,只要脑子里一想到什么东西,就把它翻成科普特语……这是熟记纯正科普特语的最佳办法。然后我要钻研纸莎草纸古文献,希望以大无畏的勇气,把它弄出个结果来。我已踏出重要的一步。"这时他再度着手探究罗塞塔的通俗体碑文,修正去年他所解出的通俗文字母,并表示要继续研究纸莎草纸文献:"纸莎草纸文献无时无刻不在我眼前,这奖励如此美好,值得努力争取。我希望这是我一辈子的事业……"

勒努瓦推出研究成果虽令商博良大为震惊,但商博良还是非常自负,率尔就批评起前辈的破解缺失。对奥克布拉德,他说:"拿一段古埃及铭文给他,他都无法不露破绽地破解其中三个字(此处的古埃及文指的是通俗体文,但当时所谓的古埃及文泛指通俗体文、僧侣体文,偶尔也指科普特文)。"至于曾搜集大量象形符号供作研究素材而未予破解的佐埃加(Zoëga),商博良则论道他"替一栋大宅找来超乎寻常的大量材料……却没有把它砌起来!"同样地,他认为帕林(Palin)有关罗塞塔象形碑文的著作一无是处,若要着手破解,先前误入歧途的研究成果都不能用,一切都必须从头开始。商博良手边可供这项研究的资料出奇地少。有一次他写信给哥哥,信中列出他所拥有的所有象形文或僧侣体(他称之为"草书体")的铭文,总数只有十七份。这些铭文全是从纸莎草纸文献或木乃伊的缠带上,将其局部或完整地誊抄下来,原物则收藏在法国和其他地方。但他也知道还有一些铭文日后将会出版,此外他还见过学者在埃及描制的某些古迹图,以及古迹上的象形文字。

1809年6月,《埃及记叙》第一册出版,学者在拿破仑远征期间所搜集的大量资料终于问世,卷中描述了埃及黄道十二宫图(如位于登德拉神庙者)、上埃及其他许多古迹,卷中某些插图中还绘有象形文字。商博良见过此书之后赞扬道："这部经多方采集而成的巨著，有镌版印成的无数古埃及手稿，均精准无比，还有版画、素描和雕版印刷物，其中仅是雕版印刷物就能提供考古学家坚实的研究基础。"但接着，他也批评起若马尔旗下的学者在破解象形文字上的表现："对他们我不是很敬重，虽然他们可以忠实地描摹下象形文字，但对象形文字的解释却实在是胡扯一通。"这番评价语气傲慢却中肯，而尽管他批评起来很不留情面，但通常只在写给哥哥的信中私下表达。

经过四个月，他研究埃及地理学、历史和语言的著作《法老王统治下的埃及》已完成大半，但要编制出精准的尼罗河谷地图且加上地名，并不容易，还有待努力。基于军事考量，拿破仑远征期间所绘制出的精密测量图和地图，尚属国家机密，得等到近二十年后才对外发行，因此商博良这时的地图绘制工作根本无法从这里得到任何帮助。雅克－约瑟夫建议他径行出版，但就在他思量未定时，卡特勒梅尔（Quatremère）便于1809年6月出版了《埃及语言和文学的批判性、历史性研究》。卡特勒梅尔曾受教于德萨西，当时任职于国家图书馆；商博良形容他忌妒心强，是个不折不扣的自我主义者。卡特勒梅尔这部作品叙述埃及科普特语的沿革和有关该语的早期研究，正好是商博良专攻的研究领域，也是商博良破解象形文字的根本基础。见到老师德萨西热诚祝贺对手推出著作，商博良心里既失望，也很不是滋味。

商博良的反应是投入更多时间学习科普特语，以便考究出更多例证放入自己的作品中，他的这部作品的一些部分便是建立在从科普特语手稿考证出的证据上的。雅克－约瑟夫愈来愈焦急，深怕弟弟在破解竞赛上落于人后，于是敦促他赶快将罗塞塔石碑上的希腊文译成科普特文，以确认如此做是否有助于破解通俗文，进而解开象形文字。商博良几番思量，写信告诉哥哥说这个建议不可行，因为奥克布拉德在通俗体碑文中鉴定出的名词，在希腊文碑文里似乎出现在不同位置。因此他认为,若不是通俗体碑文中字的顺序与希腊文版完全不同,就是通俗体碑文的内容与希腊文碑文的内容不尽相同。他和先前的奥克布拉德、德萨西一样,根本就没想到要去研究石碑上那一段象形文字。

1809年夏,他在巴黎的学业结束了,但破解象形文字的理想仍未实现。雅克-约瑟夫于8月来巴黎,准备接他返家;而商博良也得知在他心爱的格勒诺布尔镇上,大学即将成立历史系,而校方已承诺让他至此系任教。前景看来一片光明,然而就在此时,他再度受到征兵的威胁。那时的法军仅是在西班牙的战事,一年就死亡二十万士兵,拿破仑不得不把征召入伍的年纪不断往下修订,新兵的面孔愈来愈年轻。新兵的存活率极低,其中有一成逃兵,还有许多役男逃避征召,或自残手脚以取得免服役资格。而由于只有未婚者才可以征调入伍,当时的结婚率节节升高。尽管朗格雷教授有办法让商博良免服兵役,但商博良上次拒绝他所安排的驻波斯领事职务,他至今仍耿耿于怀,因而这次便袖手旁观。于是,商博良再度动用伊泽尔省省长傅立叶的关系,暂时躲过了服役的威胁。

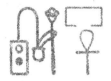

第四章　教　师

在大学任教的商博良似乎比较顺利,但他的薪水只在正式教授的四分之一,因为贫困,加上事业上的雄心和个人欲望的交逼,他身心疲惫,而他仍然没有放弃对象形文字的研究,但他不敢率然出版他的研究成果。

商博良在巴黎念了两年书，于1809年10月15日返回格勒诺布尔，获聘在大学任教，不过大学还在筹备中。当时法国多处都在筹备成立大学，以落实拿破仑的教育体制改革理想，商博良便是获聘在即将于格勒诺布尔成立的新大学担任古代史共同教授。当时他只有十八岁，就获得如此职务，正肯定了他的卓越才华。当时三十岁的雅克-约瑟夫，运气一样不错，获聘担任希腊文学教授和文学院书记，并已在数月前的7月离开侄子所开的贸易公司。格勒诺布尔设有市立图书馆，系1772年由公众捐资成立，恰在当时地方上一名主教去世，留下三万四千册藏书的大笔遗产，该馆便借此笔捐献买下这批藏书作为馆藏。格勒诺布尔是第一批成立这类图书馆的城镇之一，而雅克-约瑟夫此时就在该馆担任副馆长。这座图书馆和一座小博物馆，就坐落在商博良所痛恨的公学的一楼，戴尔芬纳勒学院则设在公学的正中央，此时的雅克-约瑟夫仍是该学术机构的书记。雅克-约瑟夫也有了第二个小孩，7月才出生，是个女娃，名叫亚美莉-弗朗索瓦。

回格勒诺布尔最初几个月，商博良主要在准备大学授课内容，个人研究则推至其次。1810年3月，雅克-约瑟夫突然收到德萨西的来信，信中大力怂恿曾受教于他的商博良中断象形文字的破解工作。德萨西此一举动看似令人费解，但说穿了不过是因为他心里不愿学生的成就超过自己，后来几年他甚至公然诋毁曾教过的几名学生，只因他们才华横溢。德萨西在信中要商博良不要放弃东方文学："我认为他不该老是想着要破解罗塞塔碑文,这类研究若有所成,不过是机缘巧合,而谈不上是努力不懈的成果。"如果德萨西认为这样的建议管用,那他就太不了解商博良了。在这之后不久,商博良写信给昔日同窗巴黎好友圣马丹(Saint-Martin)说道,尽管德萨西写了这样的信,他还是很想赶快回头再去研究象形文字。

格勒诺布尔大学于 1810 年 5 月底开学,在这之前拿破仑曾下令,凡是在新大学担任教授者,视同拥有博士学位,因而商博良和雅克－约瑟夫在四个月前便拿到了这个学位。商博良由于年纪轻,每年只能拿到七百五十法郎的薪水,只有他当年在巴黎求学时拿到的一半。与他同时获聘但年纪较大的教授,每年可拿到三千法郎。但由于开校之初获聘的所有教授职级相等,没有高下之分,商博良的少年得志仍引起某些同事的妒忌。所幸与商博良共同负责古代史课程的另一位共同教授,即已上了年纪的狄布瓦－丰塔内勒(Dubois-Fontanelle),大方拨出自己教授薪水的一半给商博良,商博良的年收入因此增加为两千二百五十法郎。狄布瓦－丰塔内勒既是文学院院长,也是市立图书馆馆长,雅克－约瑟夫担任该馆副馆长,而商博良则当哥哥的助理。

大学开学前几个月,商博良埋头准备历史课讲义,对细节处也非常注意,非常用心。拿破仑决定创设新大学时,便明令规定了教授的教学方式需以传授事实为主,不加个人见解和批评,不流于玄虚,也不流于夸大;还有就是设计能测验出学生水平的考试,总而言之,就是不要让学生在课堂上发现现今政权有任何瑕疵。这规定与商博良的知识自由理想相抵触,因而从一开始,他的授课内容就逼近甚至逾越皇帝设下的限制。他讲课着重地理和历史的相互参照、批评原始资料、探讨他最喜爱的年表问题和人类起源,在学校里大为轰动;然而探讨人类起源会惹来极大争议,几近于公然挑衅认为世界只有六千年历史的教会。

就在商博良展开大学教书生涯时，约瑟芬短暂的皇后生涯也走到了终点。她在拿破仑的直系亲属里树敌甚多，其中大部分自始就反对这桩婚姻，一有机会就怂恿拿破仑离婚。然而这时拿破仑还爱着她，无意这么做；即使后来两人已无感情，如果约瑟芬肯替他生个儿子继承帝位，最后也不会走到仳离的地步，偏偏约瑟芬一直未能生育，而拿破仑又需要孩子来继承帝位。最后拿破仑于1809年11月宣布离婚，两个月后宣告婚姻无效。随后拿破仑着手安排适当的政治联姻，于1810年4月娶进奥匈帝国公主奥地利女大公玛丽－露易丝。她在法国受爱戴的程度一直比不上约瑟芬，但仍受封为皇后，隔年生下一子，反对声浪至此大抵消失。拿破仑将这儿子封为"罗马王"，盼望有一天他长大后可以统领意大利；皇帝有后，皇朝得以确立，大家都松了一口气。拿破仑本人也是乐不可支，以至于奥地利大使之妻史瓦琛贝格夫人前来祝贺他喜获麟儿时，拿破仑随手就将一只上面刻有象形文字的石制圣甲虫雕饰物送给她。这只饰物是他远征埃及时获得，一直随身带着，他说："我一直戴着它，当它是护身物。你拿去，因为我现在已用不着。"事实上他此时比以往更需要它，因为他的帝国已经开始瓦解。

拿破仑帝国因某些事件的冲击而渐趋衰弱，但对商博良来说，这些事件对生活的冲击，有一阵子还不如某些同事和学生的敌意来得大。他在这里所教的学生，有些是他念公学时的同学，这些昔日同窗对他升上教授都愤愤不平。更糟糕的是，还有些教授是他念公学时的老师，昔日在下面的学生如今成为同事，彼此平起平坐，令这些教授非常眼红。少数教授甚至直接向皇帝告状，指责上面的人不看重他们，而特别照顾较年轻、无经验的商博良两兄弟，拿破仑三言两语就把他们打发了。面对校内众多敌人，商博良以他一贯的嘲弄作风给以反击。他编了一出讽刺剧，名为《学究癖》，在格勒诺布尔多所沙龙演出，大获好评。他虽未在这剧作上署名，但遭他嘲讽的人，也即他的敌人，有些已猜出是商博良的杰作，反商博良之心便更为坚决。

大学开学后才两个月，商博良接到一个命令，要他在四十八小时内到一个兵站报到，然后随部队前往西班牙战场增援，这时原本专心应付校园尔虞我诈的商博良，心情一下子转为恐慌。法国于1809年7月在瓦格拉姆一役大败奥地利后，这时的主要战场就是西班牙。西班牙人痛恨法军入侵，被迫撤离家园时就会在城墙上留下涂鸦泄愤，比如"西班牙：将军劫数，军官败亡，士兵死所"。欧洲其他地方相对来讲局势较平静，但也只是暴风雨前的宁静。

这一次省长傅立叶再度出马，运用他的影响力让商博良又一次免服兵役，理由正是商博良"有意报考师范学校"，因当时师范生仍享有免服兵役的优惠。商博良从未真正入学师范学校，但此后就凭着有报名的"意向"，免除了强征入伍的困扰。

教授生涯安定下来之后，他再度将注意力转回埃及研究上，但这里不是巴黎，手边没有那么多数据。破解象形文字仍是棘手的难题，罗塞塔碑文就是个例子。尽管看得懂碑上以希腊语写成的希腊文铭文，但以象形文和通俗文书写的这两段铭文则看不懂，也没人知道这两段铭文是用哪种或哪几种语言写成。要读懂象形文，不只必须了解各个象形字的功用（是代表一个音、一个抽象概念或只是一幅画，描绘出所要呈现的东西），还要懂得它与它所要记录的语言之间有何关系。例如，象形文字是否就像欧洲的字母表，可用来书写多种不同的语言，还是像中国的表意文字，数百个象形文字只供中国语和其他关系密切的语言使用？那时甚至连象形文、通俗文、希腊文三段铭文间有何关系，都还不知道。无法掌握的问题太多，线索太少，难怪德萨西会说如果象形文字得以破解，运气的成分恐怕大于努力。

商博良研究象形文字期间，提出了许多假设，还常改变看法，一下子热烈拥抱这一理论，接着又改变心意，深信另一见解；有时候则是在事后才发觉自己最初提出的看法大部分一无是处，问题的棘手由此可见一斑。到目前为止，已有数百个不同的象形文字为人所识出，但意义尚未破解，如何解释这大批符号的意义成了研究者接下来要攻克的问题。1810年8月初，年方十九岁的商博良在戴尔芬纳勒学院发表了长篇演说，勾勒出他对埃及文字的最新见解；演讲中，他驳斥了基歇尔、沃伯顿（Warburton）等前辈学者提出的理论，对那些将埃及文与中文相提并论的学者驳斥尤力。这时的商博良深受古希腊研究埃及的学者影响，甚至在某种程度上遭到误导，因而主张古埃及有四种书写体，其中一种用于日常和商业用途（通俗体），一种用于书写神圣的礼拜仪式（僧侣体），其他两种都属于象形文字；其中一种象形文字用于铭刻在纪念性建筑上，另一种用来书写不为一般人所知的神秘象征意涵，仅供祭司使用。这时距找出真相还有漫长的路要走，但他已了解到通俗体和僧侣体是截然不同的两种草书体，不过还是未能了解它们与象形文字的关系。这时他认为僧侣体和通俗体都借字母表的字母构成，两者只在字母的组成方式上有所不同，他还认为埃及人已从这两种书写体发展出更为复杂的象形文字体系，其语言符号用来表意，而非表音（但碰到外来语时除外）。但至少商博良已摆脱了千百年来的窠臼，不再把象形文字视为纯粹是象征性或装饰性，而将之视为用以传达讯息的书写体系。历来学者都把象形文字视为神秘的象征符号，用以将神的指示隔绝于一般大众之外，只有少数内行人看得懂，而商博良不这么认为。

商博良虽然构想出许多理论，但生性太谨慎小心，所得的研究成果达不到深信无误的程度不轻易示人，要不就是迫于危机时才会对外公布。这种作风是商博良从始至终都难以摆脱的问题。他并无意透过在格勒诺布尔省级学院发表演说，来彰显自己在象形文字破解上的任何进展。唯独有一次为危机所迫，商博良才开始出版以埃及地理和历史为题的个人著作。这本著作他于三年前在格勒诺布尔时就开始动笔，在巴黎时写作也未曾中断过。他哥哥为此书出版劝说了一年多，而促成他出版的这项危机，则与曾受教于德萨西而最获德萨西赏识的卡特勒梅尔有关。

卡特勒梅尔先前一直在巴黎的国家图书馆工作，最近才前往鲁昂接任当地大学希腊语和希腊文学的教授职务（但才两年就在1811年回巴黎）。1809年6月，卡特勒梅尔已出版了一部令商博良愤愤不平的科普特语著作，因为当时商博良觉得自己的地理学著作，也就是他这时称之为《法老王统治下的埃及，即冈比西斯入侵前的埃及地理、语言、著作与历史研究》一书，还需要进一步修润，不急于出版，想不到竟被他捷足先登，抢先出版。更令商博良惊恐万分的是，这时他发现卡特勒梅尔又在撰写一本与他打擂台的书。这本书与商博良走的研究路子极其近似，也就是研究埃及村镇的科普特语名称，从中推演出它们最初的古埃及名（也就是以象形文字和僧侣体文字书写的古埃及名）。商博良认为自己的埃及地理学著作，比卡特勒梅尔正在准备的更完整、更精确，因为他所引用的数据来源包括科普特语、阿拉伯语手稿、希腊文和拉丁文文献，以及最近去过埃及的人所完成的较新的记述和地图。但商博良若不出版，终究没有人知道两者之间的高下。商博良知道卡特勒梅尔就要推出研究成果，与雅克－约瑟夫讨论之后，他们决定以《导论》的名义先出版商博良著作的第一个部分，以抢得先机。1810年10月，这本六十七页的著作印出三十份，但因为出版不受他们控制，结果问世时间遭到延迟。

这场出版大赛因而由卡特勒梅尔拔得头筹，1811年1月，他的著作问世，名为《谈埃及及其某些邻近地区的地理和历史》，共上下两册。商博良的《导论》则较它晚了两个月才出版。在这期间的2月，商博良写信给巴黎的友人圣马丹，说他解释了一百七十四个镇名，卡特勒梅尔只解释了一百零四个，表示出对这位对手充满不屑。巴黎学术圈向来有人爱在背后中伤他人，兴风作浪，这时就传出了"耳语"，说商博良剽窃他人作品，但事实上谁也没抄谁的，而两人研究路径上的差异，在著作中也是彰明较著。商博良和雅克－约瑟夫原就料到会有这种不愿见到的指控，但令商博良特别伤心和愤怒的是，昔日教导他、支持他的师长德萨西，不仅不赞成他贸然提前出版《导论》，还相信他的确剽窃了对手的著作。商博良在巴黎的友人包括圣马丹在内，都为他大力辩护，但由于溢美过甚，反倒愈描愈黑。

同年稍后，德萨西发表了对《导论》的评论，支持卡特勒梅尔，驳斥商博良，就商博良而言，他和德萨西、卡特勒梅尔的战争已然爆发。雅克－约瑟夫不满德萨西的批评，写了封信强力驳斥，德萨西也竭力为自己辩护道："奖掖年轻后进，我向来是不遗余力，对于至今仍有莫大勇气献身学术研究，走上这条险阻重重而功名未卜之路的，我尤其如此……商博良先生涉嫌抄袭，这件事我想都没想过。"商博良虽不愿出版埃及书写体系方面的研究成果，但《法老王统治下的埃及》一书的《导论》也远远称不上是他出版的第一部作品，因为在这之前他已写过文章在学术杂志和报纸上刊出，且曾写过多篇报导，表述雅克－约瑟夫和傅立叶对远征埃及的成果《埃及记叙》一书的贡献。他对写作的看法其实很切实，他说："作家这一行，是份艰苦的职业。"

商博良虽埋头研究，对大学校园外发生的事情却也并非浑然不觉，因为这些事通常会影响到他的生活。这时傅立叶与两兄弟间的摩擦愈演愈烈，原因之一出在他们两兄弟参与制作了伊泽尔省年报《机关报》这份报纸，令身为省长的傅立叶非常难堪。雅克－约瑟夫自1808年起就负责这份报纸的编辑，而商博良则偶尔替这份报纸写稿。当时拿破仑政府检查出版物甚严，雅克－约瑟夫为该报纸写的文章多次受到审查，令傅立叶颇为不悦。不过双方龃龉的核心出在两兄弟明明协助傅立叶完成《埃及记叙》的序言，傅立叶对他们的贡献却无丝毫感谢之意。这无疑让他们失望，更令他们愤愤不平的是，透过巴黎友人，他们得知傅立叶竟否认他们曾有一丝参与。傅立叶开始疏远两兄弟，尽可能避而不见，只有公事上的往来，与先前双方交好的情形有如天壤之别。雅克－约瑟夫后来回忆这段时期时写道："这时我和傅立叶变得比较疏远，比较少往来，有人在他和我之间作梗。"

傅立叶似乎听信某人的话，而认为与他们两兄弟过从甚密不利于自己，这个人很可能就是眼红雅克－约瑟夫成就的省长秘书勒帕斯奇耶。勒帕斯奇耶是他们两兄弟的敌人中较有势力的一位，之前他得知傅立叶很赏识雅克－约瑟夫，傅立叶还曾多次游说雅克－约瑟夫接替他的秘书位置；雅克－约瑟夫虽一再拒绝，但还是令勒帕斯奇耶怒不可遏。至于傅立叶因人谗言就背弃了多年的朋友，其实并不值得大惊小怪，因为这时候的法国政坛尔虞我诈，互信荡然，情势日趋险恶。愈来愈多人服役打仗，由于男人被抓去当兵，商业贸易因此中断，未上战场的男人要么藏起来躲避兵役，要么便是从战场退下来的伤兵。许多人家因失去父亲、儿子、兄弟而披麻戴孝，拿破仑世间无敌的呼声渐趋喑哑。

法国与俄国的同盟关系破裂后，拿破仑于1812年发兵入侵俄国，但这时法国国内呈现大量失业、高通货膨胀的局面。数百家商家破产倒闭，只有有钱人买得起食物，进口货只有在黑市上方能买到，而且价格奇高，每年有数万穷人因营养不良而濒临死亡。更糟的是，从占领地课征来的税金已不敷拿破仑的军费支出，拿破仑不得不在国内课征战争税。入侵俄国最后以惨败收场，拿破仑带去莫斯科的六十多万部队，回来不到十万，大部分人死于寒冷、饥饿和疾病。俄国之役使拿破仑丧失大量兵员，势必再度征兵，但法国境内已再无可征的男人和少年，加上人民反对拿破仑征战不休，征兵队难以招到新兵。就连骑警队都被调为骑兵队，整个法国法纪荡然，愈来愈乱，而成群的逃兵和拒服兵役者让社会大众惊恐不安。政府虽严加审查媒体，不准如实报道，只能报喜不报忧，但法国人愈来愈清楚拿破仑帝国即将溃亡，各保王派也开始密谋复辟，取代拿破仑。

1812年2月，与商博良合教古代史的狄布瓦－丰塔内勒教授病逝格勒诺布尔，商博良从他那儿固定得到的额外财源就此断绝，只能依靠微薄的七百五十法郎薪水过活。雅克－约瑟夫接替狄布瓦－丰塔内勒担任市立图书馆馆长，薪水九百法郎，由商博良当他的无给助理。雅克－约瑟夫还争取担任文学院院长之职，而担任古代史共同教授的商博良则争取成为古代史正式教授。眼红的敌人批评他太年轻，政治立场有问题，侮辱他是"雅各布宾党人"，意指他不仅反君主制，也反拿破仑。雅各布宾党员是大革命时期第一批激进民主人士，其名称源自该党员首次聚会之所，位于巴黎的圣雅各布路，后来凡是政治立场激进者，大家都以此名称之。对商博良而言，这名称倒也颇合实情，因为他是理想主义者，既不支持拿破仑，也不赞同君主制，而只忠于自己的信念，即只有民主共和国才是适合法国的政体。

古代史教授之职并非由商博良自动替补，而是交付公开竞争，他的对手于是开始运作，试图让古代史和希腊文学的教职合而为一，如此一来，只要这职务由外人出任，他们两兄弟就会同时丢掉饭碗。两兄弟与傅立叶的失和这时有了不良影响，因为大家都认定两人已失去帝国当局的垂青，可以动手整他们。在这之前，雅克－约瑟夫身为伊泽尔省年报的主编，未经送审即刊出帝国军队在俄国和西班牙作战失利的消息，更让情势雪上加霜。尽管法军损兵折将已是人尽皆知，但敌对者还是趁傅立叶此时人远在巴黎之便，抓住这把柄，以刊布"有害主张"的罪名解除雅克－约瑟夫的主编之职。傅立叶返回格勒诺布尔后，木已成舟，只有认准这项撤职令。这时雅克－约瑟夫不仅失去了主编的薪水，还失去了特权，因为傅立叶必须将此事上报政府。

鉴于保住教职事关重大，雅克－约瑟夫于9月亲自跑去巴黎一趟，就自己和弟弟面临的情形，当面向主管教育事务的各部长陈情，结果发现敌人的指控和中伤无远弗届，连政府这儿都有不利于他们的声音。尽管如此，他还是顺利地表达了自己在这场争执中的立场，凯旋格勒诺布尔，不久获准出任文学院院长，同时保有希腊文学教授之职，而商博良则获聘文学院书记，并保有"临时"古代史教授之职。古代史的正式职缺交由公开竞争决定，但由于没人申请，商博良也保住了原职；雅克－约瑟夫则获上级保证，薪水将调升为两千二百五十法郎。

商博良在这几个月里忧心忡忡而又手头拮据，在古埃及书写体系的研究上谈不上有何进展，更何况在格勒诺布尔又拿不到原始资料，往往得恳请别人赐予复本，不免妨碍了研究工作的进行。但他的另一项研究却非常成功，那是他在1812年底以卡诺卜瓮所做的实验。卡诺卜瓮以陶土或石头制成，上覆有古埃及神祇头状的盖子，神祇头状共有四种。这种陶器于埃及各地都有出土，当时以为这陶具与仅出土于卡诺珀斯港、整座做成人头状而非仅瓮盖做成人头状的瓮功用一样，存在年代也一样。过去学者一度认为，这种只见于卡诺珀斯的瓮，是卡诺珀斯神的化身，供人祭奠之用。但后来研究发现，其实古埃及人把这些瓮当作埃及神奥西里斯（古埃及的冥神和鬼判）的化身，对之崇敬有加，其存在年代为古希腊或古罗马时期。商博良根据自己对古埃及地理的广泛研究，知道这个港在古埃及时不可能叫做卡诺珀斯，而他先前在古希腊和古罗马文献里，也未找到证据足以证明有卡诺珀斯这个神。事实上这个港只有在古希腊时期叫卡诺珀斯，后来改称阿布吉尔，也即拿破仑远征军于1798年7月登陆之地，同时也是一个月后法国舰队毁于英军之手的地方。

在这时期,商博良就已知道这两种瓮必然功用不同,适用的仪式也不同。因为整尊做成人头状的瓮只见于卡诺珀斯一地,而且最早的存在年代已是古希腊晚期;而只有盖子部位做成人头状遭取错名字的卡诺卜瓮则更为常见,更为普及。阿拉伯人常在埃及古墓里发现卡诺卜瓮,发现后通常倒出瓮中的东西,将瓮卖给经销商或收藏家。格勒诺布尔市立图书馆里附设的小博物馆,就有两只这种雪花石膏制的卡诺卜瓮,各有三十厘米和四十厘米高,盖子分别做成类人猿和豺的头状。较小的那只瓮中的东西竟然还完好无缺,于是商博良决定好好检查一番,以判定该瓮的功用。瓮中的东西已结成硬硬一团留在瓮底,于是他断然将这只瓮放进滚水中煮半小时,以融化原来的防腐液,进而发现防腐液下是个为布所包覆的物体。他把布拆开,将此物件拿给巴黎自然史博物馆的自然学家鉴定。这位学者当时正好路过格勒诺布尔。商博良猜测这物件是经防腐处理的脏器,很可能就是人类的心脏、肝脏或脾脏,而这学者证实他的猜测无误。如今这两只瓮陈列在格勒诺布尔博物馆,盖子做成类人猿头状的那只变得比较黑,因为商博良做实验时,瓮中有类似沥青的东西溢了出来。

经过这次研究,商博良研判卡诺卜瓮盖上所见的四种头像(女人、狒狒、鹰、豺),分别象征四位神祇,根据埃及神话,祂们负责在冥府神的法庭上讯问灵魂。后来象形文字破解了,商博良这项不凡的考古实验成果也获得了确认,卡诺卜瓮的诸守护神经鉴定为"荷鲁斯神*的四子",即"女人",𓊹𓏏𓏭(伊姆塞提神),肝的守护者;豺,𓂝𓏤𓂻(杜亚穆泰夫神),胃的守护者;类人猿,𓊹𓏏𓏭(哈皮神),肺的守护者;鹰,𓊹𓏏𓏭𓂻(隼神凯贝塞努耶夫),肠的守护者。古埃及人死后,取出内脏,将尸体制成木乃伊,而取出的内脏经防腐处理后,往往就盛放在

---

* 荷鲁斯神,Horus,古埃及太阳神,奥西里斯之子。——译注

一组这样的瓮里。最完整的木乃伊制作过程，只把心脏和肾脏留在已木乃伊化的尸体内，脑部则以钩子伸进去一块块清除掉。钩子通常从左鼻孔穿进，钩出的东西则丢弃。大部分木乃伊下葬时，都有一组卡诺卜瓮或一组"卡诺卜盒"一起下葬，瓮或盒内均装有经防腐处理的脏器，而裹尸布里往往放有守护神的神像。象形文字后来虽经破解，但古埃及仍有少数事物未因此真相大白，木乃伊的制作过程就是其中之一。现存的古埃及文献里并没有木乃伊制作过程的说明，今人的了解全得自古希腊、古罗马作者的记述，以及对木乃伊的检查和现代的实验。商博良差强人意的实验，是这个研究领域的开路先锋，但他还是未能更正"卡诺卜瓮"这不当的名称，因此如今的古埃及学家仍使用这一名词。

就在他以卡诺卜瓮做实验之前，也就是他仍在编纂科普特语文法书和字典之时，他向巴黎的友人圣马丹阐述了自己对埃及语的最新见解，而这时他的见解有了大幅度的转变。他仍认为只要从僧侣体和通俗体的符号找出相应的科普特语符号就可以看懂或写出古埃及文，但已不再认为象形文字的存在年代比上述两种草书体来得晚。他写道："我已把（科普特语）这语言分析得非常透彻，因而我老是在想，有朝一日要以一天时间将这文法教授给别人。我已抓住它最清楚可辨的脉络。古埃及语（科普特语）经过如此完整的分析，无疑将为象形文字体系的了解奠定基础，而我终将证明这一点。"他的确证明了这一点，但是在经过了许多年的钻研后才实现的。

几个月后，1813年2月，商博良向圣马丹透露了个人的更多见解，但仍信守一项错误观念，即认为象形文字中有一种秘而不宣的版本专供祭司使用。这时他也辨识出两种象形符号，但这进展实在微不足道。"象形文字有两种符号，一种是总数有六个的字母符号（表音符号），另一种是仿自然物形象的符号，数目多而明确。"他还未能破解任何象形文字，但已开始观察构词："古埃及语的名词、动词、形容词都没有屈折字尾，或者更确切地说，没有特殊的屈折字尾……都是以前缀或后缀来构成。"商博良深信字尾由表音型的象形文字来左右，这一说法虽不尽正确，但已走对方向。

过去几个月，商博良大学的任教生活似乎很顺利，但学校承诺给商博良加的薪水却迟迟未兑现，终于到了2月份才真相大白，他的薪资仍是七百五十法郎，仅为正式教授薪资的四分之一，至于文学院书记和图书馆副馆长这两项职务的薪水则都未拿到。这时候法国的所有机关行号都在尽量撙节支出，格勒诺布尔大学这么做倒也情有可原，但商博良为此再陷贫困，心情低落到谷底，最后连身体也亮起了红灯。

这时商博良的两卷本《法老王统治下的埃及》已经完稿，并委托省长傅立叶亲自呈给教育部长，供审查出版。4月份，据悉部长非常看好，但四个月后，商博良才察觉这根本是个骗局，傅立叶根本没把手稿送出去。雅克－约瑟夫为此找到傅立叶，经过一番恳切长谈，雅克－约瑟夫认为双方已重归于好，但出版一事，他还是提醒弟弟："我们只能等，因为能否出版得看上级的命令。"7月份，他嫂子的妹妹宝琳去世，这使商博良的抑郁加剧。去巴黎之前，他便已爱上宝琳，想娶她进门，在巴黎时曾写了封情意剀切的信，请侄子塞萨林转交给她。但迟无回音，商博良最后把心事告诉了雅克－约瑟夫，哥哥很同情他，竭力安慰他受拒的创伤，但商博良还是不得不接受残酷的事实。据雅克－约瑟夫转述："宝琳很生气，和塞萨林一起嘲笑你写的这封信，笑你的念头。"这段恋情几乎还未开始就告夭折，但商博良还是为宝琳之死怏怏不乐。宝琳死时二十九岁，死因很可能是肺结核。

商博良情绪低落，雅克－约瑟夫于是在9月初带他到格勒诺布尔北方的沙特勒斯山地。在这偏远山区里坐落着大沙特勒斯修道院，该院已关闭了二十年，这时归属国家资产。当时有一本为英国游客所写的法国旅游指南上建议道:"凡是喜欢目睹大自然之鬼斧神工者"都应该到此一游,因为"前往这女修道院途中,处处可见令人惊喜的景致。这段路约有五公里远,一路上处处可见陡直的山峰、奔腾的急流、造型各异的岩石、惊险的峭壁和壮观的瀑布,等等"。两兄弟从这座旧修道院中拯救了近两千份手稿和古版书(1500年印制的书),是这趟旅行的额外收获,如今这些文献仍是格勒诺布尔市立图书馆的重要馆藏。

经过这趟出游,商博良的身心状况大为好转,再度埋头研究,不久便写信给圣马丹,推翻先前的看法,认为根本没有祭司用的神秘象形文字这回事。此一惊人宣布代表着非常重大的进展。这时圣马丹对商博良遭遇德萨西的无情打击,并未达到愤慨不已的程度,反倒开始支持起德萨西的保王派观点。他和商博良之间的友情最终也趋于淡薄,但这时他还是向商博良发誓保证,绝不把商博良的新发现告知他人,而商博良本人也未将自己的发现出书公诸于世,因为这段时期他的观点不断地在改变。

1813年底,商博良向罗津·布朗求婚。罗津的父亲克罗德·布朗是一个手套制造商,也是镇上的名流,因为当时制造手套是很受尊敬的行业,也几乎是格勒诺布尔唯一的工业。而这时的商博良是个二十三岁的年轻教授,在大学许多同僚中名声不佳,且一年才挣七百五十法郎,加上前途黯淡,因此布朗立即拒绝了这门婚事。雅克-约瑟夫也反对这门婚事,但他抱持的观点正好相反,认为罗津的知识水平高攀不上弟弟。对商博良而言,1814年是在不快中降临的,因为求婚遭拒的挫折仍萦绕他的耳际,不过对拿破仑而言,这一年更是他厄运降临的时刻。1812年拿破仑于俄罗斯惨败后,联合对抗法国的同盟诸国开始紧缩对法国的包围,1813年10月,盟军已入侵法国南部,拿破仑不得不自德国撤军。12月,拿破仑被迫自西班牙战场撤军,盟军扬言拿破仑若不签约,就要进一步挥军深入法国。拿破仑拒降,1814年1月,盟军部队推进法国。尽管拿破仑娶了奥地利女大公玛丽-露易丝,但奥地利仍于1813年8月对法宣战,并于此时逼近格勒诺布尔。城内居民开始外逃,未走的居民则组成防卫队,商博良和他哥哥都是队员。防卫队员加固了17世纪的城墙,四处调集、清理武器,替武器装上弹药,并设岗哨,派人守卫。这时最重要的事就是保卫法国,保卫格勒诺布尔,尤其是保护该城居民,学术研究和其他事都得搁置在一旁。雅克-约瑟夫就向商博良吐苦水说:"除了埋头研究象形文字和古埃及语,还得忙其他事。"

4月初消息传来,奥军正往该城杀来,但事实上奥军根本无意攻打该城,更别提围城,然而士气昂扬的防卫队员却全等着奥军到来,准备大干一场。所幸巴黎来的信使带来了令人震惊的消息,说首都已经沦陷,拿破仑也已退位,他们才未妄启战端。双方签署停战协议,奥军进入格勒诺布尔。5月拿破仑遭流放科西嘉岛东方的小岛艾勒巴岛(Elba)。此时法国恢复君主制,由路易十八接任王位。看到拿破仑下台,由另一位波旁王朝的国王取而代之,商博良、雅克-约瑟夫和大部分法国人民心中都觉得难过。商博良是共和制的信徒,盼望法国成为民主国家,尽管拿破仑政权有不当之处,但君王复辟,他仍觉得是走错路。

在格勒诺布尔,保王派小撮分子开始趁机兴风作浪,除了关闭该镇剧院,还公开批评傅立叶,甚至要他辞去省长职务。这时人人被迫要毕恭毕敬对待新王,但许多人表现出的"尊敬"只是表面功夫。那些沙龙聚会的常客,一进到那里,往往就把在公开场合被迫装出的保王派作风扔到一旁。剧院虽然没开,但戏剧和讽刺剧仍在沙龙私下演出。其中有些剧本便出自商博良之手,通常是仿古希腊、古罗马文学中的故事而成的讽喻作品,其中的喜剧成分往往带有颠覆性,而商博良此举可说是大胆至极,几近愚蠢。这些剧作似乎极获好评,有时甚至连奥地利占领军的军官都看得津津有味。剧中大肆嘲弄法国体制，整出戏显示出尖刻的嘲讽意味，而这种嘲笑手法丝毫无碍于那些异国军官的欣赏。

整个1814年，保王派政权的统治日加严密，商博良开始觉得他过去所大力批评的拿破仑政权其实比现在的政权好。他开始写歌，根据流行曲调填上歌词，然后和知心好友自娱一番。不用说，这些歌肯定是把保王派政权批得体无完肤，如果作词者遭认出，必然性命堪忧。然而有些朋友认为他的这些歌写得实在又妙又绝，于是开始匿名传抄，终至流传全镇。到了深夜，漆黑的街巷里就可听到有人唱起这些歌，揶揄那些为新政权镇压反对运动的警察。这些歌酣畅地唱出了人民遭出卖的感觉和昂然不屈的精神，因而很快就传扬开来，索取者源源不绝。

格勒诺布尔这股疑虑不安的气氛，在法国的大部分地区也可感受到。即使是在拿破仑当政晚期，人民仍将他视为率领法国抵御外侮的英雄，至于外国入侵军队所推举出任的路易十八，在人民心中根本是个懦夫。法军官兵大部分还是效忠拿破仑，尤其是那些自国外返回而如今前途暗淡的几千名官兵更是如此。显赫而有利可图的职缺全保留给保王派人士，失业问题完全放任不管，资产阶级和社会名流对这样的情势都感到忧心。农民则担心大革命期间自官方所买回的充公土地得归还贵族，过去的封建义务和税赋将死灰复燃。最糟糕的是，法国于拿破仑当政的十几年间四处劫掠的土地，如今丧失殆尽，法国的自尊心跌到了谷底。连年征战和苦日子似乎只落得一场空，而这一切都是那些扶植法王复位的外国强权所造成的，因此人民把矛头指向了国王，而不是拿破仑。

格勒诺布尔大学一如法国许多地方，一切似乎都处于青黄不接的阶段，大家都在观望，看新政府会有什么新作为。5月，雅克－约瑟夫去巴黎了解情势，但这时商博良已因为贫困，因为教授、学院书记、图书馆副馆长三项职务集于一身，因为事业上的雄心和个人欲望的交逼，而感到身心疲惫。前途之茫茫令他写道：

> 我的命运已很清楚……我会想办法买只桶子，像第欧根尼一样（生活在桶子里）……我深信自己是生不逢时，我最企盼的任何东西，都不可能如愿得到。理性、兴趣、感性推着我走向坎坷的道路，我无力抗拒，而在这条道路上不但阻碍重重，且源源不绝。我命该如此，无论是什么苦，我都必须承受……

第欧根尼是希腊哲学家，创立犬儒学派，据说他生活非常简朴，力求回归原始人的"自然"生活，摒弃所有物质上的个人占有，生活在桶子里，以乞讨为生。他还否定所有形式的教育、文化、婚姻、家庭、俗世名望、政治，主张性自由。雅克－约瑟夫身为希腊文学教授，看到弟弟信中苦楚辛酸的呐喊，不可能无动于衷。

尽管心情如此骚乱不安，商博良还是继续和好友圣马丹切磋象形文字上的见解，希望从朋友那儿得到另一种看法，但仍不敢率然出版自己的研究成果。他在1814年5月底写道，自己仍在研究罗塞塔碑文，尽管已取得某些重大发现，但进展并不如预想顺利："至于象形文字，这是个大问题。我有许多看法，但成果还不明确、不具体，我不愿率然拿出来张扬……爱惜自己羽毛总不为过……我已取得一项重大成果……那就是我发现单单一个象形文字，也就是孤立的一个象形文字，毫无意义。它们要以群组的形式来呈现。"此说法不尽正确，但基本上无误，因为尽管有些象形文字单独使用便有意义，但文献中的象形文字大部分是以字组的形式出现，而每个字组代表某一概念。以𓂝𓏏𓊪𓏭𓏞𓏪这句象形文字短语为例，意为"我接下在

诸神庙宇的工作",其中的象形文字书写成数个字组,并经细心安排,以充分利用有限的空间。这一句中的各字组如下:

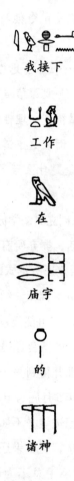

6月,雅克-约瑟夫从巴黎带回消息,说新国王登位后,大学一切如旧,没有改变。同月,他获颁第一等百合勋位,引来商博良一阵讪笑。商博良原本就不喜欢这类授赏,还指这勋位颁得太浮滥,未获此殊荣反而才显特别。至于大学以外的消息,则是省长傅立叶被迫让其秘书勒帕斯奇耶停薪留职,此人的离开为傅立叶与商博良两兄弟的和好开启了有利契机。此时，似乎商博良的《法老王统治下的埃及》一书有望出版，而他本人也加了薪，只不过所得仍只有年长同事的一半，当然仍不足以说服罗津的父亲将女儿嫁给他。在6月，雅克－约瑟夫也获选成为法兰西研究院铭文与文学学会的通讯会员；8月，他以格勒诺布尔代表团团员的身份再度来到巴黎，代表该镇镇民向新国王表态效忠，同时查看商博良著作的出版进度。上次到巴黎时，雅克－约瑟夫已使尽各种外交手腕，以博得新政权的青睐，这一次他更利用8月12日谒见国王路易十八的机会，献上一本装帧华美的商博良新作《法老王统治下的埃及》。在这两天前，商博良得知哥哥有此打算，怒气冲冲地写了一封信寄到巴黎，试图制止哥哥献书，但信寄到时已来不及。雅克－约瑟夫明知弟弟蔑视君主制，而且蔑视的态度毫不掩饰，但为了在新政局下搞好关系，他还是自行做主献书给国王。

9月中旬，商博良一面引颈期盼个人著作的出版，一面还是很在意外界的批评。他很担心德萨西、卡特勒梅尔等人可能做出的反应，因此写道："无论如何，我都不会垂头丧气，因为能将这两个大婴儿生出来，我已心满意足；它们很可能有瑕疵，但至少给了我希望。"10月底，这两卷《法老王统治下的埃及》正式出版，第一卷大体在描述上埃及数个地方，并探讨其地名；第二卷主要着墨于下埃及。这两卷书穿插了无数地名对照表，表中以阿拉伯语、科普特语、希腊语和可能的古埃及语呈现同一地名，至于商博良费尽心思想要编制的尼罗河谷地图，最后只有三角洲地图问世。

这时他很不满意自己手上的罗塞塔碑文复制品，但伦敦古文物协会和《埃及记叙》的学者又都尚未出版其上的铭文。由于个人著作刚出版不久，商博良自信不同以往，决定不妨寄几本到伦敦，同时就罗塞塔碑文上令他困扰不已的问题请求厘清。11月10日他写道：

很荣幸献上个人的两卷著作，这是本人就冈比西斯入侵之前的埃及所得的初期研究成果。这段时期的埃及攸关人类文明史的发展，但时隔数千年，只留下零散而凌乱的文物证明此国家往古的荣光。我一直努力想凑齐这些文物，而随信附上的两卷著作正是本人的初期研究成果。

在更加详细地介绍过自己的著作后，他继续说明古埃及的语言和文字是他个人研究最重要的部分，如果手边有完善的罗塞塔碑文复本，这时他应该已能破解该石碑：

个人研究的重点在于解读以古埃及字所刻的铭文，而这正是收藏浩繁的大英博物馆最精彩的饰品之一，确切地说，就是在罗塞塔发现的那具古物。为了破解它，我花了一番心血；而不瞒您说，这番努力并没有白费。经过持续不懈的研究，个人自信已取得某些成果，既然有了这些成果，我希望能更上一层楼。但眼前有个困难，我无法克服。我手上有两份这个碑文，一份是贵学会镌印的摹本，另一份是此碑的雕版印刷品，后面这一印刷品未来应会刊印在法国政府下令出版的《埃及记叙》第三卷里。但这两份复本却有明显歧异，有些歧异不大碍事，有些却大得足以阻挠我获致确切的答案。在此另纸附上誊抄自上述两份复制品的几个段落，可否恳请贵皇家学会将之与石碑本身对照一番。了解这些碑文的真正意思，对我至关重要，而我深信，如果手边有一份以最简单的方法复制自原件的石膏浮雕，我早已破解这碑文的全部意义。但迫于手上只有两份时见歧异的复本可用，我只能抱着极度怀疑的心态步步为营。诚如我刚刚所说的，这块美丽的罗塞塔石碑如果能铸成模型，然后在欧洲各大图书馆各放一具，那么毋庸置疑的是，古埃及这个基本环节的研究，今日大概会是另一番不同的光景。将此项新礼赠给文学圈的同好，正足以充分展现皇家学会赖以不断前进的热诚和无私精神。

但商博良弄错了诉求对象，这封信应该寄给第一个在伦敦处理罗塞塔石碑的古文物协会，他却寄给皇家学会。给他回信的是皇家学会的外事书记。而出于纯然的巧合，商博良与破解象形文字的最大劲敌杨有了接触，在这之前，他还完全不知有这号对手的存在。

第五章　医　生

商博良最大的劲敌是比他大十七岁、年方四十一岁的英国人杨……他的人生道路和事业走来平顺，比起一直家境贫穷、为政治陷阱所困的商博良，可说是一个在天，一个在地。

商博良最大的劲敌是年方四十一、比商博良大十七岁的英国人杨。这时商博良还不知有这号对手存在，且不知杨在象形文字的破解上已抢先一步。杨是在几个月前才想到要破解象形文字，而他的人生道路和事业走来平顺，比起一直为贫穷、匮乏、政治陷阱所困的商博良，可说是一个在天，一个在地。杨于1773年6月13日生于米尔弗顿，英国萨默塞特郡的织布业小镇。他是家中长子，下面有九个兄妹，父母亲都是公谊会（又名贵格会，属于基督教新教教派，17世纪创立于英格兰）的教徒。杨最初由外公罗伯特·戴维斯抚养，外公从一开始就鼓励这个天禀过人的外孙，不断告诫他："一知半解，害人不浅。知识之泉要大量汲取，切勿浅尝辄止。"而杨果然大量汲取知识，两岁时就能流利朗读，往往还能背诗，上学前就已开始学拉丁文。1780年3月，他六岁时，父亲把他送进布里斯托附近一所寄宿学校就读，但因教学不理想，后来转送到同地区另一所差不多糟的学校。得不到很好的教育，杨不得不自学以求进步。后来他在家自学十八个月，直到1782年3月又进了另一所学校。这所学校位于多塞斯郡的康普顿，在这里除了上绘画、装订等实用课程之外，还学了拉丁语、希腊语、希伯来语、法语、意大利语、数学和"自然哲学"（当时物理学的称呼）。

四年后杨离开这学校，仍继续钻研他感兴趣的科学和语言学科，特别执著于东方语言："图尔明先生还借给我一篇用一百多种语言写成的主祷文，查阅这篇文章令我快乐无比。"他十四岁就受雇担任家庭教师和专职陪伴,在伦敦北方三十二公里处的扬斯贝里镇,教导并陪伴贵格会银行业者戴维·巴克利的外孙哈德逊·葛尼。他在这里主要教葛尼拉丁语和希腊语,同时吸收知识。1792年秋天离开教职时,他已具备丰富的学识,而商博良还是不到两岁的小娃儿。后来他写道:"凡是想臻于卓越者都得靠自学。"他和商博良两人都是自小才智胜过老师,而不得不借自学求进步,这是他俩少有的共通处之一。凭着这身优势,杨前往伦敦,在舅舅布罗克兹比(Brocklesby)的鼓励下开始学医,而完整的古典文化艺术教育是当时行医者必备的基本条件。布罗克兹比本身就是杰出的医生,两年多前杨患肺结核时,便是经由他调护而康复。杨透过他舅舅的关系,认识了许多当时文学界的大家;除了学医之外,他对语言的兴趣依然不减,有时会写一些短文说明自己的见解刊登在杂志上。

1793年5月底,年方十九岁的杨在伦敦向望重士林的皇家学会成员发表个人论文。这篇论文名为《对视觉的观察》,文中他解说了自己在眼球结构上的发现。外科医生杭特听完杨的报告后,立刻指称这是他的研究发现,遭杨窃为己说。不过杨还是因为这篇精彩的论文,在次年获选为该学会研究员。1794年10月,杨骑马近六百四十公里前往苏格兰的爱丁堡继续深造医学。该地的医学院声望极高,常有各国学生慕名前去就读。课余时间,除了活跃于爱丁堡的上流社会,杨还克服万难学起日耳曼语、意大利语和西班牙语,又修习舞蹈,学吹笛子,并参加剧院演出。公谊会教规不允许参加如此繁忙的社交活动,但在前往爱丁堡前,他便因自觉无法谨守该会的所有教规,宣布脱离。

1795年5月,杨结束了在爱丁堡的学业,启程周游苏格兰,随身带了四十多封介绍信,引荐的对象都是有头有脸的达官贵人。9月返回伦敦,次月启程前往日耳曼北部格丁根的大学继续攻读医学。该大学于11月开学，校内的图书馆藏书在当时欧洲名列前茅，学生来自欧陆各地。杨在这里求学，德语愈来愈流利。他原计划于1796年春拿到毕业证书，然后先周游日耳曼，再到奥地利、瑞士、北意大利，最后去罗马和那不勒斯，如此好好玩一下。不过奥法爆发战争破坏了他的计划，因为战场就在日耳曼和意大利境内。此时已是法国将领的拿破仑在意大利战场上崭露头角，两年后，更进一步率军远征埃及。但杨还是在1796年8月离开格丁根，走访了日耳曼的部分地方。

次年2月，杨返回英国，得知自己没有资格取得在伦敦和周边地区行医的执照，乃决定翌月前往剑桥伊曼纽尔学院攻读学位；而他之所以没有资格，缘于未在同一所大学连续修学两年，先前无论是在爱丁堡或格丁根，他所修学的时间都不够。他在剑桥碰到许多名人，包括后来和他以书信讨论象形文字等主题的盖尔爵士。1797年12月11日，杨前去伦敦探望病重的舅舅布罗克兹比，及时见了他最后一面，布罗克兹比当晚便撒手人寰。他在伦敦的房子、图书馆、画作和约一万英镑的现金，全都留给了外甥杨。在当时这可是很大一笔遗产。杨一生从不必为钱发愁，与常陷拮据的商博良相比，人生际遇可说是天壤之别。1799年春，完成剑桥学位所需的六学期课程后，杨返回伦敦，于该市韦尔贝克街四十八号开始行医，而在不久之前，他行医所在的位置是城市的角落，四周还是著名的"玛丽勒本板球俱乐部"的球场，乡野气息十足。这时的伦敦占地超过三十三平方公里，市区快速向外扩张，人口约九十万，是巴黎的两倍。

在医学界争得一席之地之前，杨曾应邀到新成立的皇家研究院出任自然哲学教授。这个机构成立于1801年秋，宗旨是要成为科学研究机构；杨负责讲课、编辑院刊。与商博良不同的是，杨（自认）不善讲课，因而在两年后辞去教职，大部分时间忙于准备将自己的讲义集结出书。这本大部头的著作，直到1807年才问世，分上下两卷，每卷都超过七百页。出版商原承诺给他一千英镑报酬，但出书后不久，出版商就宣告破产，他一分钱都没有拿到。

为了改善自己的法文发音，杨趁着英法两国短暂和平期间，于1802年夏天陪里奇蒙（Richmond）公爵的两个曾外甥到法国待了一个月。在法国时，他去了巴黎，也到法兰西研究院开了几次会。当时担任第一执政官、大部分时间都在巴黎处理国事的拿破仑，也参加了这些会议。这次远游之后不久，杨奉派出任皇家学会的外事书记，此后终其一生未离开此职务，该学会总部就设在伦敦泰晤士河畔的萨默塞斯馆。

1804年6月14日，杨娶了伊莉沙·马克斯韦尔为妻，婚姻生活幸福美满，两个儿子罗伯特和托马斯日后也都成为医生。接下来几年，商博良在公学和巴黎受教时，杨已在研究医学，并出版研究成果，且在伦敦和英格兰南部海岸的小镇沃辛行医。英国人向来就有泡温泉用以治疗或纾解多种疾病的习惯，但因英法重启战端，赴欧陆泡温泉多有不便，于是以海水浴取而代之，而沃辛就是热门的海水浴场，每年总有许多有钱人和贵族来此消暑。

1811年1月，商博良在格勒诺布尔的大学执教了八个月之时，杨获推选成为伦敦圣乔治医院（今兰兹波罗饭店）的医师。这家医院位于"海德公园角"，距他的住所仅一点六公里。它是18世纪初慈善人士捐资兴建的五座新型综合医院之一。此后至死，杨一直在这所医院当医生，但对教学仍不在行："他的言谈举止缺乏热情和热诚，而不了解学生的学习困难，则让他无法察觉到学生最需释疑解难的地方。"但在病人眼中，他们可是非常庆幸杨是个良医而非良师，因为杨问诊时非常仔细。1813年，他出版了类似前述讲稿集结的大部头著作《医学文献入门》，十年后该书又推出新版。

与此同时，由于兴趣广泛，杨还涉猎其他多种领域的研究，他总是一心多用，从未只专注于单一兴趣。他往往以匿名或化名出版研究成果，原因是不希望别人认为他不务医学正业，花太多时间在别的领域上。但即使如此，他在学术圈还是大名鼎鼎，学界人士都知道这些著作大部分是他所写。他写信给曾受教于他而今结为朋友的葛尼说："科学研究是在斗室或沙发上打的一种战争，其对手包括所有今人和前辈。我往往在半梦半醒之间打了一场胜仗，但更常发生的是，原以为已将敌人牢牢困在一隅，完全清醒之后才发现对方仍占有优势。"从日后与商博良的竞争来看，这无疑是段再贴切不过的预言；而这段话也显示，他从事研究往往是为了战胜对手，而非单纯为了精进知识。

杨偶尔也研究希腊和拉丁文献，特别是已碳化的纸莎草纸手稿。他所研究的纸莎草纸手稿，属于在意大利赫库兰尼姆（Herculaneum）发现的一千八百份手稿的一部分。赫库兰尼姆是古罗马城镇，公元79年毁于维苏威火山爆发。这些纸莎草纸文献经研究证实是伊壁鸠鲁学派的作品，而非失传已久的上古文献，令学界大为懊恼。1810年，杨在《评论季刊》上发表文章，针对先前学者研究这些纸莎草纸文献的著作，点出各书中的谬误，因此声名大噪，成为这一领域的专家。有些纸莎草纸文献委托皇家学会保管，杨打开这些文献做实验，结果不免像许多前辈学者一样，徒然让它们加速毁坏。自他开始研究赫库兰尼姆纸莎草纸文献以来，远近各地就送来多份铭文供他解读，其中大部分是以希腊文或埃及象形文字或其草书体写成。

杨开始对古埃及文和古埃及语感兴趣，特别缘于一份以僧侣体书写的纸莎草纸文献。这份文献于1811年在底比斯附近某墓室出土，和木乃伊包在一起，经英国旅行家友人布顿爵士之手送到杨手中。遗憾的是，此文献从埃及运回途中遭海水弄湿，布顿爵士于1814年初交予杨研究时，已经支离破碎。在此同时，拿破仑的法兰西帝国正逐步瓦解，格勒诺布尔随时可能遭奥军攻击，而商博良则因贫困和工作过度而疲惫不堪。杨接触罗塞塔石碑的时间虽然比别人迟了些,但这年夏天他如往年一样走访沃辛时,还是兴致昂扬地分析起碑上的三种铭文。他带了伦敦古文物协会制作的雕版印刷品前去,并从德萨西和奥克布拉德两人的研究成果开始着手。首先他致力于通俗体铭文,并把这种铭文称为"enchorial"(源自希腊语"enchoria grammata",意为"该国字母");数年后他的言语中露出不满,认为罗塞塔石碑上的这段铭文分明是他第一个命名的,他所取的"enchorial"这个名词却不受重视:

> 一直以来我都称这些字叫做"enchoric",或者更确切些叫"enchorial",商博良先生则称它们为"demotic",意为通俗的,以凸显它们的特征。或许在他得知我替它们取的名字之前,大家都已习惯用"demotic"来称呼,但我认为,我比他早出版,他自当采用我的名称,而抛弃他自己的名称。

但后来通用的还是"demotic"这个词,杨所创的名词如今已无人使用。

进展仍很缓慢,令人气馁。商博良不知有杨这号人物,杨同样也不知道商博良多年来所做的研究,因为商博良的研究大部分并未出版。象形文字的破解竞赛于雾中进行,参赛者鲜能瞥见竞争者,甚至不知自己是否走对路。杨很好奇德萨西和奥克布拉德近来是否有新的成果,于是在1814年8月写了一封信给在巴黎的德萨西,德萨西于9月底回信告知未有实质进展,还数落起商博良和奥克布拉德,徒然表露出他对这两名昔日弟子的不义与虚伪:

> 奥克布拉德已滞居罗马多年,我与他一直有书信往来,且常

催促他将研究成果公诸于世，但他一直没听进去。前阵子来巴黎时，也不再愿意跟我谈他的工作情形……我虽曾有所保留赞许奥克布拉德研究出来的体系，但不瞒您说……他研究出来的字母表是否可靠，我心里一直深存怀疑……此外我还必须说，奥克布拉德并非唯一一位往自己脸上贴金，说自己已经看懂罗塞塔古埃及语（通俗体）铭文的人。刚出版了两卷古埃及地理著作、现在正积极研究科普特语的商博良先生，也宣称自己已看懂了这段铭文。

1815年1月，奥克布拉德致函杨，坦承自他率先研究起罗塞塔的通俗体碑文以来，几乎毫无进展。四年后，他便猝死于罗马，享年五十五岁。

德萨西写给杨的信中，提到商博良写了两卷论述埃及地理和历史的著作，即《法老王统治下的埃及》。事实上在这之前不久的1814年4月，杨的友人葛尼趁拿破仑退位后局势平靖走访巴黎，已注意到这本著作，并跟杨提过。杨得悉这名对手的存在，不久便写信给葛尼："尽管已听到商博良这人的种种，但你推想可知，我一点也不急着了解他的成绩，谢谢你好意买了这本书给我。"由此可知，葛尼在巴黎时已寄了一套商博良的著作给杨。

几个月之后，杨自信已把罗塞塔的通俗体碑文分析透彻，到达可以翻译的阶段，于是在1814年10月初将研究成果寄给德萨西。该月底，杨更认为自己可以将象形碑文翻译出来。他的翻译大部分出于猜测且多谬误，但无论如何，成绩已超越德萨西、奥克布拉德两人先前的成果，甚至超越商博良已出版的部分。但以"翻译"来称呼他的成果并不恰当，因为他只是将这两种铭文分割为数个符号组，每个符号组构成个别的一个字或一个短语。他把铭文当作有待破解的密码一般，运用他的数学专长来处理此问题。如果希腊文、通俗文和象形文这三段铭文，句子和句中词语的出现顺序完全相符，那么要完整翻译出来确属轻而易举，只要将未知的那两段铭文与希腊文逐字比对即可；但实情并非如此，三段铭文在措辞上各不相同。三年后，杨以布顿爵士纸莎草纸文献研究报告的附录形式，在伦敦古文物协会的刊物《考古学》上，匿名刊登了自己的"译文"，"但基于专业的理由，这项发现在尽量不张扬的情况下公诸于世"。杨很自豪自己能有如此突破性的成绩，而当他于1814年11月意外地收到商博良的来信，希望提供部分罗塞塔碑文供他核对时，心中感受肯定不会是受宠若惊，反倒是暗暗打定主意，只要完整的铭文复本仅归自己所有，破解者的荣衔不久就会手到擒来。

　　几周后，1815年2月底，法国境内开始谣传，遭流放的拿破仑就要回来推翻君主政体。在格勒诺布尔，部分拿破仑的支持者收到信，信中暗示3月1日拿破仑就会回来，于是该镇开始准备迎接拿破仑的事宜。3月4日，消息传到格勒诺布尔，说拿破仑已在三天前登陆，正前往该镇。3月7日，拿破仑抵达格勒诺布尔北方四十公里处的拉夫雷，遇到踏上法国领土后的首度反抗。驻扎于格勒诺布尔的第五团军队派了一支分队前来拦截他。拿破仑所率千余名部队大可击败这支分遣队，但为了拉拢人心，他深知必须避免让法国人打法国人，而他研判第五团的士兵很可能支持他。他解开身上厚重的长大衣，向敌军敞开他大衣里面的白色马甲，高声喊道："我就在这里，如果你们要，就杀了你们的皇帝吧。"一阵犹疑不决之后，敌军阵营猛然爆出"吾皇万岁"的呼声，士兵纷纷扔下武器，阵形为之大乱，然后全挤到他的身边，表态效忠。

　　格勒诺布尔局势大乱，为了支持或反对拿破仑，居民分成两派；地方行政官和省长傅立叶则在争论如何因应乱局，会场上一片乱哄哄。3月7日晚上，拿破仑逼近格勒诺布尔，城民欢迎他进城的局面已然底定。最后拿破仑以凯旋之姿进入"嘉门"，城民手持火炬，高呼"吾皇万岁"，立于街旁欢迎。与此同时，傅立叶的省长宝座则岌岌可危，而过去他还一度对拿破仑忠心耿耿。雅克－约瑟夫也出来到街上迎接皇师，后来他记载道："拿破仑通过我们面前时，站在我身旁的一名地方行政官大声叫道：'吾皇万岁，更要自由万岁。'拿破仑转过头看着我们，立即回道：'没错！没错！自由万岁。'"

格勒诺布尔的驻军加入后，拿破仑兵力大增，成为拥有八千多名士兵和三十门大炮的部队。他在格勒诺布尔待了一天半，其间请市长帮忙找人替他做事。市长推荐了雅克－约瑟夫，并以其姓的旧拼法"Champoleon"呈报上去，拿破仑见后大呼："这是个好兆头，他和我的姓有一半是相同的。"雅克－约瑟夫于是奉派上任。拿破仑花许多时间写信、写急报和命令，但还是会抽出时间接见各种代表团，包括大学教职员。商博良经人引荐给拿破仑，拿破仑想起这名字过去曾多次出现在请求免除服兵役的申请书上，于是询问他这项比服兵役还重要许多的工作进展如何，商博良答说，至目前为止仅写成科普特语字典和文法。拿破仑要雅克－约瑟夫将该书手稿带到巴黎，承诺一定会让这本书问世，还谈起他下令编纂出版的中文字典，言谈中甚是自豪："他们为它努力了一百年，但我下一道命令，三年就把它完成了。"一位是皇帝，一位是语言学家，两人以如此悬殊的方式，共同竭力来确立埃及学的研究地位，但两人只会面了几分钟，而且是他们一生中唯一的一次会面。

拿破仑也注意到傅立叶未露面，于是下令把他抓回来，就在发出逮捕令时，雅克－约瑟夫出面替他说项，费尽唇舌解释，终于让拿破仑相信傅立叶无错可咎。傅立叶不仅因此免于被捕，最后还当上隆省省长和帝国伯爵。3月底傅立叶在里昂某报纸刊出一篇文章，里面写道："我要再次感谢（雅克－约瑟夫）商博良先生。他在我的职务可能不保时，反而与我走得更近，这一点我绝不会忘记，也恳请他相信。"他还谈到欠他们两兄弟的恩情，态度上与过去的冷漠有了一百八十度的转变；他进一步写道："不管未来情势如何，我会随时把他们放在心里。"而这字里行间也反映出当时情势的诡谲多变，难以掌握，因为就在拿破仑于格勒诺布尔接见商博良和雅克－约瑟夫时，奥地利、普鲁士、俄罗斯三国代表已在讨论重组盟军对抗拿破仑的事宜，最后在3月25日于维也纳签署了同盟条约。

拿破仑离开格勒诺布尔后继续往巴黎挺进，于3月底抵达，国王路易十八也在这时逃往比利时的根特。4月中旬，雅克－约瑟夫毅然抛下一切，跟随拿破仑的脚步来到巴黎，原负责的工作则由商博良一肩扛下，包括《伊泽尔省年报：机关报》的主编一职。雅克－约瑟夫于上月奉拿破仑之命重接这份主编工作。他将科普特语字典和文法的手稿带到巴黎，转交铭文与文学学会做正式审核，以取得出版资格。他在巴黎忙碌，有拿破仑在背后当靠山，而人在格勒诺布尔的商博良，则因为额外的工作负担，健康迅速恶化。于是他服用大量药物，常泡温泉，只求不致倒下。白天的时间往往还无法把工作做完，所以也就几乎没有多余时间来研究象形文字。

而就在商博良经历过拿破仑东山再起所引发的动荡不安后，他1814年11月寄往英国的那封信，也终于收到了回信，回信者正是杨。对于商博良在信中所提的罗塞塔碑文问题，杨的回信谈不上有何帮助：

> 阁下，您说您很希望我比对一下这段铭文的两种复本，我很乐意，也很有兴趣如此做。一般来讲，古文物协会那份复本看似近乎完美，但有时法国的那份复本却最精确，不过就您所列举出的大部分地方而言，原件就有些模糊难辨或磨损，而有些费解，

唯有比较过该石碑的不同部位后，才能确切地掌握它的真意。

接下来他问到德萨西是否已将他翻译的罗塞塔碑文译文转交商博良。商博良还不知道杨的著作，而如果知道了，肯定感到不悦。杨接着说：" 奥克布拉德和您等学者，钻研科普特语已如此之深，诸君若群策群力，无疑早已完成比我的译文还完美的翻译，而我的译文几乎全是比对过碑上的不同部位与希腊译文后得出的结果，比对过程非常辛苦。" 商博良于1815年5月初回了这封信，信中表达谢意，同时表示德萨西并未将杨的研究成果告知他。

6月，雅克-约瑟夫获拿破仑新政权封赠荣誉勋位。就在这时，保王派东山再起，开始四处散发时事传单，还试图以国王的名义征收赋税。商博良帮助哥哥表态效忠，再度编写讽刺性的政治歌曲，竭力反击保王派的宣传，结果同样广为流行。6月18日，拿破仑在滑铁卢输了生平最后一场战役，大败于普鲁士和英国的联军之手，商博良却在此时刊出一篇不久后给他们兄弟俩惹来大麻烦的文章。他在文章中抨击波旁王朝统治法国的合法性："没有法律规定法国王位应由继承产生，王位只由人民来授予。人民过去曾让卡佩（法兰西卡佩王朝的创建者）登基为王，如今为了让更有资格者得享王位，人民把他的后代从王座上拉了下来。人民的抉择是合法性的唯一来源，因此拿破仑是我们的合法君王。" 商博良决定跟随哥哥的脚步，挺身拥护拿破仑，这是他首次如此积极拥护拿破仑，结果却是惹祸上身。

拿破仑遭流放后东山再起，但好景不常，滑铁卢一役惨败，旋遭罢黜。这时保王派实质掌控了法国政府，盟国军队则开始攻进法国本土。7月5日，格勒诺布尔遭奥地利和萨丁尼亚联军围攻，该城陷落之后，法国全境即未再有任何反抗，不过这是后话。格城当局于敌军来袭之前，即已整编镇民增援要塞，并发派武器，因而联军于翌日早

第五章 医 生

上六点发动主要攻势，十点半即遭击退。格勒诺布尔的保王派事先曾向入侵者拍胸脯保证说，格城会立即投降，不料却遭到如此顽强的抵抗，于是联军开始密集炮击。商博良原来在防御土墙防守，但炮击一开始，担心图书馆内独一无二的珍贵书籍和手稿被毁，顾不得枪林弹雨，连忙跑到图书馆，爬上二楼，准备一有火舌就予以扑灭。直到炮击结束，商博良才走出图书馆。

联军还未攻进城，即已死亡约六百人，受伤约五百人，联军心里很清楚，如要攻下此城，势必付出惨重伤亡，于是提议停火三天。格勒诺布尔人民表示同意。雅克－约瑟夫这时仍在巴黎，商博良把亲眼所见的战斗情形写信告诉他。他说法军充员兵的枪炮彻底击溃了奥军部队，逼使对方撤到郊区，而佐埃（雅克－约瑟夫的妻子）则"像亚马逊族女战士般"奋勇御敌。停火令宣布后，格城人民似乎觉得危险已经解除，甚至开始庆祝大家努力得来的一时胜利，商博良宣称他这辈子还未喝过如此美味的杏仁甜酒。

7月8日，保王派已控制法国主要地区，国王路易十八回巴黎复位已是指日可待，格勒诺布尔人民眼见反抗已属徒劳，两天后就向联军投降。7月中旬，拿破仑离开法国，流放到孤绝的圣赫勒那岛，而多年之前他还在念书时，曾在笔记本上写下"圣赫勒那，小岛"这样的字眼。这时商博良先后写了两封信给在巴黎的哥哥，责怪哥哥不该让他们两兄弟如此旗帜鲜明地站在拿破仑一边，但同时也恳请让自己一肩担下所有罪过，因为没有妻小的后顾之忧：

> 首先请你多保重，至于我，就听天由命吧。过去我坦然表达自己的看法，因为我认为这么做是对的，如今仍认为如此。如果他们以你在报纸上的雅各布宾作风指摘你，就直接说那是"我干的"，因为实情就是如此。如果他们要找个人当牺牲品就找

我。我没有妻小……最重要的是你要能避过这场危机,平安全身而退。

格勒诺布尔再度陷入青黄不接的过渡阶段,商博良垂头丧气,对未来感到悲观:"我努力想恢复平常的研究工作,就是提不起劲儿。未来将会如何,我已经彻底绝望,我觉得自己已无未来可言。"

在此同时,雅克-约瑟夫得知,商博良科普特语字典与文法书的出版,已因顽固的保王派分子德萨西介入铭文与文学学会而生变。原先看好这部书的该学会此时看法丕变,改称这本书不值得以公家经费来印制,而驳回该书的出版资格。商博良对德萨西既绝望而又愤怒,认为他是自己此生最不共戴天的仇敌。他写信给雅克-约瑟夫,信中精确预测到政治忠诚将如何于不久之后,成为影响局势的最大因素:"我认为我们迟早要输,再抗争终究无益。此后党派分立将主宰法国,其影响力将更胜从前;帽子的颜色将决定戴这帽子的人脑中想法的价值。一切都完了。"这番话深切洞见了法国政坛和社会即将爆发的变动。他决定抛开自艾、绝望的心情,不顾日益恶化的健康,奋力一击,做最后的反抗。趁着伊泽尔省年报尚在自己的掌控中,而哥哥人在巴黎之际,商博良利用这份报纸刊登了《为共和举杯》的文章,文中阐释了他个人的政治立场,也注定了他遭保王派新政权流放的结局:

我有许多热爱,像其他许多人一样;
但如今我不得不确切地表明:
我举起酒杯,饮下酒汁,
向共和国献上我始终不渝的祝愿。

德萨西死心塌地拥护君主制,对于政治立场南辕北辙的商博良这时敌意甚深,不仅在国内,连在国外都要诋毁他。7月下旬,德萨西告诉杨他已将杨的通俗体"译文"转告商博良的哥哥雅克-约瑟夫(但已是杨来信许多个月之后的事),还警告杨提防商博良,别轻信对方。以他只跟杨通过几次信,而杨又是外国人,却在信中如此评论他人,实在很不寻常:

> 如容我冒昧给你忠告,我要建议你别把自己的发现向商博良倾心相告,届时他会声称是自己率先发现。他在他书中的许多部分,试图让大家相信罗塞塔石碑上古埃及语(通俗体)铭文的许多字,都是他本人所发现,但我看这里面恐怕全是假的。附带补充一句,我之所以如此认为,自有我充分的理由。

甚至曾受教于他的卡特勒梅尔,德萨西在信中也没有好话:

> 当然,您一定不知道荷兰也有人宣称已发现(罗塞塔石碑)这段铭文的全部字母,不知道巴黎的艾蒂安·卡特勒梅尔先生大言不惭说已解读出大部分。不管这些发现是真的还是理论上的虚构,都极不可能。过去我坚信科普特语和古埃及语无一处相同,而希腊文译文似乎是稳当可行的破解工具,但瞥见这古物之后,我就不作如是想,而且深感绝望,觉得大概没人看得懂它。

德萨西虽然悲观,还是恭贺杨:"看来您在象形文字的破解上已有重大进展。"

接下来几个月,杨和德萨西、奥克布拉德、若马尔等学者书信往返,交换彼此对象形文字的看法。1815年和1816年,商博良从这些往返的书信精选出部分,刊登于《博物馆评论》这份籍籍无名的杂志上。若马尔素来赞同杨的看法，在1815年4月就已写信给杨："阁下，您解读罗塞塔石碑的成就，我觉得很有兴趣、很好奇，尤其想知道您在象形铭文研究上已获致哪些成果。"杨很希望从若马尔那儿得到象形文字的资料，因为若马尔身为《埃及记叙》的主编，透过他可得到从埃及搜集来而自己梦寐以求的大量资料。杨需要这些资料，才能编出象形文字字典，但若马尔回答说自己还在处理所有这些资料，以此回绝了杨，不过若马尔还是表示：

> 这工作我做来兴致昂扬，因为我深知这绝对有助于学者的研究。一直以来令我吃惊的是，竟有这么多才智之士浪费如此精力于象形文字的解读，那就好像不知希伯来语字母表的数目或形貌，就想看懂、了解希伯来语一样。

杨回信时表明，自己和若马尔所提那些遭误导的学者不属同路，并且正想办法要取得所有象形铭文的复本，所走的正是和他一样的路子，不过还是未能说动若马尔拿出资料。

1815年底，英国负责外交事务的副国务卿汉弥尔顿给杨带来了好消息，因为英国新任驻埃及领事索尔特已接获命令，凡是杨认为重要的铭文，一律买下来，转送回英国。那年冬天，汉弥尔顿将已出版的几卷《埃及记叙》借给杨。这几卷内几乎未提到象形文字或破解过程，而若马尔则仍是雄心勃勃，一心要出版《象形文字的观察和研究》，不过终未实现。杨开始分析《埃及记叙》已出版的内容，但由于不知变通研究方法，这些内容对他多无助益。他脑子里想的仍是如何破解象形文字的密码，而由于没有商博良那般透彻了解古埃及整体文化，史料于他就如敝屣："神庙上的所有铭文和与木乃伊一同出土的大部分手稿，似乎都与他们那可笑的典礼仪式有关，我看不出那里面有任何

第五章 医生

称得上历史的地方。"

虽然受限于研究方法，这时杨仍在象形文字上得出几项重要见解，了解到某些象形文字纯粹代表所呈现的形象（例如▯意指方尖碑，👁意指垂泪的眼，也就是哭泣的），其他象形文字则具有数种不同的功用。注意到象形文字如何构成复数后，他论道："为了表达复数的概念，会让该字重复出现一次，以表示该物有两个；若同一字有三个前后相连着出现，就表示无限多数。而无限多数还有另一种更简明的表达方式，即该字只出现一次，旁边再加上排成一列或平行分立的三条直线。"在这点上，他的看法完全正确。古埃及语有三种状态，即"一个"、"一对"、"多个"。᛫这个符号代表"neter"这个字，意为"一个神"；"一对神"则以该符号重复出现成为᛫᛫来表示，"多个神"则以三个该符号并列来呈现，即᛫᛫᛫。诚如杨也发现的，多数状态有时会简化为以一个符号加三条笔画来表达，因此"多个神"就可以写成᛫，而"多间房子"则可以写成⌐⌐。变成复数，就表示该字要加上 w，于是"neter"（一个神）这个字就变成"neterw"（多个神）。但严格来讲应为"ntrw"，因为古埃及语里没有适切的元音，但由于"w"念成"乌"，为了方便，"w"往往就写成"u"，因此᛫通常音译为"neteru"；而"房子"（通常音译为"per"）数间，则音译为"peru"。

关于罗塞塔石碑上的象形文字数词，奥克布拉德在多年以前就发表过看法，不过都谈不上是开启新局的重要见解，但这时杨已能写出："定数以笔画多寡来表示个位数，以圆拱或方拱的数目来表示十位数。"若马尔在1816年出版了一本象形文字数词的重要著作，但杨认为若马尔剽窃了他的作品，不过这大概不是实情。事实上数词的表达很简单，只要将以下七种基本符号的一个或多个予以结合或重复，就可以构成任何数字：

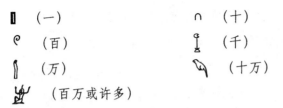

结合这些符号时,数值较大的符号都写在数值较小的符号前面,🌀||||代表一〇四,🌀𝐧||代表一〇二二,🏛代表九。

至这时为止,包括商博良等学者都还是推断通俗体是纯粹的表音文字,也就是如英语或古希腊语一样,各语言符号都只代表某一个音(如字母般本身不具意义),必须结合起来才构成字。但杨此时检视了罗塞塔碑文和以象形文字、僧侣体书写的各种纸莎草纸文献,断定通俗体(也就是他所谓的"enchorial")只有在拼写外国音时,才将语言符号当字母一样用来音译,拼写埃及本国字时,语言符号就不是表示语音,而是本身即具有意义。例如古希腊字,也就是在罗马人侵前统治埃及的希腊人的文字,古埃及人都是拿自己的语言符号当字母来加以音译。不过,他还看出他所拥有的草书通俗体和象形文字间许多语言符号有显著的相似之处,由此推出通俗体的文字"确是象形文字,但已不纯"的结论。

自奥克布拉德早早就认出通俗体里的某些名词以后,全欧洲对罗塞塔石碑的研究一直没什么进展,更别提其他方面。杨扼要地说明了此一状况:

> 大家很自然就认为……所有文明国家的批评家和年代学家应该团结起来,竭心尽力,一起为长期以来一直和埃及早期古文物脱不了关系的所有疑问和难题,找出合理的解决之道。但其实,除了商博良先生和我,他们全都走上以猜测和推想而自娱之

道。法国数学家一直在计算、英国形而上学家也不停地在争论一些既无法证明为真也无法证明为假的事物。

接下来，他阐明欲破解象形文字需要穷一生之力：

拿中文这个目前唯一尚存的象形文字来说，博学之士要熟识其大部分文字，都得穷尽一生之力，即使是日常生活上习于使用该语言者，即使是拥有精确而浩繁的文法书和字典者，亦是如此。想到这点，我们就能清楚了解到，要透过古文物，也就是侥幸躲过岁月和人类粗暴行径的摧残而存留下的东西来弄懂象形文字，其实不甚可靠，其中必然存在着种种几乎是人类所难以克服的困难。

愈是困难，成功后所带来的威名愈是显赫，这一点是志在抢先破解的研究者们共有的体认。

就在杨成为望重全欧的学界大师，与全欧学者畅谈、交流彼此的观点之际，身处格勒诺布尔的商博良和巴黎的雅克-约瑟夫，却置身王政复辟后病态多疑的时局中，一言一行都受到监视，两兄弟与格勒诺布尔当地报界的关系均遭断绝。1815年11月，雅克-约瑟夫从巴黎返回之前不久，商博良写信给他，谈到有意转换人生跑道，放弃曾经努力拼搏的一切："毋庸置疑，文学院必会受到压制……我们已被整得一无所有……我希望在格勒诺布尔从事公证人（律师）这一职业。你一定会说这就像教士改行去做碾磨工一样，然而如果教士没有东西吃，碾磨厂里有面粉，那又有何不可？"自1814年起就一心想把罗津娶进门的商博良，这时也希望此项决定可以转变罗津父亲反对婚事的态度，因为她父亲认为时局如此艰难，只有走律师这条路最稳当。眼看自己的事业在自身周遭环境中遭遇挫败，加上所有希望都成了泡影，就连结婚也机会渺茫，商博良于是把转换人生道路视为唯一的生路，决心放弃公共教育的工作。

尽管自身难保，商博良和雅克－约瑟夫还是冒险帮助逃犯戴隆将军。戴隆是滑铁卢之役时拿破仑麾下的将军，新政权上台后被判死刑。商博良兄弟提供戴隆栖身之所，度过1815年至1816年间的隆冬，翌年春天，就在距省长官邸咫尺之远处，他们协助戴隆由法国逃到慕尼黑，与德博阿尔内亲王会合。德博阿尔内亲王是约瑟芬与前夫生的孩子，拿破仑的继子。如果让当局知道他们帮助逃犯，那可是极危险的事情。但即便没让当局发现，当局手中已有他们两兄弟厚厚的个人档案，敌人都在想办法要流放他们。更糟的是，随着非保王派所握有的重要职位逐步为保王派取代，格勒诺布尔大学有了巨大变动。1816年1月，正如商博良所预料的那样，文学院遭关闭，他和哥哥的教职都被撤销。这时开始有人拿他们和市立图书馆的关系来做文章，指控商博良利用该机构开政治集会，商博良严正反驳："这指控完全不实，除了格勒诺布尔学院的会议外，这里没开过其他会议。"然而当局仍对他们提出了其他不实的指控，并于1816年3月判处他们国内流放。

流放令一下，商博良为转换职业和结婚的所有计划以及希望，一下子全成了泡影，两兄弟动用了仅剩的人脉关系，让当局将他们流放到家乡菲雅克镇，但终究得远离格勒诺布尔的亲友。雅克－约瑟夫只带了儿子阿里同行，其他小孩包括1811年出生的朱尔、1812年出生的埃梅－路易、1815年出生的佐埃，都留给妻子照顾。这时并未提到亚美莉－弗朗索瓦，似乎已经早夭。商博良和雅克－约瑟夫只有十五天时间赶到流放地，因此不能带太多行李，书和研究笔记大部分得留在格勒诺布尔。发给他们的通行证上，个人的资料记载得相当简略。由于任职的大学文学院已经关闭，雅克－约瑟夫资料的记载寥寥数语：

图书馆长，三十六岁，生于菲雅克，住址格勒诺布尔，携有六岁半的儿子同行。通行证上还描述他身高一百六十七厘米，深褐色头发，褐色眼珠，皮肤白皙，鹅蛋脸，前额和嘴大小"中等"，鼻子细长，脸上无特殊标记。

商博良通行证上的记载则仅有如下：图书馆副馆长，二十五岁，身高一百七十厘米，黑发，黑眼珠，皮肤晒得黝黑，额宽鼻塌，下巴圆而突出，脸形"圆胖"，"依稀可见天花留下的疤痕"。这份通行证是他可能得过天花的唯一依据。雅克-约瑟夫的通行证上将"胡子"记录为"褐色"，商博良为"黑色"，但这不一定表示他们此时留有胡子，因为这可能只是根据发色而写下。商博良后来滞留巴黎时留了胡子，而两兄弟的肖像大部分脸上剃得干干净净。

发放通行证的日期标示为1816年3月18日，申办费两法郎；并载明商博良和雅克-约瑟夫将途经里昂、欧里亚克，而非偏南、路程较短的路径前往菲雅克镇。这条规定是为了他们的安危而设，因为保王派于王政复辟时在法国南部发起动乱，当时尚未平息，而该地区特别不受新政权的掌控。保王派内部的派系斗争让情势更为复杂。保王派分成两大派，一派是当时掌权的国王路易十八的支持者，观念开明，一致认为不能走回大革命之前的君主专制政体；另一派是极端保王派，希望将大革命期间和拿破仑统治下带来的种种改变悉数铲除。路易十八希望兼顾君主制与人民的需求，极端保王派则支持立场较反动的国王兄弟阿图瓦伯爵。在法国南部，极端派的地方支系如"绿色帽徽派"等，已实质掌控了某些地区，表面挂着新政权的招牌，实际上在推行自己的计划。有些地方的民众因宗教偏见而四处掠杀新教徒，还有些地方则武装盗匪横行，危及行旅安全。雅克-约瑟夫和商博良之所以往北绕一大圈，历时两个星期旅程，才于1816年4月2日抵达菲雅克，除了为避开极端派掌控的地区之外，同时也为避开盗匪和地方私设的保安团拦截。

回到家乡后，两兄弟发觉离乡多年，家乡并没有什么改变，除了较繁荣外，似乎和记忆中一样平静，但老家家中的变化可就大了。母亲已去世近十年，位于布杜凯里路的老家里，现在只住了父亲和泰蕾兹、玛莉两姊妹，另一个姊妹佩特罗妮叶已于1803年出嫁。老家这时并不顺遂，父亲酗酒成瘾，身体已经垮掉，家中经营的书店岌岌可危。到底是父亲酗酒致使书店生意不景气，还是因为书店生意不景气了，父亲才染上酒瘾，这已不是最重要的问题。眼下明显的事实是，再不想办法，书店就会倒闭了。这时书店由四十二岁的泰蕾兹经营，三十四岁的玛莉则负责持家，两姊妹都未结婚，大概是因为书店经营不理想，没有足够的钱给她们添置嫁妆。两姊妹都很崇拜自己的两兄弟，但由于缺钱，担心父亲，两人在其他方面一直不和。

起初商博良和雅克－约瑟夫都觉得，待在菲雅克这个小镇非常郁闷，似乎从一个困境陷入另一个困境。雅克－约瑟夫写信给妻子佐埃说，在那里只勉强可以找到四五个人讨论学术，待几分钟就像待了几天，待几天就像几个月，待几个月就像待了几百年。商博良则写信给至交泰弗内（曾在公学念书，当时在格勒诺布尔掌管家营商店），说他在那里整天都很难过、很无聊，痛苦得想骂脏话，不知何时才能再见到格勒诺布尔的美丽山峦。但他们离开得真及时，就在1816年5月初，格城法学院的前院长狄迪埃在格城起义。他手持拿破仑的旗号，率领一小队退伍军人和农民试图拿下格城，其中许多人甚至已经喝得酩酊大醉。这场"起义"迅即遭敉平，极端派以此为借口施行血腥镇压，枪杀了十八名参与起义者。狄迪埃虽逃走，后来还是被捕，带回格勒诺布尔，送上断头台公开处死。镇上还有许多人成了嫌疑犯，商博良和雅克－约瑟夫虽已在菲雅克，还是受到牵连。后来，由于证据不足，他们最终还是逃过迫害。不过，如果当时他们还在格勒诺布尔，恐怕凶多吉少。

　　两兄弟最初觉得家乡实在待得难过，但当地某些人却把他们当名人来看待，且运气不错，得到当地省长勒泽－马内西亚的赏识。勒泽－马内西亚曾任法国驻美国部队的军官，1815年起担任洛特省省长，菲雅克镇就在该省辖内。这位省长热衷于考古，说动两兄弟前去寻找据称就在菲雅克邻近区域的厄克塞勒杜嫩（Uxellodunum）遗址。根据西泽的《高卢战纪》，厄克塞勒杜嫩是最后一座落入古罗马军队手中的高卢人据点。西泽从公元前59年起开始有计划地征掠高卢，在他笔下，厄克塞勒杜嫩这座要塞四周都有峭壁守护，有一条河流经下方河谷，但只有一处泉水提供水源。西泽的军队将这要塞团团围住，又挖了一条地道将泉水改道，高卢人口渴难耐，最后不得不弃塞投降，高卢从此全纳入罗马人手中。为了吓阻高卢人叛变，西泽下令凡是曾在厄克塞勒杜嫩一役抵抗罗马人者，一律砍断右臂，以儆效尤。法国人从未遗忘也从未原谅这次丧国之耻，后来拿破仑挥兵入侵意大利，便是对此耻辱迟来的报复。厄克塞勒杜嫩遗址因此成为反抗异族入侵的重要爱国象征，而找出遗址的确切位置，自然成为重大的民族事业。

　　雅克－约瑟夫接下了寻找该遗址的任务，商博良充当助手。整个1816年夏天，他们都在该区域搜寻，试图根据西泽著作中的线索找出遗址位置，最后他们断定应该是在上卡普德纳克（Capdenac-le-Haut）。这个地方距菲雅克约五公里，俯瞰洛特－加龙省河。雅克－约瑟夫带队挖掘，找到一些罗马古物，似乎证实了推断无误。任务功成圆满，勒泽－马内西亚龙心大悦，大大表扬了兄弟俩，让他们跻身当地的上流知识圈。但后来的考古工作证实，卡普德纳克的要塞是中世纪的遗址，厄克塞勒杜嫩遗址其实位于名叫伊索律山（Issolud）的地方。这个地方位于韦拉克（Vayrac）附近、菲雅克西北方约四十六公里处，连罗马人所挖掘用以改道泉水的地道也在此发现，证据再明显不过。但是争议仍然不断，如今菲雅克镇民仍坚称上卡普德纳克是厄克塞勒杜嫩遗址所在地。

那年夏天起，商博良除了协助哥哥寻找厄克塞勒杜嫩，也开始重新整理、修订自己撰写的科普特语字典和文法。这部著作命运多舛，出版许可老是打回票，这次流放到菲雅克，商博良费尽千辛万苦才把这些珍贵的手稿从格勒诺布尔带了出来。这些手稿对他意义重大，编纂完成后，等于对科普特语有了全面而透彻的了解，而科普特语又是仅存尚保留有部分古埃及语的语言，如此在象形文字的破解大赛上，他便拥有其他大部分对手所不能及的巨大优势。流放菲雅克期间，商博良付出了相当多的心血，但这些手稿终究未能付梓。

从两兄弟遭流放起，雅克－约瑟夫就写信到巴黎，请朋友和结识的人士替他们向当局说项。由于政治情势不变，连商博良过去一些宿敌，如《埃及记叙》主编若马尔、在巴黎教商博良波斯语而不愿帮他免去兵役的朗格雷，如今都竭力帮忙。商博良过去受教的教授中，只有保王派德萨西仍悍然拒绝替他说项，而此举也让德萨西在巴黎一些学者面前名声大坏。更令商博良寒心的是圣马丹，这时已是顽固保王派的圣马丹，和德萨西一鼻孔出气，刻意疏远昔日老友商博良。

尽管巴黎的朋友和宿敌都大力为他们说情，加上洛特省省长的支持，雅克－约瑟夫还是流放了近八个月，1816年11月才正式获释，商博良则到翌年1月才获释。流放的岁月缓慢而悠长，在此期间，商博良没有了眼红其成就的同事给他使出什么政治诡计陷害他的担心，生命中也首度没有亟待完成的目标，当律师的计划也因强制流放而夭折，心情反而无比轻松。尽管人生处于青黄不接的阶段，但他在此地名声卓著，备受当地人欢迎，前些年的压力悄然而逝，菲雅克的宁静反倒成了人生美事，令他乐在其中。但这不过是他人生另一场风暴来临前的宁静，他哥哥在巴黎的人脉为这场风暴埋下了祸端。话说1814

年底，若马尔走访英国，采录英国人在埃及从法国人手中没收的古文物，包括罗塞塔石碑，其间见识到当地的兰开斯特教学法，甚是惊喜，回巴黎后就成立了基础教育协会，雅克－约瑟夫即是该会会员。正好路易十八政府想在全法国普及教育，两兄弟得到鼓励便在菲雅克镇开了一家标榜兰开斯特教学法的学校。

这项教学法的发明人约瑟夫·兰开斯特，于1798年在伦敦设立了一所学校，不久此教学法就风靡整个欧洲。兰开斯特教学法主张老师先教导学生中年纪较大、学习能力较强者，然后由这些种子学生去教其他同学。中央政府和地方当局都支持商博良兄弟的创校决定，于是两人开始筹备在菲雅克的创校事宜，仅一年前还信誓旦旦写道要脱离平民教育的商博良，这时积极投入到设立新学校，推广新教学方法中去。极端保王派和天主教会都极力反对创立新校，对兰开斯特教学法，他们反对的呼声尤为激烈，因为这种教学法的宗旨就是要让平民百姓的孩子都受教育。而他们认为教育是贵族和神职人员的特权，用于占人口多数的一般百姓根本就是资源浪费，只会让人民更难教化和掌控。政治情势再度使商博良在无意间树立了许多敌人。

两兄弟忙于筹备新学校时才获准摆脱流放身份，以酬答他们创校的苦心，但他们并没有立即离开菲雅克。雅克－约瑟夫直到1817年4月才前往巴黎，到巴黎不久就出任达西耶（Joseph Dacier）的秘书，而达西耶是法兰西研究院铭文与文学学会的终身书记。商博良则留下来完成新学校的筹备工作，但老家的问题迅即缠上了他。当初为了让自己姊妹的未来有所保障，他和哥哥都已宣明放弃家业的所有权利，包括家产继承权，但如今父亲酗酒，债台愈筑愈高，导致书店生意每下愈况。商博良无力解决这些问题，雅克－约瑟夫离开还不到一个月，商博良就写信给他，责备他一走了之，放着家里的问题不管，而眼下最迫切的就是要采取法律行动，约束父亲的行为。第二周他给哥哥回信，说他已筹到款项，可以解决最迫在眉睫的债务，免去卖家具筹款的窘境，其中甚至从格勒诺布尔的友人泰弗内那儿得到资助，不过令他非常恼火的父亲问题，还是没有解决。

在菲雅克当局和居民的支持下，商博良终于完成新校筹备，1817年7月开学。他从巴黎请了一名老师，很快就招到四十名学生，但前几个月紧凑的工作压力，让他元气大伤，人瘦了一圈，一咳就咳好久，还发高烧。他已有十七个多月未碰象形文字的破解工作，若要重拾旧业，目前也不是最佳状态，但有两件事激励了他重拾研究：一是收到一份对他已出版著作的评论；另一件事是与某位破解对手的会晤。受这两件事的刺激，他才促请泰弗内将他流放时藏在格勒诺布尔的部分笔记和资料寄来。

商博良的《法老王统治下的埃及》早在一年多前就已刊登在伦敦的《每月评论》上，但到目前为止，只收到一份对此文的评论。这份评论未署名，篇幅长，而语多肯定。尽管这篇评论对他著作中部分细节有所批评，商博良还是非常高兴，毕竟评论家向来要挑出一些毛病。这位评论人其实就是杨（一如往常以匿名发表文章），他论道法国人一直以来对埃及很着迷，而：

> 如果法国蒙受损失占据这个国家，也许对欧洲来说是一件幸事，因为埃及那种足以毁灭一切的气候，会大大消耗法国过剩的年轻男子，邻国因此得以免去来自法国的困扰。而法国人和埃及人同样淫乱无德的作风，则有助于两国人民的融合，这可能有助于让非洲这重要一隅重趋文明开化。

发泄过这番排外情绪后，杨开始长篇大论地阐述自己所认知的埃及（其中正展现了他见解的狭隘），然后才以肯定的语气评论起商博

第五章 医生

良的著作。

另一桩唤起商博良重拾象形文字的事件,缘于8月间拜访了一位日后将成为对手的人士,就是来自邻近城镇欧里亚克的医生鲁拉克。流放菲雅克后,商博良远离了大部分学术圈,也少了解别人破解进展的渠道。没有直接而友善的往来,就很难知道其他学者的研究动态,而学者间虽有书信往返,字里行间一团和气,却鲜少在出书之前透露自己全部的研究心得。即使出版,也不易取得。古文物收藏家兼旅行家盖尔爵士数年后写给杨的一封信,就特别谈到这一点。盖尔从罗马写信给杨,信中诉苦说买不到大英百科出版社替杨出版的著作:"你所写的探讨埃及象形文字的书籍、短论小册或论文,不管是已出版还是只赠给特定友人看的,我一直都找不到;连在伦敦,经多方尝试,我的书商还是无法替我弄到。"例如他知道杨曾赠了一本著作给梵蒂冈博物馆,但"不管此书是否在那里,公共图书馆向来很难进去,因而对一般大众用处不大"。如果说连有钱的英国古文物收藏家,在伦敦都买不到英国出版物,那么对于困居在法国乡下菲雅克镇的商博良则更不可能买到。

商博良往访鲁拉克时,鲁拉克拿出他设计的"词源总体系"给商博良看。他声称这套体系含有破解象形文字的线索,提议两人合作,但明眼人都知道这位医生的理论有许多瑕疵,荒谬得很。这场会面虽无具体成果,却让商博良清楚地体悟到,自己因外力因素而中断象形文字研究,这期间虽然短暂,情势已然大变。如果说连附近镇上的乡下医生都在努力破解象形文字,而非只是一小撮学者,那么研究这问题的人岂不是已如过江之鲫?而那些主要对手现在岂不是已进展惊人?脑海里挥之不去的,就是忧心别人可能抢先一步破解,于是赶紧回去重拾研究。事实上,商博良所不知道的是,拜访鲁拉克医生的两个月前,《埃及记叙》出版委员会在巴黎开会,会中古文物研究家李波尔宣布已找到破解象形文字的关键。李波尔曾随拿破仑远征埃及，并曾任开罗埃及研究院的图书馆馆长。李波尔还在巴黎其他学术性社团发表了演说，但他的同事都不认同他的主张，后来得悉这些主张的商博良也持同样的态度。1823年7月四十七岁的李波尔英年早逝，但他终其一生都支持商博良的观点。李波尔认为挨饿可让人更聪颖，因此饿死。

这时虽然百家齐鸣，理论和方法充斥，却谈不上有进一步的突破，但商博良仍时时忧心自己落于人后。就在收到泰弗内寄来的手稿之际，他也开始思索何去何从，是否就在菲雅克这样待下去？雅克－约瑟夫已因为受不了在格勒诺布尔所受的待遇而前去巴黎，商博良觉得很孤单，但对巴黎又没有好印象，不愿趋着哥哥的脚步前去。眼前另一个切实可行的选择就是回格勒诺布尔，那里目前至少在表面上情势已大致平静，只是若没有工作，处境会比在菲雅克还糟。后来他听说当地的哲学系可能恢复，也许可以谋个教职。虽然风险不小，他还是毅然决定返回格勒诺布尔，于1817年10月携同侄子阿里，抵达睽违十九个月的格勒诺布尔。

话说这时伊泽尔省省长已经换人，国王路易十八为了拉拢当地民心、敉平当地动乱，特别指派达努维尔出任省长，而新省长很欢迎商博良回来。大学当局证实确有计划重开哲学系，并暗示可能聘商博良担任古代史和希伯来语的教授。此一美好远景令商博良大为鼓舞，与此同时，他也接受格城当局的建议，在当地设立兰开斯特教学法学校，作为该地区的模范学校。格城自由派人士得知他接受这一任务，立即表示支持，但不可避免的是，他也成为强烈反对这类学校的极端保王派和神职人员的眼中钉。尽管如此，他还是戮力以赴，甚至亲自培养了一名兰开斯特教学法的老师，而不从巴黎找来。1818年2月初，学校开业，学生有一百七十五人，商博良以他一贯的自嘲反讽语气记述道:"省长高兴,极端派火大,而我看到自己走在正确的道路上。"他是天生当老师的料,和孩子很容易打成一片,这时他不仅愈来愈投入儿童教育工作,还致力于在格城设立拉丁语学校,以教授古典文化艺术。

这年春天,省长指派商博良担任外交顾问,负责研究、整理与法国割给北意大利撒丁尼亚-皮埃蒙特国王的土地相关的文件,工作上得和该国王的代表科斯塔伯爵(Costa)联络,两人因此成为朋友。几个月后,伯爵邀请他到都灵大学教历史暨古代语言,这可是薪资优渥、声望又高的职位。但他割舍不下格勒诺布尔的多菲内地区。他对当地繁多的教育活动有很深的使命感,对他哥哥的家人又觉责任重大,而且心中仍期盼着哲学系重开,可以在系里觅个教职,因此最后还是满心不舍而遗憾地拒绝了这项邀请,留在使他波折不断的法国:"要离开法国,就要彻彻底底移居国外,赚外国人的钱,但我既不喜欢外国人,也不喜欢移居国外。"

政治动乱使他将近两年无法好好坐下来研究象形文字,直到这时他才有些许时间重新研究。首先还是把重点放在罗塞塔石碑上,因而他又跟以前一样急着想拿到精良的碑文复本,但几番辛苦寻找,只得到一份描摹粗疏的复本,据以描摹的原本则是伦敦古文物协会已出版的雕版印刷品。4月中旬,他写信给在巴黎的雅克-约瑟夫,阐述自己最近的心得,认为只要能拿到法军远征埃及时制作的罗塞塔石碑的雕版印刷物,很快就可完成破解:

> 毋庸置疑,只要能拿到(《埃及记叙》出版)委员会的雕版印刷物,我就可以将每个象形文字都译成相应的法文乃至埃及文草书体。至于希腊语,那更不用说。我不想把话说得太满,因为我的工作才完成了四分之三。根据象形碑文与草书体(通俗

体）碑文、希腊语碑文间的关系，我知道象形体碑文从哪里开始，到哪里结束。我会向世人证明它至少有三分之二已经不见了……我的作品里没有造假，没有模糊玄虚，全是比对后的结果，没有哪个体系是凭空编造出来的。我已发现冠词、复数的构成和某些连接词，但光靠这些，我还无法立即确定这文字的书写体系。我的研究成果已推翻了自己历来对象形文字的看法。

在同一封写给哥哥的信中，商博良提到了两位他认为是竞争对手但不足惧的人，即李波尔和若马尔。这时雅克－约瑟夫敦促他赶快将修正过的科普特语字典和文法书出版，但问题却卡在能不能筹到足够的经费。因此商博良认为此事不用再提，并说自己手边如果有钱，会用来出版象形文字的研究成果："置身如此糟糕的时代，我可不想把一大堆债务背在身上。"

6月中旬，商博良收到数份极重要的罗塞塔碑文复本，高兴至极，但这时因为格勒诺布尔学务缠身，尤其是他的拉丁语学校将于7月开学，并没有太多时间来处理这些复本。他想办法抽出时间，开始编纂象形文字字典，雅克－约瑟夫也催他尽快出版。1818年8月19日，商博良赴戴尔芬纳勒学院演说，阐述自己最新的研究心得，但不久便被迫搁置研究工作，专心办学。此外，尽管薪资低廉，他还是在不情愿的情况下接受了皇家学院历史系教授的职务，而皇家学院的前身，就是他在此曾念过书而感到痛苦万分、时时请求哥哥救出这个他称为"监狱"的公学。11月，商博良自知大学教职恢复无望，开始在这个曾令他窒息而于十一年前庆幸终于脱离其苦海的学校执掌教鞭。

12月底，商博良终于娶罗津为妻，回想两人于1813年初相见时，罗津只有十六岁，而他则是二十二岁。两兄弟流放于菲雅克期间，丢掉了格勒诺布尔图书馆的饭碗，罗津的父亲恰好以此为借口要他们解除婚约，对他们的结合施以压力。那时商博良对罗津的感情似乎淡了些，甚至可能还曾劝她解除这桩婚事，但两人还是继续通信，从今日来看，罗津当时无疑已爱上他。这时，商博良和省长已结为朋友，身价不同，她父亲的反对立场因此有所缓和。最后两人在格勒诺布尔朴实的大教堂里结为连理，但雅克－约瑟夫仍强烈反对，未出席婚礼。

两人结婚后生活幸福美满，至少从表面上看是如此。此后，他只在一封信中曾表露出对罗津的不满。那是在八年后，商博良写了这样的信给意大利女诗人，他的朋友安杰莉卡·帕莉。他在信中扼要地说明了与罗津生活的感想，语气似乎颇坦白，但这封信整体来讲是为了向他所爱慕的安杰莉卡表达敬意，信中所说是否完全属实还有待商榷。他提到罗津在婚约期间仍爱他，但"我明显冷了下来"，然后说道：

> 我希望分隔两地能改变安娜伊（他对罗津的昵称）对我的看法和意向，然后放弃这桩毫无约束力、对两人都不幸福的婚事。不料带来的是缠扰不休。因为我的不幸，她觉得更该坚守这段感情，表现高贵的情操。好几位追求者希望和她携手共度一生，个个表现出志在必得的决心，他们的身价比我现在和未来都还要占优势。但安娜伊逆拂家人的意愿，拒绝了这些追求者，她那个性刚烈严厉的父亲为此怒不可遏，每天骂她，不让她好受，摆出不悦的脸色给她看，还几乎剥夺了她的行动自由。最后我结束流放，安娜伊却受苦了，因为我而生活悲惨。我还能有其他选择吗？我的义务已清楚地摆在眼前。牢不可破的结，将我们绑在一起。她在家中已不复找到的平和与宁静，在我这儿找到了。

罗津对自己婚姻的看法，未留下任何可资说明的文献，不过看起来和当时法国大部分的女人一样，并不期盼在婚姻生活中满足自己的情感需求，有商博良为伴便觉人生非常幸福美满。而若非商博良曾写信给安杰莉卡，后人还不可能知道他是同床异梦。

商博良发觉，在其他工作压力的催逼、同时又要赚钱养活自己的情况下，仍保持稳健步伐向象形文字的破解迈进，实在不是件易事。而不只商博良觉得不易，杨也碰上类似的问题，不过他当然不会为缺钱所苦。为了恪尽医生的职责，科学和文学上的研究对杨而言，都是"非紧要之事，除非能从中得到有薪水的工作，且这工作是件乐事而非苦劳，则另当别论"。商博良流放于菲雅克而无法继续研究象形文字之际，杨也因其他要务缠身，致使可投入象形文字的时间愈来愈少。1814年，杨便已是某煤气安全调查委员会的一员，该委员会负责调查煤气引进伦敦可能带来的危险，尤其是评估在人口稠密区设置大型贮气槽的安全。两年后，他又出任另一新成立委员会的委员，该委员会负责检讨全英的度量衡制度；约在此同时，还有人邀他给海军部门写一篇造船报告。1818年底起，他受命监制《航海历》，担任"经度局"的干事。第一艘循着西北航道从大西洋抵达太平洋的船只，其船长和船员就陆续获得了该局颁发的奖赏。

一年前杨就写信给朋友葛尼，谈到所面临的问题：

> 自从与你见面至今，我的象形文字研究几乎没有进展，而只要还有资料尚未解明、尚未比对过，我就不可能将它们彻底弄懂。我认为它们或许可以让拥有四十名会员的学会半世纪不愁没事干，而我只希望能发现一处矿藏，而别人或许可因此矿藏致富，我便于心已足。但我真的想尽可能弄懂它们，一两年后，我会把我的成绩公诸于世，届时仍将一如既往匿名出版。

商博良结束流放返回格勒诺布尔，当他正忙于筹设新校时，杨对象形文字的研究的确有了些许成果。1818年春天，杨已积累了大量文献，打算就埃及写一篇内容广泛而观点创新的文章。同年夏天，杨请人将他从罗塞塔石碑等古文物和手稿上推断出的约两百个象形文字单字，刻在金属板上制成镌版，其中约有四十个大致正确，此外对于象形文字数词的研究，这时也有了进展。那年夏天，他将部分象形文字印出，分送友人。1819年12月，这些象形文字才全部出版，作为《大英百科》的补编，杨同样以匿名出版。

　　杨这篇以埃及为题的文章，开头首先介绍了最近至1818年间走访过埃及的人，接着以一节篇幅谈论古代神祇和这些神祇的神话，往下再接着探讨历史和事件发生的先后。他说："埃及的早期历史几乎比任何国家的早期史还要古老，因而涉及更难以穿透的历史迷雾。"此说法已对当时欧洲人所公认圣经的世界源起论提出质疑，尽管如此，他未再进一步阐明这一观点。接着他探讨的主题包括历法、风俗、典礼和罗塞塔碑文。而为了罗塞塔碑文，他还研究了其他手稿，特别是《埃及记叙》中收录的手稿。他推断历史上有三种接连出现的古埃及文："从不同手稿抽出些许样本，就足以推断出其原始的形貌经历过哪些变化，亦即由'神圣体'降为'僧侣体'，再沦为'信函书写体'，也就是该国通用的草写体。"他把象形文字称为神圣体，但他所谓的僧侣体其实指的是今日所谓的"线条象形文字"。线条象形文字指的是描或画出外形轮廓的单色象形文字，大多出现在纸莎草纸文献或棺木上，与古迹表面和墓穴中更精密、更详细的图画不同，并且与通常上了颜色的象形文字不同。令人混淆的是，线条象形文字今日有时也称作"草书体象形文字"，但其实它们是道地的象形文字，绝非僧侣体之类的草书体文字。更令人混淆的是，今日所谓的僧侣体，过去杨有时又称为"信函书写体"、"通俗体"或"草写体"。杨根本不知道草书体有两种，即僧侣体和通俗体。他注意到草书体"在形貌上"变得"模糊难辨"，但未能理解到另有一种独特的字体通俗体发展出来，不过他也的确认识到今日所谓的僧侣体（即他所说的"信函书写体"）系衍生自象形文字。

这篇刊于《大英百科》的文章，最后部分包括"象形字汇入门"（如国王、动物、数词的名字）、几段谈论语音和短句的短文以及古迹介绍。在罗塞塔碑文的研究上，当时的人们已经能从希腊语碑文看出多个不属于古埃及语的专有名词，而早先奥克布拉德也已在通俗体碑文里找出同样的名词。如今，杨首度从残缺不全的象形体碑文里找到其中一个名词，即"托勒密"这个名词。托勒密五世于公元前204年至公元前180年间统治埃及，父母亲是具有兄妹关系的托勒密四世和阿尔西诺伊三世。托勒密五世即位后一年，埃及就失去其在小亚细亚、巴勒斯坦、爱琴海地区的大部分领土，接下来二十年，国内发生多次严重叛乱。领土大略统有小亚细亚和叙利亚的塞琉西国王安条克三世，击败托勒密五世的军队，最后两国签订和约，其中明订托勒密五世娶安条克三世的女儿克丽奥佩特拉为妻，从此开启了显赫于古埃及政坛的克丽奥佩特拉家族。这位王后于托勒密五世死后成为埃及实质的统治者，是为克丽奥佩特拉一世；而该家族叱咤风云的政治春秋，则结束在史上赫赫有名的埃及女王克丽奥佩特拉（国内俗称"埃及艳后"）手中。埃及托勒密王朝的国祚也是在她手上终结，此后埃及沦为罗马帝国的一部分。

杨自认是第一位指出圆形或椭圆形框中的象形文字是人名的人，但其实巴泰勒米和佐埃加在他之前就已有同样的推断，不过他的确是第一位指出托勒密一词在罗塞塔象形碑文中出现六次的人。托勒密是后来才出现的外国名词（源自希腊语的"Ptolemaios"），并非埃及语原有的名词，杨因此断定古埃及人应该是将象形文字当作拼音字母来拼出这个名词，也就是说象形文字充作表音符号，一个字代表一个音；

第五章 医 生

而埃及原有的名词则以表示概念的象形文字（即表意符号）来表达："根据在贝丽奈西（埃及王后）、托勒密这些字中可能找到的蛛丝马迹，我们将从这些'音译字'……得出类似象形文字字母表的东西，但这些字母只有在某些情况下才拼凑在一起以表达语音，而非在所有需要表达语音的场合都用到这些字母。"他认为古埃及人碰到外来语时，大多以具表音功能的象形文字来拼出，而且这类象形文字的数目有限。在这一点上他是对的，但在埃及语原有的名词上他就错了，因为古埃及人写这些名词时会用到所有类型的象形文字，而不是只用到表达概念的象形文字。例如⊙〰️凵这个出现在椭圆形框中的象形文字，代表法老王门卡乌拉，里面除了有凵（念作 ka，意似"灵"或"魂"）这类表意符号，还有表音符号〰️（代表 n 的音）。附带一提的是，吉萨著名金字塔群中就有一座是这位法老建筑，后来这位法老王以迈锡里努斯之名著称于古罗马。

在罗塞塔石碑上，"托勒密"这个名词有三次出现在短框中，有三次框中还附上国王的特殊头衔，因而在较长的框中出现。因此，尽管最初誊抄六个椭圆框中的象形文字时，漏抄了其中一个框里的基本符号，杨还是能够相当精准地认出托勒密这些字的构成方式。

象形文字虽不显示元音，但埃及人碰到外国名词时，还是会拿某些象形符号来尽可能呈现该名词的发音。例如表示"o"这个音的象形符号，在英语或希腊语里都没有与它完全相应的音，"o"只是近似古埃及语原音的符号。

杨还勉力研究了上埃及凯尔奈克巨大宗教遗址某铭文的一份复本，铭文里有"托勒密一世救世主"这个名字，不过此研究并不在他原定的计划之列。亚历山大大帝去世后，辖下将领割据帝国各行省，埃及即归将领托勒密统治。后来这位操希腊语的马其顿人在埃及称王，接着立自己的妻子马其顿贵族出身的贝丽奈西为埃及王后，数年

图一：18世纪时注解了象形文字的威廉·沃伯顿。

图二：巴泰勒米，第一位确认象形铭文中椭圆形饰框之功用者。

图三：远征埃及时的拿破仑。

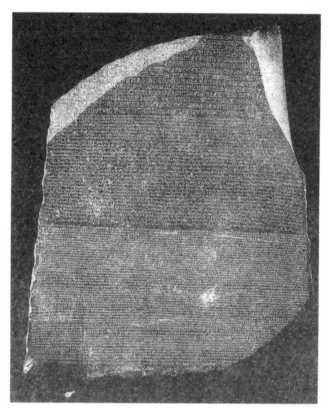

图四：刚刚经过处理的罗塞塔石碑，左下角未经处理的部分可见到表面覆有黑蜡和白色的空隙填料。

图五：具有埃及风格的傅立叶之墓，位于巴黎佩勒拉雪兹公墓。他的半身雕像近日被窃，后自邻近墓穴另寻替代品。

图六：勒努瓦，出版了一部论述象形文字的书，当时商博良正在巴黎求学。

图七：若马尔的坟墓，位于巴黎的佩勒拉雪兹公墓，墓碑为埃及方尖碑的形状。

图八:托马斯·杨,是商博良在破解象形文字上最强劲的对手。

图九:杨的出生地,位于英国萨默塞特郡的米尔弗顿。

图十：商博良出生的房舍，位于菲雅克镇布杜凯里路尽头。

图十一与图十二：19世纪初的商博良（左）和哥哥雅克－约瑟夫。

图十三：格勒诺布尔市立图书馆和博物馆最初的入口，雅克-约瑟夫和其弟弟商博良曾在这里工作。

图十四：1823年的商博良，手中拿着他的《致达西耶先生信》中的音标表。

图十五：1830年卢浮宫方形中庭的入口，当时商博良在此担任埃及古文物主任。

图十六：拉美西斯三世坟墓入口处的彩绘浮雕，刊于《埃及记叙》一书，墓本身位于诸王谷。

图十七：拉美西斯四世坟墓内，太阳神连祷词中的祭文。此墓位于底比斯的诸王谷，就在商博良夜宿区附近。

图十八：俯视诸王谷拉美西斯四世坟墓的入口廊道，商博良的探险队就以此处为临时住宿点。

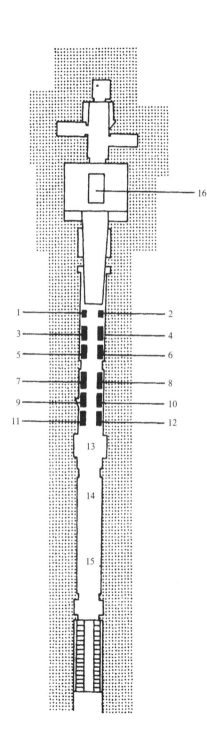

图十九：拉美西斯四世坟墓平面图，商博良的考察队就在这墓里住了几个星期。

1 一只瞪羚的床
2 一只大猫的床
　（考察队员在阿布辛拜勒获得这两只动物，待它们如宠物一样）
3 李奇
4 罗塞里尼
5 洛特
6 切鲁比尼
7 商博良
8 罗塞里尼
9 贝尔丹
10 迪歇纳
11 勒乌
12 安杰雷利
13 起居室
14 饭厅
15 前厅
16 拉美西斯四世的石棺

图二十：凯尔奈克遗址发现的椭圆框，框中的象形文字是法老王图特摩斯四世（公元前1419至公元前1386年间在位）的出生名。

图二十一：极常见的象形文字字句，发现于凯尔奈克遗址：⌐(was)、𒀭(djed)、⚷(ankh)、⌣(neb)这四个符号通常组合在一块，意为"无上权力，无比稳定，无比活力。"

图二十二：凯尔奈克遗址某塔式门楼上纵向排列的象形文字，文中提到法老王阿蒙霍特普三世（公元前1386至公元前1349年间在位）。

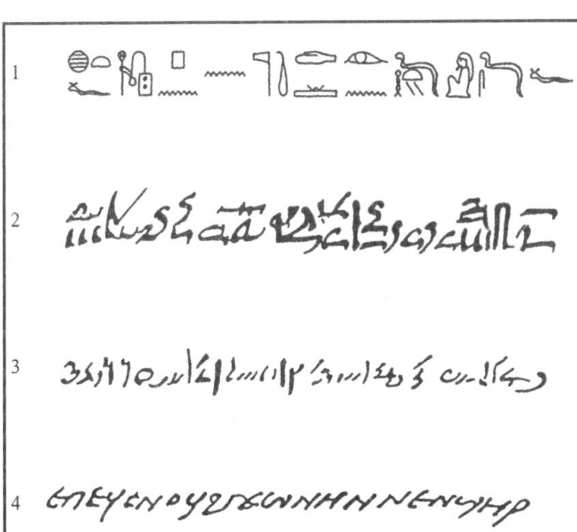

图二十三：古埃及文的不同书写体：
1 象形文
2 僧侣体
3 通俗体
4 科普特文

图二十四:"纯正"的线性表音象形文字表,附有相应的通俗体和僧侣体,取自商博良所著《古埃及象形文体系摘要》。

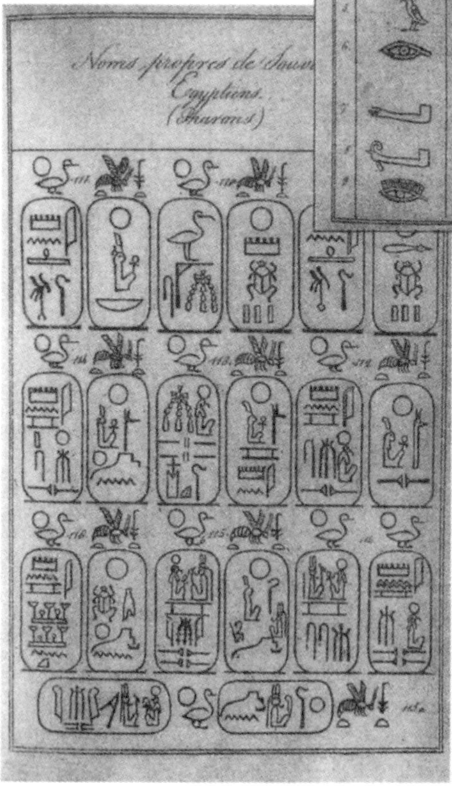

图二十五:于椭圆形饰框内的埃及诸法老王之象形名,取自商博良所著《古埃及象形文体系摘要》。

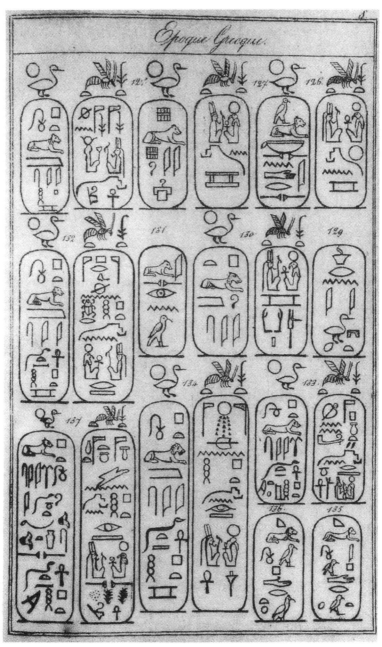

图二十六：于椭圆形饰框内的希腊裔埃及统治者之象形名，取自商博良所著《古埃及象形文体系摘要》。

图二十七：为纪念商博良而竖立的埃及式方尖碑，位于菲雅克。

图二十八：商博良的坟墓，位于巴黎佩勒拉雪兹公墓，墓碑做成埃及方尖碑状。

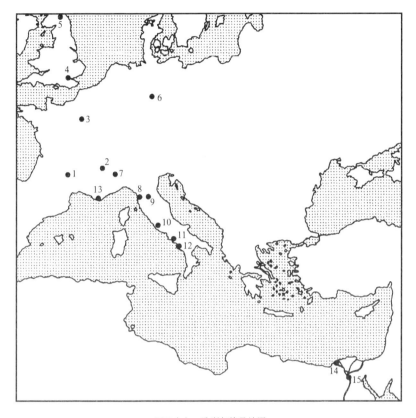

图二十九：欧洲与埃及地图

1 菲雅克
2 格勒诺布尔
3 巴黎
4 伦敦
5 爱丁堡
6 格丁根
7 都灵
8 里窝那
9 佛罗伦斯
10 罗马
11 那不勒斯
12 帕埃斯图姆
13 土伦
14 亚历山大
15 开罗

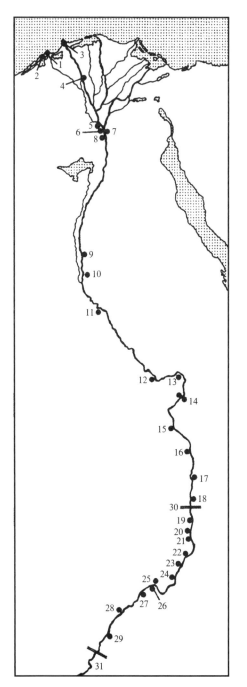

图三十：埃及和努比亚的尼罗河谷地图

1 阿布吉尔
2 亚历山大
3 罗塞塔
4 赛斯
5 恩巴巴
6 吉萨
7 开罗
8 塞加拉
9 贝尼哈桑
10 埃尔阿马纳
11 艾斯尤特
12 阿拜多斯
13 登德拉
14 底比斯－卢克索－凯尔奈克
15 伊斯纳
16 伊德富
17 考姆翁布
18 阿斯旺／菲莱
19 凯塔西
20 拜特艾尔瓦利
21 凯拉比舍
22 吉尔夫胡赛因
23 达克
24 瓦迪埃尔塞布亚
25 阿马达
26 戴尔
27 伊布里姆堡
28 阿布辛拜勒
29 瓦迪哈勒法
30 第一系列险滩
31 第二系列险滩

后又立儿子为继承人,从此建立托勒密王朝,长久统治埃及。此王朝的每位国王都称托勒密,但以一世、二世……区别在位先后。杨所研究的这段铭文中有两个置于椭圆形框内的象形文字,杨认出其中一个写的是"托勒密",推断另一个应是"贝丽奈西"。贝丽奈西也是个外来语,希腊文里作"Berenike"。

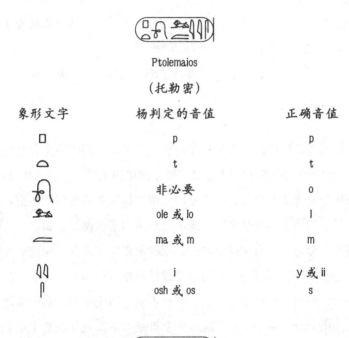

"托勒密"和"贝丽奈西"这两个框在椭圆形框中的象形文字,仅有一个符号相同,即(表示 y 的音),但杨根据其有限的科普特语知识,解读如下:

象形文字	杨判定的音值	正确音值
𓅱	bir	b
◯	e	r
〰	n	n
𓏭𓏭	i	y 或 'i
△	多余的	k（或硬音 g）
𓅯	ke 或 ken	a
◯	阴性字尾	阴性限定词

杨还深信自己已从考姆翁布神庙、菲莱岛神庙的铭文和登德拉黄道十二宫图的铭文中辨识出包括"阿尔西诺伊王后"在内的其他名字。他仍认为象形文字中的表音符号，只用来拼写外国名词和头衔，而不知象形书写体系不管是书写外来语还是本国语，都运用到表音、表意等多种象形符号。由于这点缺失，他的象形文字研究无法有更大的成就，还让其他研究者走入歧途。不过他根据这一项和另一项研究，还是认为自己已经解读出象形文字字母表的十四个字母，其中虽然只有 𓅯、𓏭𓏭、◯、〰、△、◯ 这六个字母是对的，还是历史上的创举。

他观察到前述凯尔奈克遗址铭文里"贝丽奈西"这个名字后面，附有 𓊃 这个象形字组，在纸莎草纸文献的人名后面也往往有这个字组，似乎是一种阴性指标。这也是一项意义重大的发现。这个由两个符号组成的象形字，事实上就当字尾来使用，附在某些女神、王室贵妇的名字后面，表示"神的女子"之意。

杨还未刊出这文章之前许久，就寄了一篇给若马尔，若马尔在1819年9月回信说自己已经好久没碰象形文字："要我把大约四年前告诉你的象形字汇表拿出来,仍是不可能的事。"若马尔认为自己还是象形文字破解大赛的参赛者,因而仍不愿与人分享研究心得。至于杨所编的字汇表,若马尔坦承自己一直没时间看,但"你必定是花了极大的工夫才完成的。我现在才有可能把它拿来瞧瞧"。杨目前的成就已超越了商博良所有已出版的象形文字著作(几乎少得可怜),而且领先的幅度看来已是商博良望尘莫及。

第六章　克丽奥佩特拉

希腊语专家勒特隆将班克斯的方尖碑文给商博良看,他立刻认出这便是以象形文字写就的克丽奥佩特拉之名。而此前,班克斯就已发现了这个象形文字,但他和杨都未将此发现告知商博良,他们两人一贯不愿意帮他。

商博良在许多个月后才看到杨在《大英百科》刊出的这篇文章，进而了解到杨在象形文字研究上已大有斩获，反观自己几无时间做研究，破解者宝座眼看就要从自己手中溜走。他在格勒诺布尔被各种教育事务忙得焦头烂额，自己学校的经营也是百般不顺，连都灵大学请他去教书一事，他也拒绝了。在他和哥哥流放菲雅克期间，图书馆的工作随之丢掉，自那之后他们就一直向各有关当局游说，希望能复职。1819年9月，雅克－约瑟夫终于如愿，从巴黎返回格勒诺布尔，接任图书馆长的工作。但他还得留在巴黎继续他未完成的工作，比如出版他在厄克塞勒杜嫩的发现成果；商博良因此辞去拉丁语学校的教职，以代理雅克－约瑟夫的图书馆长职务。但他还有皇家学院历史教授一职在身，加上当局要求完整的图书馆藏书目录，顿时令他压力沉重。商博良的身体愈来愈糟，疲惫不堪，乃至"希望放纵自己，享受那种无所事事、无所思考的甜美生活"。

他的处境似乎已坏到了极点，但就在这时政治又再度打击他的生活。与商博良过从甚密的温和派省长达努维尔，因极端保王派的阴谋运作，在1820年2月遭撤换，由铎塞兹（d'Haussez）男爵取而代之。这位男爵也是极端保王派的一员，他上任后，格勒诺布尔地区的政治均势即刻倾斜于该阵营。不过就在极端保王派明显壮大之际，反抗势力也高涨予以制衡。随着大学里自由派教职员渐遭撤换，由极端保王派的人马取而代之，法学院的学生不满，在5月发动暴动。数天后，阿图瓦（Artois）伯爵的儿子、同时也是极端保王派的首脑昂古莱姆（Angoulême）公爵来访，此地区的情势益趋动荡。反对者以喧闹的示威、抗议和高声恐吓迎接公爵的来访，部分地区爆发暴力事件，公爵被迫缩短访问行程。

面对城中不靖，铎塞兹男爵不思循前省长仁厚统治之道，反施以高压统治，并继续偏袒极端保王派。不久商博良得知敌人正阴谋将雅克－约瑟夫再度赶出图书馆，于是在7月写信给哥哥，要他趁还没有人拿他不在格勒诺布尔当借口要他走路之前，赶紧从巴黎回来。但雅克－约瑟夫还没收到这封信，报纸就已刊出他遭解职的消息。这时商博良的身体很差，患有失眠症、胃痛和晕眩。他遵照医生嘱咐，在家休养了一阵子，什么事都不做，但当局反而怀疑他暗地里搞阴谋，派人监视他的一举一动。身体恢复得差不多后，他前去面见省长，坚持图书馆副馆长的职务是他应有的权利，当局毫无理由让他辞呈。到这时为止，他还是努力想和新省长保持友好，不想撕破脸，但这次会面最终还是以激烈争执收场，省长从此再也不掩饰对他们兄弟俩的敌意。但到了1820年10月，商博良还是占了上风，甚至接下雅克－约瑟夫遭撤换的图书馆馆长职务。

自商博良于格勒诺布尔学院发表最新的象形文字研究心得以来，已匆匆过了两年多。人在巴黎的雅克－约瑟夫已知道杨在这个领域有所斩获，并将杨的著作转告弟弟，不断劝说弟弟赶紧将研究成果出版，但商博良还是不愿意，就像杨不愿挂名出版一样。商博良连看都没看过，就遽然将杨的著作批得一文不值：

> 杨博士以如此浩大的声势来宣布自己的发现，其实不过是可笑的吹嘘。他说他已找到破解之钥匙，大家为此把他捧上了天，但我只觉得可怜。老实说，我很替那些到埃及旅行而被迫翻

译底比斯铭文的可怜英国人难过，杨博士之所以能在象形文字研究上如此风光，其实靠的是他们……请你马上从伦敦替我买他的这本书回来。

这时他知道自己必须提出观点，才能在此领域取得一席之地，最后他决定撰写并出版一本小册子，说明自己对象形文字和僧侣体的看法。

1820年至1821年间的冬天，他仍饱受各种疾病之苦；1821年初，得知父亲已于1月底去世，商博良拼命地要把这本小册子写出来，但同时又感到身体很差，什么事都做不了。这时所在地区的政治情势则更糟糕。随着愈来愈多自由派人士被拉下马，省长的高压措施和极端保王派的阴谋，让更多人民感到不满。1821年3月3日，商博良被"暂时"撤销了皇家学院的教职，而他也只能默默接受，然后利用闲暇努力破解象形文字。他写信给哥哥："最终的赢家是我的古埃及语研究"，自此他更专注于为出版自己的著作而努力。

格勒诺布尔人民不满当局的情绪于3月20日达到顶点，全城民众暴动反抗省长和他背后的极端保王派。过去互为水火的各派系，此时联合起来要求实施"自由宪法"，借此阻止极端保王派重施大革命前盛行的各种不公不义之举。居民很快控制住该城，与省长当面对峙，省长仍试图安抚。各处的波旁王朝白色旗帜被撤下，换上大革命的三色旗。所有的城门封闭，所有钟声响起示警。与主城区仅一河之隔（扼守格勒诺布尔通往里昂唯一要道）的拉博要塞，守备部队已拉出营区，随时准备出动平乱，要塞里只剩少数士兵看守。商博良见机不可失，立即带领一小队人冲过桥梁，爬上陡坡攻入要塞。留守士兵连做做样子抵抗都没有，商博良等人迅即攻占要塞，然后大胆降下波旁王旗，升上三色旗，很快全城大部分地区便看到要塞易帜。后来雅克－约瑟夫得知此事，十分惊讶自己的弟弟竟然如此胆大，商博良却开玩笑说：

"一名考古学家，兵不血刃就拿下格勒诺布尔要塞，在不凡的时代从事文学工作的我，说不定哪天此举就成为我的'服务记录'上极为有利的一点。"

然而，不到一天人民的暴动就结束了，出要塞的部队驱散愤怒的群众，几乎未遭抵抗就恢复了城内秩序。接连数天，数千名士兵驻扎在街上和格勒诺布尔城墙，以防止抗议事件再起。省长铎塞兹男爵决心报复，暴动领袖纷纷出逃，商博良则丢掉了图书馆长的工作。尽管几乎找不到证据定他有罪，省长还是一心要以叛国罪名以军法审判他，并通报巴黎中央政府，指控他是危险煽动分子。雅克－约瑟夫立即从巴黎回来挽救，而格勒诺布尔的律师则还在争论，这次暴动究竟是背叛国王的叛国罪行，还是为了让国王注意到人民不幸而举行的合法抗议。

就在身体日益恶化、等待审判之际，商博良于6月将他的小册子，共七页内文和七张整版插图——"最后那张有七百个象形符号和僧侣体符号的图，把我弄得精疲力竭。"——名为《论古埃及文的僧侣体》，付梓于格勒诺布尔，就如杨的匿名出版物一样，在市面上并不易买到。这本小册子宣称僧侣体纯粹是象形文字的变体，差别只在其符号的形状不同，但其实杨在好几年前，便已在一个不知名的刊物上匿名刊出文章提出过同一论断：

他是否在我于《博物馆评论》登出文章之前就已有此发现，我无法断定。我没有问过他这个问题，而对全世界大部分人和我们自己而言，这个问题也无关紧要。凡是未将发现的东西付印、刊登出来，就无权声称那东西是自己所发现，这句话或许不是绝对公允，但至少是很有用的准则。

商博良的研究成果确实是他自己独立完成的，并非剽窃他人。这时他正确地认识到僧侣体是象形文字的某种书写体，称之为"象形文字的速写体"，但他也犯了一项大错，就是把所有符号都视为表意符号，无一是表音符号："僧侣体文字是表意符号，而非表音符号。"商博良似乎迷失了方向。

为了求得格勒诺布尔暴动调查的公正、宽厚，国王派了贝林纳公爵前去格城，商博良和格城许多人因此免去了以叛国罪名惩处的命运。公爵裁定没有证据证明商博良罪行之重大而必须严重起诉或予以大审，于是商博良在一般民事法庭受审，并于7月初无罪开释，所有加诸他身上的指控，包括叛国，全都不成立。不过，爬上要塞升起三色旗的举动带给他的政治伤害，还不如身体伤害来得严重。迅速爬上陡坡令他虚弱的身子大为吃不消，此时的他感觉呼吸困难，头晕目眩，将要昏倒。即使身体能恢复到可以工作的状态，他在格勒诺布尔也已无容身之地，因为审判前他的敌人就已将他所有职务都撸了，"暂时"撤除的皇家学会教职也成了永久撤职。7月8日，他写信给雅克-约瑟夫，说他已尝尽格勒诺布尔所能加诸给他的所有苦楚，再也没有哪件事情能让他高呼世间不公，还说他在那里已一切皆空，没有什么怕失去的："全世界人都在向我大叫：'走吧！出远门吧！离开吧！'现在我就要走了。"三天后，他带着几乎和身体一样残破的心灵，再度带着侄子阿里离开格勒诺布尔，走上前往巴黎的漫漫长路。

1821年6月，商博良还在格勒诺布尔等待受审时，杨带着妻子踏上惬意的欧洲之旅。在巴黎停留时，他参加了法兰西研究院科学会的一场会议，结识了院内部分顶尖科学家，包括自然学家兼地理学家洪堡（Humboldt）、天文学家兼物理学家阿拉戈（Arago）、数学家兼天文学家拉普拉斯（Laplace）、天文学家兼物理学家毕奥（Biot）、自然学家居维业（Cuvier）等，其中有些人不久之后就成了商博良的好友。

商博良拖着病弱疲累的身子，离开格勒诺布尔，往西经里昂抵达巴黎，而大约就在商博良西行的同时，杨氏夫妇往东经里昂穿过法国，翻越阿尔卑斯山脉，抵达了都灵。接着他们夫妇往南，访罗马，再到那不勒斯，贯穿意大利半岛，沿途记录下美景所兴发的感动。离开那不勒斯后，他们又去了意大利半岛上的锡耶纳、比萨，以及又名"来航"的里窝那。9月，在里窝那，杨终于见到法国驻埃及领事德洛维蒂所收藏的古埃及文物。这些古文物系德洛维蒂多年搜集的成果，最近才带到意大利，名闻遐迩，是第一批送抵欧洲的大批古埃及文物。

杨注意到一件未登录在收藏品清单上的东西，那是一个从开罗附近孟斐斯出土的石碑，碑上铭文以双语（希腊语和埃及语）、三种文字（希腊文、通俗文、象形文）刻就，绝大部分字迹已无法辨认。当下杨认为自己碰上了另一块罗塞塔石碑。他写信给葛尼，告知这项不得了的发现：

> 这条迂回路线没有白走，比萨给了我们丰厚的回报，而来航，可能的话，则会给我们更多。但你会更乐于知道的是，我在德洛维蒂的东西里发现了一块双语石碑。我认为它很可能有助于罗塞塔碑文的研究，价值不可限量，而我敢说德洛维蒂对此也知之甚明。石碑上的象形文字，清晰可辨者寥寥可数，原该放国王名字的（椭）圆框内已一片空白……石碑下方则有约十五行通俗体字，约三十二行希腊字。

杨未能拿到这石碑的仿铸品，很是生气：

> 我从佛罗伦萨雇了一位杰出艺术家，负责执行我的（仿铸）计划，但最终未能执行，当时我还以为是意外因素阻挠。但我现在觉得，他当初如果真动手去做，恐怕也会是白忙一场，因为德洛维蒂先生似乎因为发现了一项未知的珍宝而起了贪念。他要

我知道，他无论如何都不会舍弃这个石碑，不会让它与他手中庞大而无比珍贵的收藏品分处异地。他认为自己大可把它留在手中，奇货可居，提高它的价格，所以不愿有任何复制品流入别人手中。

杨认为此石碑上的铭文攸关象形文字的破解，因此想尽各种办法，想让德洛维蒂给他一份复制品，终属徒劳。杨和妻子失望至极，前往下一站佛罗伦萨。在佛罗伦萨，他们发现已有英格兰来的信件先于他们抵达，其中一封信提到他岳母病重。杨氏夫妇于是缩短预定的欧洲巡游行程，赶紧经瑞士，再沿着莱茵河谷返回，但赶到日内瓦时就得到岳母已经往生的消息。两夫妇回到英格兰时已是10月。

1821年7月20日，离开格勒诺布尔的商博良前往睽违近十二年的巴黎。这时杨氏夫妇正好刚离开巴黎不久，踏上前往意大利之路，两人差一点同时置身巴黎，而在商博良眼中，这时的巴黎似乎和过去一样糟糕。政治情势或许已异于以往，街头不再有欢呼帝国胜利的骚动或缺粮引起的暴动，但在新国王的统治下，这个城市变得更加破败，更加脏乱，人口也多了许多。商博良拖着极其虚弱的身躯，离开心爱的格勒诺布尔，踏上无比艰辛的行程，来到素来不喜爱的巴黎。在格勒诺布尔，他受尽迫害，走投无路，万念俱灰，只好委身巴黎。疾病、绝望、疲惫，使他的人生走到了最低潮，仅靠着还未让敌人夺走的东西，即古埃及研究和亲人的支持才不至倒下。

雅克－约瑟夫这时和一位友人住在圣佩雷路，弟弟和儿子阿里来了以后就挤在一块；夏末，搬到马札林路二十八号一栋租来的房子，空间较大。稍后罗津才从格勒诺布尔赶来和商博良会合，因此他们有了自己的房间。雅克的妻子佐埃则仍和娘家人待在格勒诺布尔。商博良的书房就在阁楼上。值得一提的是，名画家韦内过去正是以此阁楼为画室，他所绘拿破仑扬威战场的画作，是塑造拿破仑传奇的功臣之一。

马札林路的房子地点绝佳，距离法兰西研究院和该院铭文与文学学会仅百来米，商博良以此地作为研究处所最适合不过了。雅克－约瑟夫这时还在此学会任职，担任学会终身书记达西耶的秘书。而这个学会正是六年前否定商博良科普特语字典和文法一书出版资格的机构。1816年，该会取消雅克－约瑟夫的正式会员资格。法兰西研究院位于塞纳河南岸，面对卢浮宫，下设五个学会，除前述铭文与文学学会之外，还有美术学会、科学会、政治与道德科学学会，以及保守排外、直到1980年才选出第一位女会员的法兰西学会。马札林路距法兰西学院也不远，商博良曾在此学院念过书；跨河不远，则坐落着皇家图书馆（国家图书馆）和埃及委员会。埃及委员会在若马尔主编带领下，仍继续在编纂出版《埃及记叙》。

搬到马札林路之前几星期，雅克－约瑟夫开始帮弟弟恢复身心健康。商博良疲病交迫，还很容易沮丧，觉得自己就快要破解象形文字，但又常觉得死亡会让一切转眼即空。他不仅需要对生理进行调理，还需要对心理进行调适，而雅克－约瑟夫则不断为他打气说："你一定要活下去，而且你一定会活下去。"此外，雅克－约瑟夫还立刻安排让商博良重新融入巴黎学术圈，和傅立叶再搭上关系。傅立叶于1815年奉派出任隆省省长，但王政复辟后迅遭解职，后来在巴黎继续其科学研究，生活极为清贫。雅克－约瑟夫也把弟弟引见给达西耶，结果达西耶对商博良的研究很感兴趣，不遗余力地支持他。商博良这时所结交的新朋友，还包括了几周前杨结识的阿拉戈、毕奥、居维业这三位学者，以及新成立、将于11月正式开幕的地理学会的许多会员。傅立叶的座右铭是"科学让世间处处是友情"，尽管如此，与商博良为友者还是比不上与其为敌者多。他的敌人除了保王派，还有学术圈的对手，如若马尔、支持杨而声望崇隆的诸多学者，这些学界对手全认为自己还走在破解象形文字的正确道路上。

为了振作日渐低落的自信，提高自己在巴黎学术圈的声誉，商博良接受劝告，向铭文与文学学会提交了部分研究成果。1821年8月底，来巴黎仅一个月，他在该学会阐述了他对僧侣体的研究结论，其立论依据就是不久前在格勒诺布尔完成的那本小册子中的观点。他深知此论一出，正好为对手提供了攻击的素材，他开玩笑说自己走出了"有壕沟防护的阵地，正面迎接敌人的炮火"，不过他的演说备受好评，为其赢得学会信任奠下良好的基础。为了帮助他进入巴黎学术圈，罗津替他在马札林路安顿了一个热情好客的家，让他得以在其他研究人员家中受到殷勤款待后，也能在自己家中热情回报别人。参与这些家庭聚会的学者涵盖了各个学科的人士，除了朋友、理念相投者，还有敌人和对手，最后往往以激烈争辩收场。商博良的身体这时离完全康复还很远，但走对路子的自信与日俱增，于是他开始埋头研究通俗体，将之与科普特语比较，以备进一步比较研究通俗体、僧侣体、象形文，因为这时他认为这三种文字应视为不同文字来看待。他之所以能与世无争做起自己的研究，原因之一在于破解象形文字并非当时巴黎学术圈最热门的课题，埃及黄道十二宫图才是广受争论的议题，学界认为该图是断定古埃及年表和世界源起年代的新关键。

9月，登德拉黄道十二宫图从埃及运抵马赛港，经一段时间的停船检疫后，于翌年1月运抵巴黎，不久便成为街论巷议的热门话题。这幅黄道十二宫图是雕刻而成，为一布有多个天文符号的环形图，原是登德拉哈托尔女神庙某室天花板的一部分，位于开罗南边约四百八十公里处。拿破仑远征埃及期间，艺术家德农和工程师若鲁瓦、德维里埃，首度将其记录下来，此后多位学者试图借它计算出该神庙的年代，因而一直是争议的焦点。得知埃及有此图后，古文物研究者和收藏家索尔尼耶（Saulnier）立即雇请工程师勒罗兰（Lelorrain）前去取下，运回法国。当时埃及统治者穆罕默德·阿里（Mehemet Ali）准许外人大批取走埃及古文物，1821年1月，勒罗兰即已从阿里那儿拿到通行许可。

英国驻埃及领事索尔特（Salt）和法国驻埃及领事德洛维蒂（Drovetti），毫无遮掩竞相掠夺埃及古文物。为免生纠纷，两人曾达成默契，尼罗河以东的古文物归法国，以西的归英国。登德拉位于尼罗河西岸，照理"属于"英国，因此勒罗兰必须偷偷行事。他于3月抵达登德拉，发现当地有一群英国旅游者，于是先往上游到卢克索，再返回登德拉时，发现只有埃及人在那里，便赶紧找来一批工人。他判定黄道十二宫图就刻在两块石块上，而石块总"长十二英尺，宽八英尺，厚三英尺，所以重量不会少于二十吨太多……此图左右两端末两英尺的部分都只是波浪状或曲折状线条，他于是决定将这部分切除，并以凿子将石块厚度敲去一半。他"靠着锯子、凿子、火药"，经过三星期，终于将这幅雕刻从神庙天花板上割下来，接着运上船，而船长却借故不发船，后来勒罗兰发现，原来在他们动手之前，美国律师兼外交官布雷迪什（Bradish）人已在登德拉，并察觉到他们的意图，于是事先买通好船长，要他延迟发船，并且大概已将此事转告位于更下游处的索尔特代表。勒罗兰只好付出和布雷迪什一样的价钱，让船长发船；6月，船抵开罗时，却发现英国领事已向穆罕默德·阿里抗议。穆罕默德·阿里以他一贯对待古文物的马虎态度，询问勒罗兰是否已事先征得许可，得到肯定的答案后，就允许勒罗兰将黄道十二宫图运到法国。索尔特和其友人班克斯为此怒不可遏，因为他们正准备要将此图取走，没想到让法国人捷足先登。当时班克斯正忙着将阿斯旺菲莱岛上一座重要的方尖碑送回英国，后来却还假惺惺抗议说："我一向最反对将古文物从原址整个抢走的这种行为。"

法国国内外许多学者震惊于这项破坏古文物的野蛮行径，群起抗议勒罗兰的行为；商博良尤其愤怒于黄道十二宫图竟被硬生生与原本位于两侧的象形铭文分家。1821年10月他在《百科评论》刊登了一封信，质疑既然铸造仿制就可行，为何非得从原址割下来。其他学者，包括若马尔，也公开抗议，但这时商博良已懂得小心行事，勿强出头，因此这封信是以匿名刊出。现在这块雕刻就摆在卢浮宫展示，另行铸造了复制品放在登德拉神庙的原处。

黄道十二宫图除了因运出埃及而引起争议，还重新引发了一项已持续多年的争辩，即它是否可用来断定埃及文明的年代。如果象形文字已破解，当然就可以从象形文字的文献中找到翔实的证据，来断定各历史事件的内容和年代，但当时还未破解，只好从解读各种黄道十二宫图下手。学者巨细靡遗地研究各种黄道十二宫图的复制品，包括登德拉这一幅，因为他们认为图上显示的星体位置，正是这些图绘制当时星体的所在位置，因而计算出各星体处于这些位置时的年代，就可以得出绘制年代。然而各学者以此方式计算出的年代并不相同，因此引发争执，但此举比起在天主教会所引起的反对声浪，还只是茶壶中的风暴。问题的症结正出在世界源起的年代上。有些学者，特别是若马尔，大胆地认为登德拉的黄道十二宫图已有数千年历史，甚至可能上溯一万五千年前，这一主张与世人公认的基督教观点大相径庭。基督教根据圣经，认为世界创生至今只有约六千年历史。商博良不认为这幅图有这么古老，他觉得依照上面的雕刻风格研判，应该是与古希腊或古罗马同时期的埃及作品。再过几个月，他就能看懂数个与它相关的象形文字，并确证其存在年代，而此时，他除了偶尔在会议上发表意见，还是专心于通俗体的研究。

1821年夏天，商博良愈来愈看好自己的研究路线，且完全沉浸于研究之中，在这期间英国发生了几件对他日后影响深远的事情。《绅士杂志》(*The Gentleman's Magazine*)报道,班克斯先生所拥有的一块埃及方尖碑,刚于戴福德(Deptford)顺利卸下,等着运往他位于多塞特郡(Dorcet)的家。这时,商博良的对手杨因岳母病重而缩短欧陆巡游的行程,约略在这同时回到英国。如果这块方尖碑未来到英国,商博良的破解大业可能要延迟好几个月才能成功;且毋庸置疑的是,在他破解之时,如果杨还未返国,那商博良因这项成就而招惹来的怨恨和嫉妒一定会少许多。因为杨后来就以自己与班克斯的关系,以及自己对该方尖碑的研究,大力抨击商博良及其作品,但事实上,杨的攻击论点不大站得住脚。

威廉·约翰·班克斯(William John Bankes)只比商博良大四岁,是多塞特郡温伯恩镇金士顿府的亨利·班克斯在世的长子。亨利·班克斯一直是大英博物馆的理事会成员,代表多塞特郡出任下院议员,威廉·班克斯则最后走上狂热搜集古文物之路。因"拿破仑战争"*,威廉·班克斯无法和一般人一样前往欧陆巡游旅行,改而在1810年代表康沃尔郡特鲁罗镇出任下院议员。但只当了两年议员,为了圆其远游之梦,他还是放弃了前程似锦的议员生涯,出游异地。将近八年后,才又踏上英国故土。威廉·班克斯在剑桥大学念书时与诗人拜伦结识,这趟远游他就带了拜伦写的许多推荐信上路。

班克斯首站前往西班牙,当时英国威灵顿(Wellington)将军正在这里打半岛战争,反击入侵伊比利亚半岛的拿破仑部队,而这里也是当时反法战争的主战场。他以私人身份随威灵顿前赴西班牙,然后花了一些时间在格拉纳达与吉卜赛人生活在一起。后来班克斯的注意力转到埃及和努比亚。1815年9月开始,他沿着尼罗河往上游走,最远达阿布·辛拜勒。瑞士旅行家布克哈特(Burckhardt)不久前才在这

---

* 指1799年至1815年间,法国在拿破仑率领下与英、普鲁士、俄、奥的一系列战争。——译注

里发现拉美西斯二世大神庙的主庙。大神庙包括一座主庙和一座小庙，两座均是凿空峭壁而成。要再过两年多，大神庙和其高大雄浑的雕像才会完全呈现在世人眼前，因为这时候它还有超过三分之二的部分埋在沙里，有些地方的积沙厚达十五米高。阿布·辛拜勒位于埃及与苏丹边界北方约二十公里处，从拿破仑远征队员最深入的地方往西南方走，还有二百四十公里远，当时此地一片荒凉，如今仍是如此。

班克斯北返途中，走访了菲莱岛以探索岛上的神庙遗迹。在古埃及神话中，菲莱岛是埃及众王之母伊西斯女神所居之地。岛上有座已倾倒的方尖碑，碑的附近有座结构体，可能就是该方尖碑的基座。班克斯对这遗址很感兴趣，事实上《埃及记叙》里有一幅版画已刊出此碑的坐落位置。翌年1816年，出身于意大利帕多瓦马戏团大力士的贝尔左尼，出面代表英国领事索尔特将这方尖碑据为己有，索尔特则将它转让给班克斯。法国领事德洛维蒂为此向英方极力抗争，但贝尔左尼最后还是把这块六米六高、重近六吨的方尖碑拖到尼罗河边。结果方尖碑还没运上船，码头就坍塌了，方尖碑差点掉进河里，最后贝尔左尼克服万难将它搬上船往下游运送。

不过基座因为太重，无法和碑身同船一起载运，只好把它留在尼罗河岸边。方尖碑身顺利运抵罗塞塔港后，却在这里滞留了好几年，直到索尔特的另一名代表将基座送到罗塞塔，才启程送回英国。1821年6月，碑身和基座搭着"快报号"抵达英格兰外海，但船离开埃及时，当地正在闹瘟疫，因此抵英格兰后还得在外海停留一段时间隔离检疫。最后碑身和基座卸下船，运到金士顿府，但由于运送途中已受损，两件古物便搁在这宅邸前面的草坪上。一直到1827年，威灵顿公爵来访，班克斯请他替石碑安个基石，此后方尖碑才重获重视。1839年这座方尖碑终于立了起来，但两年后，班克斯却因爆出人尽皆知的同性恋大丑闻，而不得不远走他国以躲避受审。

班克斯的这座方尖碑,四个碑面所刻的象形铭文和两个椭圆框中的象形文专有名词,原本字迹清楚,但因英国的气候长久侵蚀,如今已严重受损;另外基座上刻有希腊文,其中有托勒密八世和其妻克丽奥佩特拉三世的名字。托勒密八世为亚历山大人民所厌恶,有绰号名"Physkon",意为肚子肥大者。他于公元前170年起和哥哥托勒密六世共同统治埃及,七年后同意离开埃及,前去昔兰尼加(今利比亚)当国王,结束共治局面。公元前144年托勒密八世返回埃及,杀害埃及国王,也就是其侄子托勒密七世,还娶了大嫂克丽奥佩特拉二世为妻。两年后,未与克丽奥佩特拉二世离婚,又娶了克丽奥佩特拉三世,而这位新妻子其实是他的元配克丽奥佩特拉二世与他哥哥托勒密六世所生的女儿。

　　班克斯以平版印刷法复制碑上的希腊文和象形文,将之广为分送,杨就拿到了一份。其用来大量印制的印版,是根据这方尖碑最初在戴福德卸下时艺术家所绘的图样制成,而基座上的希腊铭文则是在它送抵金士顿府后,人员予以清理时才发现。同样有心破解象形文字的班克斯指出,碑上有个椭圆形框中的象形文字,和杨在罗塞塔石碑上鉴定为"托勒密"的那个字类似,并断定另一个椭圆形框中的象形文字应是指克丽奥佩特拉。基座上的希腊铭文虽然并非碑上象形文的译文,但其中含有这个人的名字,班克斯认为由此更可以做出如上推断。班克斯在商博良得出同样论断之前就已做出此重大推断,但未借出版将此发现公诸于世,只用铅笔在这平版印刷物边缘写上"克丽奥佩特拉"。他和杨等友人谈到自己的见解,但杨未能抓住机会进一步深究,而他把这归咎于某艺术家的笔误:

　　这座菲莱岛方尖碑的主人生性爱冒险而慷慨大方,他把碑上的图案用平版印刷法印制下来,送给了我一份,但偏偏就这么巧，他送给我的这一份，艺术家把克丽奥佩特拉这名字的首字母写成 T 而非 K，而我当时又没有闲暇拿这个名字和其他权威的资料细细比对。未能以自己编的字母表来分析它，我是觉得沮丧，但注意到字母表的构成步骤若非如我先前所说的一模一样，至少在根本上也非常近似，又让我很高兴。

班克斯发现了这个疑为代表克丽奥佩特拉的象形文字，但他和杨都未将此发现告知商博良，他们两人一贯不愿帮他。而杨还认为，除非有更多双语铭文为人所发现，否则无法有更进一步的发展。

1821 年 12 月 23 日，商博良三十一岁生日的这一天，他突然想起既然要比较通俗体、僧侣体和象形文，就应该分析罗塞塔石碑上不同碑文间的数目差异。他发现希腊语碑文有四百八十六个字，而象形碑文则有一千四百一十九个语言符号。他一直认为象形文字主要是表意文字，每个符号都代表一个意思，也就是代表一个字，但希腊文字数和象形符号数目间有如此大的差异，显然这一立论站不住脚。接着他致力于从这些象形符号中找出可能表达某意思的字组，结果找到约一百八十个字组，而这又与希腊语碑文的四百八十六个字相差太远，两者难以吻合。希腊文和象形文之间没有固定的数值关系，因此显然是象形文内部存有变量，也就是说象形文绝非纯粹或大部分由某种符号（表意或表音符号）所构成，而必然是由两种或更多种符号构成。商博良了解到象形文中必然至少有部分是表音符号，从此他抱持着比众多对手要弹性许多的研究态度，因为他迅速地体认到象形文字的书写系统其实很复杂。

至第二年元旦，商博良已把所有时间都用于比较分析通俗体、僧侣体、象形文三者，尽管还无法看懂这其中任何一种文体，他还是一直努力想将较晚出现的通俗体一个一个符号音译成较早出现的僧侣体，再将这僧侣体音译成象形文。他从这方法切入，用功愈深，发觉成果愈多，渐渐了解这三段碑文的意义、它们的作用方式、彼此间的关系。基本上，商博良是从整体宏观的角度来切入，检视古埃及语书写体系的各个面向，与只依赖罕有的双语文献来研究的杨大异其趣。杨一直希望只要能看懂一两个象形文字，其他的就迎刃而解。多年之后，英国埃及学家勒努夫（Renouf）爵士以如下句子扼要说明了杨的研究方法："他的方法很死板，就像有学童看到'Arma virumque'这句拉丁文翻译成'战争和这人'，就认为'Arma'意为'战争'，'virum'意为'和'，'que'意指'这人'。他的这种方法有时是对的，但更多时候会出错，而且除非有人找到正确的方法，否则没有人能分辨出他哪里对了，哪里错了。"勒努夫的例子正说明了语言的复杂，没错！拉丁文通常以"et"来表示连接词"和"，而"que"却可以加在词尾以强调语意，以上述例子来说，"que"就是用来强调"virum"这个字，而"virum"的意思才是"人"。此话语出古罗马诗人弗吉尔的著名史诗《埃涅阿斯纪》的开头第一句"我要说的是战争和这个人的故事"，这个人指的就是主人翁埃涅阿斯。商博良和杨在研究方法上的差异，决定了两人日后成就的高下，在许多研究者都使用和杨一样的方法时，只有少数人能像商博良一样了解这些文字和相关语言，而使用他这种方法的人除了他之外，更是绝无仅有。

　　一年之前，1820年至1821年间的冬天，有位名叫卡萨蒂（Casati）的先生（杨称其为"意大利投机者"）到埃及旅游，于阿拜多斯出土的某陶罐里发现了一堆纸莎草纸卷，其中以希腊文纸卷居多。这些纸卷抵达巴黎后，商博良发现其中一份以通俗体写就的纸莎草纸卷，其序文与罗塞塔通俗体碑文极其类似。他认出"托勒密"这个名字，猜测另一个写在椭圆框中的通俗体字指的应是王后克丽奥佩特拉。他运用前述对比文句的方法，将这个通俗体字音译成僧侣体字，再音译成象形字，如此得出一假设性的"克丽奥佩特拉"的象形文写法。接下来他要做的就是将它拿来和该名字的真正象形文写法比对，以确认他这套方法是否有用。

1822年1月，勒特隆纳拿到班克斯方尖碑文的平版印刷物，转给商博良过目。勒特隆纳（Jean Letronne）是古希腊语专家，也是商博良在巴黎求学时的同窗。商博良异常兴奋，立刻认出以象形文字写就的克丽奥佩特拉之名，因为这与他从卡萨蒂纸莎草纸卷中所推衍出的假设性象形文版本极近似。虽然只是证实了一个假设字，但这时他深信自己已走对路子，破解只是时间问题。将班克斯方尖碑上代表"克丽奥佩特拉"的象形文字与该方尖碑、罗塞塔石碑上代表"托勒密"的象形文字进行比较之后，商博良兴奋地发现，这两个名字所应共有的符号（即代表"p"、"o"、"l"的象形符号）的确大部分都位于该名字字母应有的排序上（即"Ptolmes"和"Cleopatra"）。他推断个别符号的音值如下：

□ = p	△ = c
⌒ = t	≈ = l
♌ = o	⎩ = e
≈ = l	♌ = o
⌒ = m	□ = p
⑃ = e	🦅 = a
∥ = s	⌒ = t
	⌒ = r
	🦅 = a

第六章 克丽奥佩特拉

两词中应相同的象形符号里，只有代表"t"这个音值的符号不同，因此他认为至少有 ⌒ 和 ⊂⊃ 这两种不同的象形符号同发"t"的音。他把这些象形符号称做同音字母，如此一来要了解象形文字更为棘手，但他并不因此而气馁，反而认为这些符号正足以说明古埃及文某些复杂难解之处。在"克丽奥佩特拉"和"托勒密"两词的象形文字中，都以躺下的狮子 ⨯ 这个象形符号来代表"l"这个音，商博良认为这是好兆头。他说孩提时就曾采用狮子图案作为个人的象征，预言"这两只狮子将帮助他这只狮子赢得胜利！"后来商博良的敌人指他是根据班克斯认出的"克丽奥佩特拉"这名字才能破解的；此时杨也令人难以置信地宣称，因为他的"激励"，班克斯才会认出这个名词，因此说到底，商博良的破解成就应完全归功于他。

商博良这时已确切地知道，托勒密王朝时代的埃及，是用表音的象形符号来拼写非埃及语的外来名词（如托勒密和克丽奥佩特拉），他指出："埃及人如果想表达外国名词中的某个元音、子音或音节，就会找某个象形字来指称，该象形字本身表达或代表某事物，而它的全部发音或前面部分的发音，含有所要音译的前述元音、子音或音节的音值。"这时商博良仍认为，以象形符号来代表个别的音是古埃及晚期的事，希腊人的托勒密王朝统治埃及之前，也就是公元前4世纪前，还没有这样的用法，不过这已让商博良在破解之路上有了坚实稳固的立足点。接着他破解的脚步将是跨大步前进，但他并不急于将成果公诸于世。仓促出版研究成果的苦果他已尝过，1811年出版《法老王统治下的埃及》中的《导论》就是一例；但含糊其辞的陷阱，还有待他日后亲身体验。3月，他在《百科评论》上刊出文章，说明班克斯的方尖碑及碑上的希腊文、象形文铭文，文章中只隐约提到自己的研究已有所进展，但并未透露进展的详细内容。而他原先所做的一些研究，这时已更趋精准，例如 ⑾ 这时音译为"ii"或"y"，而不是"e"；⌁音译为"i",而不是"e";◁通常音译为"k"或"q",而不是"c";虽然有同音异字的现象,但⌒和⌒并非绝对的同音字母(t),因为⌒通常音译为"d"。希腊名词"Ptolemaios"和"Cleopatra"在象形文字里最可能出现的音译,因而应该是"Ptolmys"和"Kliopadra",而这有助于后人了解古埃及语的原始发音。

商博良从托勒密、克丽奥佩特拉这两个名词研究出某些表音的象形符号后,就利用这套方法来研究托勒密王朝(即古罗马时代)文献中的其他名词,主要锁定《埃及记叙》已出版的书卷中所刊出椭圆框中的象形文字。他借此渐渐地推断出其他象形符号的音值,椭圆框中所出现的许多希腊裔和罗马裔的埃及统治者名字,也都顺利地得以破解。从公元前331年攻占埃及的亚历山大大帝,到公元61年死亡的罗马皇帝安东尼·庇乌斯的名字,也在破解之列。商博良还破解出以下两个字:

Autocrator　　　　　　　　　Caesar

"Autocrator"(希腊字,意为"帝王")和"Caesar"(西泽),都是古罗马时期的称呼,但他仍认为古埃及人是在公元前331年被希腊征服后,才将象形文字当作表音符号,以拼写这些名字和称呼,在此之前并没有这样的用法。这时期他面临的主要问题在于《埃及记叙》出版的整版插画有许多都不忠实,商博良因此不断地在这个问题上批评指点,丝毫未顾虑到可能伤人,结果令该书主编若马尔勃然大怒。

1822年1月,商博良除了在破解象形文字上有了显著进展,对于登德拉黄道十二宫图引起的争议,也终于忍不住被卷了进去。这座雕刻于该月抵达巴黎，非常轰动，在卢浮宫博物馆的短暂展出期间，连不知黄道十二宫图为何物或仅知其皮毛者均蜂拥而至，排队数小时，只为能看它一眼。全巴黎人"心里想的，眼睛看的，嘴巴说的，全是那个黄道十二宫图"，更别提还有那些声称对古埃及有兴趣的学者了。国王路易十八迫于大众的压力，以十五万法郎的天价买下了这幅黄道十二宫图，置于皇家图书馆，直到1919年才转至卢浮宫存放。后来一般大众的兴趣逐渐冷却时，学者反倒一改原来的温吞，变得自信满满，准备就黄道十二宫图的重要性、存在年代，以及它对确立古埃及年表的重要性推出学术论文，大展身手一番，先前引起天主教会严词反对的争议因此重新点燃。不久之后，众学者便百家争鸣，"见解非常多，全都很有见地，但也都差异极大"。

著名天文学家兼物理学家毕奥，同时也是商博良返回巴黎后结交的新朋友，他就对这幅黄道十二宫图的存在年代写下长篇大论。他首先确认这幅图上所雕刻的星体，根据这些星体在天上的相对位置，从过去星象变化中找出有此星象的年份，断定图上所绘是公元前716年的星象。商博良善意提醒他方法有错，但毕奥还是于7月陆续在铭文学会和科学会的会议上公布自己的看法；在同月稍后的日子，商博良在《百科评论》刊出一封信，彻底推翻这个观点。这幅雕刻上的图案和象形字组旁边往往都有个星形，毕奥推断这星形符号即是用来标示某个实际星体在天空中的位置，据此得出上述结论。商博良以精辟的分析指出毕奥的理论有漏洞，因为这理论无法解释所有标有星形的图案，其主星所构成的星图与黄道十二宫的星图完全不合。他认为这星形符号是"类型符号"（今称"限定词"），也就是限定这面雕刻上的这些图案本质的象形文字，或限定与这些图案有关的象形字组之本质的象形文字。因而，这些星形符号并非用来标示某实际星体的位置，而是用来指明这些象形文字所描述的事物是某星体或与"星"这个概念有关的事物，例如星座。"因此，登德拉铭文中的星形是每个字的最后一个象形符号，不能将其视为在呈现某星体的外形，而应视为象形文字里一个单纯的元素，也就是说那只是一种字母，而非某物的写真描绘。"

尽管这项推断当时并未受到重视，但商博良在象形文字的破解上却仍有另一项重大进展。杨已指出女神和王后的名字旁边，通常伴有意为"具神性的女子"的限定符号，而商博良也发现了另一个限定符号，并公开表示在罗塞塔碑文上找到另外几个限定符号；事实上不久之后，他还会发现更多。限定词在象形文字中自成一类，其功用在进一步确立象形字组的意义，认出这类符号，代表象形文字的破解往前迈了一大步。例如结合了 𓂡 此限定词的象形字组，就传达前进的意思，往往有跑或走的动作；𓀢 这个限定词意指"敌人"或"外国人"（古埃及人认为这两个词意思类似），象形字组的后面若附有此词，就表示字组的意思与敌人或外国人有关。敌人这个词以双手绑在背后的人形来呈现，源于埃及人的宗教信仰和巫术观念。他们认为咒语可赋予图画和雕刻生命，因而凡是具有潜在危险性的图像，都必须预先使之中和，以防范其危害的可能性。以本例来说，敌人就被画成无助的俘虏。限定词 𓅪 有时称做"邪恶的小鸟"，代表任何娇小、脆弱或邪恶的事物，因为在古埃及语里，这三个概念密不可分。

有些象形文字只当限定词用，但更多象形文字有其标准作用，偶尔才充当限定词使用。限定词的存在意味着新问题的产生，如果说某字组的意思必须加上限定词才易于了解，那就表示该字组可能不只是一个意思，而这正是商博良接下来所发现的。事实上，同一字组因所加限定词的不同，意思会有一百八十度的翻转。例如 𓆓𓏏𓄿 这个象形字组加上 ☉ 这个限定词后，成为 𓆓𓏏𓄿☉，表示"时间"，而它加上 𓀢 这个限定词成为 𓆓𓏏𓄿𓀢 后，却意味着"虚弱"或"跛行"。

在伦敦，杨自从于1819年底撰写并刊出那篇宏文后，对埃及文字的研究几乎谈不上有何实质性的进展，但他还是继续搜集材料，组成以复制、刊行象形文字为宗旨而不志在破解的小组织"埃及协会"。他仍然想拿到德洛维蒂双语铭文的复本，为此于1822年5月写信给盖尔："目前我一心一意在等德洛维蒂铭文，我在来航看过这东西，到手后才会刊出我翻译罗塞塔石碑的详细成果。"在巴黎，商博良继续致力于对埃及不同文字的比较，对通俗体的研究已接近完成，1822年7、8、9月均受邀赴铭文学会，发表多篇以僧侣体和通俗体为题的报告。这时他已完全掌握象形文、僧侣体、通俗体三者之间的关系，也就是僧侣体衍生自象形文，通俗体衍生自僧侣体，三者全都与某一语言密切相关（也就是说，这语言在过去岁月里已有重大改变），且语法大体相同，只要破解其中一文，其他两种就可迎刃而解。

尽管聆听他报告的听众里有许多宿敌和长期对手，但他的报告还是大获好评。在一次会议上，德萨西甚至站起来，大加称赞他的研究，令商博良又惊又喜。商博良在巴黎求学时很崇拜德萨西，后来这位师长因为保王派的政治偏见作祟，无视商博良的实际成就，处处与他作对，令他非常难过。与德萨西重归于好，他非常高兴，觉得自己前途一片光明，最终还是会获得学术主流的接纳。

一年多以来，商博良心无旁骛，埋头于破解象形文字，不过在这之前的两年多里，由于手头拮据和政治干扰，这方面的研究屡遭波折而断断续续地进行。如今尽管他还无法看懂通俗体、象形文、僧侣体的意思，但已能轻易将僧侣体音译为象形文，将通俗体音译为僧侣体。他认为在埃及先后被希腊和罗马统治的期间，埃及人以象形文字当表音字母来拼写外国人名和头衔，而他自信已认出许多这类象形文字，因而看得懂统治过埃及的大部分希腊和罗马君王的象形名字。去年12月，他将罗塞塔的希腊语碑文字数和象形碑文的符号数目进行对比后，他知道并非所有象形符号都是表意符号；而限定词的使用，则使他愈来愈明了同一个象形字组会有数种不同的意义。由于能将科普特语琅琅上口，凡是他想破解的字，他都有办法推断出其可能的意义，因为科普特字和两千年前的古埃及字发音很像，例如科普特语将埃及称做"*keme*"，古埃及语则称做"*kmt*"（发音类似"*kemet*"）；"好"的科普特语是"*nufe*"，古埃及语是"*nfr*"（通常念做"*nefer*"）。8月赴铭文学会报告获好评后，商博良信心大增。相关材料他已熟知于心，破解似已近在咫尺。凡是出现新的象形文献复本，他都不放过，必定好好研究一番，从中寻找与既有研究的相关之处，以找到破解象形文字的关键，而这不仅是了解埃及书写体系的关键，还是了解埃及历史的关键。

1822年9月14日，商博良起了个大早，急着要继续埋头研究，却从邮箱里收到数份阿布·辛拜勒神庙象形铭文的手绘复本，绘制者是最近才走访过埃及和努比亚，以描绘精确、注记可靠著称的名建筑师于约（Hoyot）。数年前班克斯往阿布·辛拜勒大神庙时，该神庙大半还埋在沙中，1816年承包商贝尔左尼花了数星期才清除数吨沙子，让大神庙的立门正面重见天日，后因经费花光而中断清沙工作。翌年回来，他又花了三星期，清除中央门道堆积的沙子，最后于1817年8月1日进入庙内，发现一间巨室，室内饰有精美的装饰和象形文字。令人叹息的是，第一位发现此神庙的布克哈特未及听到这个消息，就因痢疾病逝开罗，享年才三十二岁。

商博良在马札林路的阁楼书房里钻研这些图画，立即注意到椭圆形框中他从未见过的名字。第一张画里有⊙，而他立即认出第一个符号⊙画的是太阳。他知道在科普特语里，称太阳为"Re"或"Ra"，而这正好就是古埃及太阳神的名字。他根据自己先前的研究，知道最后两个符号‖‖，在托勒密王朝或古罗马时代的名字里音译为"s"，因此

第六章 克丽奥佩特拉

他研判这框中的象形文字应音译为"Ra…ss",但由于象形文字一般不写出元音,因此应音译为"Ra…ses"或许更合理。接下来他推断剩下的符号 如果代表"m",那么整个象形文字就代表"Rameses"(拉美西斯),而这正是希腊、罗马统治之前数位埃及法老王共有的名字。如今这个名字的通行拼法有"Ramses"、"Rameses"、"Ramesses"三种。这时他觉得破解就已近在眼前,心中喜不自胜,但还是担心自己这套体系无法解释所有象形文字。于是他又从阿布·辛拜勒手绘铭文中找来 这个象形文字进行研究。这回他仍是把 读做"mes",并认出其前面的符号画的是朱鹭。根据古代作家记载,朱鹭是透特神的象征,而埃及人称透特神是象形文字的发明者,书吏的保护神。因此此框中的象形文字读做"Thothmes",也就是今日更多人知道的古希腊语版"Tuthmosis",而这也是希腊、罗马统治前埃及数位法老王所共享的名字。杨在1819年刊于《大英百科》的文章,已在某个椭圆框中认出代表透特神的象形符号,并推断该框中名字就是"Tuthmosis"的名字,只是未以实例证明。商博良与杨不同,他立刻就看出此中潜藏的法则,而这法则使他过去数月一个个费力拼凑而成的破解体系获得了证实。

他反复检查自己的发现,确定没有错误之后才罢休。这时他心中欢欣无比,觉得应赶快将此重大突破告诉别人,赶快告诉哥哥,于是他抓起一把文稿,从阁楼上冲到街上,奔往不远处的法兰西研究院,该院雄伟的圆顶就耸立在前方的天际线上。见到院内的雅克-约瑟夫时,他已是上气不接下气,兴奋地高喊:"我找到了!"但还来不及细说找到了什么,就已倒在地上,仿佛死去一般。

第七章　结识国王

商博良发现了表音象形文字表，破解了象形文字中诸多埃及统治者的希腊、罗马人名，揭示了椭圆形框内法老王的名字所具有的宗教和巫术双重意涵……学术报告会上商博良恰巧坐在素未谋面的最强劲的对手杨身边，一时弥漫着紧张气氛。然而报告会后，对手和朋友都走向前恭贺他……研究和破解仍在继续，他们之间的竞争愈演愈烈。

据传商博良倒地之后，让人送回家中，在床上整整躺了五天。他一直处于类似昏迷的状态，直到19日晚上才苏醒。不过实情似乎是他一直处于受惊、气力殆尽的状态，唯有长期休息才能康复。20日他又重新开始工作，两天后身体已康复大半，已有能力赴铭文学会发表他最后一篇论通俗体的报告。在此同时，雅克－约瑟夫帮助他起草有关其惊人发现的研究报告，以便于该学会开会时提交，因为凡是要在该学会发表研究报告者，都必须事先写就，提交学会，以便印成平版印刷品，分送与会者。学术圈里所盛传的那件破天荒的大事就要发生了。1822年9月27日，星期五，那天上午阴云密布，雨幕茫茫。各领域的学术泰斗涌进铭文学会，聆听德萨西、若马尔等几位大师的学术报告，现场弥漫着紧张气氛。耐人寻味的是，这时碰巧走访巴黎的杨，也就是商博良素未谋面的最强劲对手，就坐在商博良旁边。杨在当周稍早参加了法兰西研究院科学会的会议，得知将有大事发生，于是赶来参加这次学术报告会，殊不知他就要亲眼目睹象形文某些主要法则公诸于世，自己的梦想也将破灭。

商博良豁然理解的法则，就是象形文字里的表音符号不仅只在古希腊、罗马时期用于拼写外国人名，在这之前也普遍用于埃及语的书写；在接下来的岁月里，他还会进一步充实这个法则。事实上，正如他日后将会确认的，象形文字的书写体系除了作为限定词等特殊用途的符号之外，主要由两大类符号构成，即表意符号和表音符号。这体系之所以复杂，就在于同一个符号的功用往往不仅只有一种，例如 🦆 可视为单纯的表意符号，其所表现出的形象就是该符号的意义，因而这个画着"鸭子"的符号就代表"鸭子"。但这符号也可作为表音符号，表示"……之子"的意思，通常见于 🦆（音"sa-Ra"）这个头衔符号中，代表"太阳神之子"；法老王名字前面常可见到这类头衔符号。此外，🦆 还可表示"sa"这个音，例如 🦆 这个象形字念做"saw"，表示"木梁"之意。数年之后，商博良为象形文下了简明的定义："这是个复杂的书写体系，是同时兼具表意和表音作用的文字。在一段文、一个短句甚至一个字里，都可能同时出现这两种作用的符号。"

商博良虽然发现了象形书写体系的根本语音法则，但还是误译了他在阿布·辛拜勒椭圆形框中最早见到的其中一个符号，即 𓄟。他认为该符号单纯表示"m"这个音，但其实应念做"ms"（通常拼写为"mes"）。发现该错误的是德国埃及学家莱普修斯（Richard Lepsius），他比商博良年轻二十岁，生日正好比商博良晚一天。以 𓅝𓄟 这个字来说，此人名照直译似乎应拼为"Thoth-mes-s"，但其实最后表"s"音的这个符号是个"语音补足符号"，用来表明它前面的符号应以"s"作结。语音补足符号常添加在含有两个或三个子音的象形文字上，例如表示"ms"（即"mes"）的 𓄟，以及表示"ntr"（即"neter"）的 𓊹。

用做语音补足符号的象形字，都是单子音符号，例如表示"s"的 𓊃 和表示"p"的 ▫；在克丽奥佩特拉这种非埃及人名中，商博良首先认出的就是这类象形字。今人替古埃及表音象形文字分类的方法之一，就是根据各字所含的子音数目，而区分为单子音类、双子音类、三子音类。古埃及人没有字母表的概念，但单子音符号的作用类似字母，是象形文字中最常见的符号，总共有二十四个，其中有两个含轻读子音或半元音。

符号	所描绘的物体	相近的现代发音
	兀鹰	混合了 a 和 h
	开花的芦苇	i 或轻读的 y
	开花的芦苇丛	y 或 ii
	前臂	类似 a 的喉音
	小鹌鹑	w 或 u
	脚	b
	凳子	p
	角蝰	f
	猫头鹰	m
	水	n
	口	r
	芦苇编的藏身所	发软音的 h
	亚麻编的烛芯	刺耳的 h
	胎盘（?）	刺耳的 ch（/k/）
	有乳头的动物肚子	发软音的 ch（如德语里的 ich）
或	折好的布或门闩	s
	池子	sh
	山坡	q 或 k
	有把手的篓子	k
	罐子基座	发硬音的 g
	面包	t
	拴绳	tj 或 tsh
	手	d
	蛇	dj

这些单子音表音象形符号，有许多用来拼写外来语，例如"Ptolemy"（托勒密）这个字中，以▢来拼"p"，以⌒来拼"t"，因此我们可以推断出其原始发音。埃及语中没有的语音，则以发音近似的符号来充当，例如𓅱这个双子音符号，含有一个类似"ua"（或可能含有类似"what"中的"wha"）的音，于是这符号就用来代表"Ptolemy"中的"o"音；而很可能是念做"ba"的𓃀，则用来代表"Berenice"（贝丽奈西）的"B"。"Ptolemy"中用来表示"l"而最为商博良中意的卧狮状符号𓃭，其实是个双子音符号，这符号因含有类似"ru"这个音，而常用来拼写古埃及语里所没有的"l"这个子音。

9月27日的铭文与文学学会会议，终于轮到商博良上台发表这次会议的主要论文。报告结束后，他立即将这篇论象形文字表音符号的论文扩充为出版物，正式致函该学会终身书记达西耶先生。这篇标志着埃及学重大进展的报告，如今就简称为《致达西耶先生信》。令人纳闷的是，商博良是在阿布·辛拜勒铭文的手绘复本中，发现拉美西斯和图特摩西斯的名字，进而断定埃及人在古希腊、罗马时期之前，就已将象形文字当表音符号来使用，但他在学会的口头报告和后来的出版物中，都对此只字不提，反而只以不大肯定的口吻表示，在埃及，表音式象形文字可能在古希腊之前就已在使用，而未举实例来证明这一观点："因此，先生，我认为埃及人运用表音符号来书写，已有相当久远的历史；表音符号最初是表意符号里的基本部分，后来有人用它来音译表意文句（大体上可以这么说）里出现的外族、外国、外国国王、外国人的专有名词，公元前6世纪埃及遭波斯王冈比西斯侵占后，就是如此处理外来名词的。"这时的商博良或许还未准备好，而仍不能全盘托出所发现的体系，但至少他已透露许多自己的研究成果，包括在格勒诺布尔研究时所得出的不少成果，以及9月14日早上发现并获得确认的成果。阿布·辛拜勒的新象形文献，无疑是颗定心丸，让他不再犹疑，终于可以确认自己走对了路。经过这么多年的努力，曾数度陷于绝望边缘，现在猝然破解，心中的震惊却使他不支倒地。如今确认其研究成果确实无误，他才放心说出埃及人用哪些表音象形文字来拼写统治埃及的希腊人、罗马人的名字。他还以亚历山大大帝、无数的托勒密国王和克丽奥佩特拉王后、提比略（古罗马皇帝，公元14年至37年间在位）、图拉真（古罗马皇帝，公元98年至117年间在位）、哈德良（古罗马皇帝，公元117年至138年间在位）等许多人名为例，以象形文和译文两者对照的方式，具体说明他的体系可行。但直至此时，关于僧侣体和通俗体，商博良还是说自己很希望"证明这两种文字都不是表音文字……而是表意文字，就像道地的象形文字（与他心目中的表音象形文字相对立）一样，也就是说语言符号是用来描绘语意而非语音的。"这段话显示出他仍未弄清楚表意符号和表音符号之间的相对关系。

商博良为何没有进一步表露自己的研究成果，日后学者对此有诸多揣测，但从当时情况来看，自他突然弄明白象形文字的运作法则后，只有一个星期时间来撰写报告（9月22日完成），以赶在27日会议之前印出。而且他昏倒之后身体仍未完全康复，又要费心撰写、发表该报告，根本没时间去细心探索此发现背后的意涵，甚至还担心此番公布研究成果是否失之草率。事实上，仅仅发表表音象形文字表，破解象形文字中诸多希腊人、罗马人的名字，就已令学术界震惊。发表报告后，与会学者，包括如今已是他的朋友和支持者的德萨西，以及最强劲的对手杨，纷纷走向前恭贺他。

商博良以二十年的执著与努力，不畏这期间所遭逢的种种困厄，才有如此成就，而今，千百年来无人识读的三千年人类历史文献，不久之后就要在他手中解开，这是何等伟大的成就。于是，立即就有人将这项发现通报法国国王，不久后报纸也刊登了这个消息。由于民众对登德拉黄道十二宫图记忆犹新,这个消息一刊出立即大为轰动,传遍全巴黎。商博良所公开的诸多成果中,有一项成果埋没于众人的兴奋中,只有少数人注意到,它一举解决了登德拉黄道十二宫图的年代争议。事实上,他先前于《百科评论》刊出信函时,就已找到这个争议的答案,只是当时按压未发,如今才一并公布。这时他证实了原在黄道十二宫图两侧的象形铭文中,框在椭圆形框内的那个名词是希腊字"Autocrator","皇帝"之意,它使用于古罗马时期。更早之前,杨由于方法呆板有误,而将此框中的名词误解为"Arsinoë"(阿尔西诺伊)。商博良在致达西耶这封信中写道:"我刚解读出的这个框中的象形文字,无疑证实了此浮雕和环形黄道十二宫图,系埃及人在罗马人统治时所刻。"若非其他成果的掌声盖过了这项发现,它本身就可以引起轰动,因为它结束了学术圈关于此黄道十二宫图的年代争议,证实了它根本不可能有数千上万年历史,也就不可能因此而挑战圣经的世界源起观。

这次会议之后,杨透过两人共同的朋友阿拉戈(Arago)的引见,正式和商博良认识,翌日早上,杨就前往马札林路拜访商博良,结果发现那里门庭若市,人声鼎沸。从杨的信函可清楚看出,截至目前为止,他仍未能充分体认到他心目中的"年轻助理"商博良在破解象形文字上的惊人成就。他心里仍认为多亏自己在这个领域里的耕耘,才使得商博良有今日这番成就,因此他起初还很大方地赞扬商博良,甚至在给友人的私人信函中都未掩饰此意。例如这时在那不勒斯王宫当部长的汉弥尔顿(William Hamilton),就收到杨写来的这样一封信:

> 如果他(商博良)真的从英国人那儿借到了一把钥匙,而这个锁头已锈迹斑斑,那么他若非出类拔萃之人,是不可能转得开的……他以我断定为"表音"符号的那几个象形文字为切入点,

据此推断至少在古希腊、古罗马时代，就有相当多的象形文字扮演字母的角色，用以拼写外国语中的专有名词……你很可能会认为，以我这个如此坏脾气的人，怎么可能会为商博良的成就而欢欣鼓舞，但由于一位年轻助手，一位在埃及语的诸多方言上比我还精通的人，加入我的研究领域，似乎确实让我的生命获得延长。我衷心期盼他的成就能自其同胞和政府那儿得到应有的肯定。

接下来数天，这两大劲敌多次会晤，气氛融洽，商博良还大方地拿出许多他搜集的文献给杨看，并费心替杨复制了一部分以通俗体写就的卡萨蒂纸莎草纸文献。商博良正是因为卡萨蒂先生发现的这些纸莎草纸文献，得以在无意中破解克丽奥佩特拉这个名字，而杨对此文献也曾留下如此评论："历来学者研究过如此多手稿和铭文，这是第一次从中发现可理解意义的符号。"商博良也在阿拉戈陪同下，走访杨在巴黎的住所，并结识了杨的太太。两人承诺愿与对方交换数据，彼此情谊似乎已是确定。然而好景不长，不久之后，杨写给友人葛尼（时任国会议员兼伦敦古文物协会副会长）的信中如此说道：

商博良，也就是你带给我的那本书的作者，一直勤奋不懈地在研究埃及文字。他的全部时间都牺牲于对破解的追求上，从他手头上的某些文献，得出非常出色的研究成果……这里面有得益于我或可能得益于我之处，但他愿意对此表白到何种程度，我并不是很清楚，但世人必会说道：*que c'est le premier pas qui coûte*（这是关键的第一步）。而事实上这句俗语放在这里极不贴切，因为在这件事情上，每一步都是步履维艰。我在英国有许多东西想拿给商博良看看，但我猜他的盘缠大概很有限，因而没有让这些东西获得更进一步探究的机会。

杨明知道自己解错了不少字，但仍觉得商博良之所以有这番成就，最大的功劳还是在自己所辨认出的那几个象形文字。

商博良完全未察觉到杨心中已萌生敌意，只为自己的成就和所获得的肯定高兴万分。这时他写了封信给在格勒诺布尔的泰弗内，语气兴奋："在这个研究院（的铭文学会）的演讲非常成功，我在象形文字上的发现得到了一致的肯定与好评，我所得到的赞誉比圣母院的钟楼还高。"在给时任皇家图书馆馆长的大舅子昂德烈·布朗的信中则写道，他的发现引起震惊，赢得了掌声和赞扬，"而给我掌声和赞扬的人中，甚至还包括那些因政治立场不同而拒绝与我往来的人。"

接下来几个星期，他全用来整理报告以供出版，这时铭文学会成员的喝彩声仍回荡在他的耳际，而他也乐观地认为自己的成就获得了肯定，未来是一片坦途。他在写给泰弗内的信中表露出他仍未消退的欣喜之情："每个人都一再告诉我，这学会只要有空缺，就一定留给我。事实上我已经笃定认为这一定会应验。一路走来所不得不面对的障碍和阻挠，终于因为我这重大一击而悉数敉平。"他在这学会的报告于1822年10月底出版，取名为《就表音象形文字的字母表致达西耶先生信》，以小册子的形式出版，共有四十四页内文和四页整版插图，出版者是法国首屈一指且是国王御用印刷业者的费门迪多。

相对于商博良的欣喜若狂，杨则日益感到理想的破灭和绝望。两人在巴黎数次会晤之后，商博良寄了两本刚出版的个人著作《致达西耶先生信》给杨，并附上一封友好的信。接下来几个月，两人交换数据，书信往返，信中气氛友好。但就在和其对手保持礼貌性的往来之际，杨心中的妒意从未有一天稍减。商博良在这本著作中仅提到杨两次，杨因此觉得未获得应有的赞誉，特别愤慨。第一次提到杨是在论及罗塞塔通俗体碑文时，他说他这方面的研究"首先得归功于……德萨西先生，接着是……已故的奥克布拉德和杨大夫"。第二次提到杨是在探讨"贝丽奈西"这个名字时。在这之前杨已为文讨论过此名字，而商博良此次提到杨时，对杨着墨更多。商博良指出"b"这个字母是以描画为碟状的符号来代表（但今人认为此画的是烧着香而冒烟的碗），这个碟状物称为帕泰拉，并加了一个冗长的注解说明杨的谬误之处：

> 无疑地，杨大夫就是借助这个符号，也就是画得有点像篓子的符号，在这个的确含有"Berenice"之象形名的椭圆框中，认出该名字。但这位英国学者认为，构成这些专有名词的象形符号可以表达出全部音节，进而认为这些符号是类似画谜*的东西，并以"Berenice"其象形名的第一个符号为例，认为该符号就代表音节"BIR"，而这音节在古埃及语（科普特语）里就意指篓子。从这样的观点出发，他探究"Ptolemy"和"Berenice"这两个名字时所用的语音分析法，也就大大变了调。他的确从这两个名字认出了四个符号的音值，分别是"P"、"T"的一种、"M"的一种以及"I"，但他所找出代表音节的字母，全部只建立在这两个名字之上，因而无法一体适用于埃及古迹上所铭刻无数以音译表示的专有名词。不过杨大夫一直在英国研究古埃及文献，类似我多年来所从事的工作，而在罗塞塔石碑中间段（通俗体）铭文和象形铭文，以及在我已确认是僧侣体文字的手稿上，他的研究有一连串重大贡献。

商博良接着提到杨在《大英百科》刊出的文章，此后书中再也没有提到杨本人。商博良在书中对杨的确少有称颂，但至少他在探讨与

---

* 画谜（rebus），以画代表字或字的音节的谜，如画一只眼睛（eye）代表 I，画个心形代表 love，等等。——译注

登德拉黄道十二宫图有关的那个框中象形文字时，未提及杨将"Autocrator"解为"Arsinoë"的错误。

杨认为商博良之所以有这番成就，他的研究发现是重大关键，但商博良在书中对他的贡献却只是寥寥带过，为此杨非常生气，并毫不掩饰地表露出自己的不满。商博良于铭文学会赢得众人掌声之后不到一个月，杨的几位朋友就建议杨应该就象形文字写一本通俗书籍，且不要像以前大部分作品一样匿名出版，而要名正言顺地挂出自己的名字，以扬名立万。起初杨毫无意愿，但就在这时发生了一件事，让他改变心意，这件事就是有人发现新而重大的纸莎草纸文献。牛津大学学院的研究员兼旅行家葛雷（Grey）自埃及返回英国，把一箱纸莎草纸文献借给杨，这些文献全是葛雷于将近四年前，在上埃及的底比斯从一位阿拉伯人手中买来的。杨开始整理这些文献，只细究那些以希腊文写就的纸莎草纸文献，结果发现一个天大的巧合，这正是以通俗体（晚期埃及语）写就的卡萨蒂纸莎草纸文献的希腊语译本，而商博良就是在这卡萨蒂文献里找到"克丽奥佩特拉"的名字。

> 因而，我不得不断言，因为非比寻常的机缘巧合，我已拿到非常珍贵的文献。这份文献不仅极可能是历史上前所未有，而且是历经近两千年岁月而仍保存完好，却竟为我所知。这份非比寻常的文献，能安然来到欧洲，来到英国，来到我手中……若是在其他时候，别人大概会拿此大作文章，一口咬定我已变成埃及巫师。

除了德洛维蒂那已磨损的双语石碑，这是自发现罗塞塔石碑以来首次有通俗体和希腊文两种版本的同段文字为人所认出；而德洛维蒂的双语石碑此时作为个人收藏，而且撒丁尼亚－皮埃蒙特国王正在洽谈要将它买下，因此被冷落在里窝那。这份纸莎草纸文献的内容同样很特别，主要是说某公墓祭司拿要替某些木乃伊所做的部分仪式，跟另一位祭司做买卖。1822年11月底，杨非常兴奋地写信给朋友葛尼，说道："我已略胜商博良一筹"，至于德洛维蒂石碑，他表示："即使德洛维蒂的黑石碑沉入热那亚湾的深处，我一点儿也不觉可惜，现在我连出十英镑买它都不大愿意。"

商博良浑然不知杨满肚子的怨气，只顾着充实自己的研究成果，忙着研究所能取得的每个象形文字。最初他专攻统治者的名字，之所以如此，不仅是因为由椭圆形框就可轻易断定框内象形文字是人名，还因为只要确认历任统治者的名字，就可以得出作为建构埃及历史基础的一个重要的架构。古埃及的统治者是国王，但在埃及人民心目中，他们还是半人半神，其角色与埃及宗教有千丝万缕的复杂关系。埃及人认为，埃及国王是神所生，是神派到地上的代表，死后就成为神。如今大家都把古埃及国王叫做"pharaoh"（法老），"pharaoh"一词源自希腊人对▱（"per-aa"，意为"大屋"）这个象形文字的翻译。这个象形文字可以指"大屋"，作"宫殿"意思解，但也用来表示"伟大的统治王室"这样的习惯用语。至公元前1500年时，▱此象形文字已用来指称国王本人。

商博良之所以能从一个个文字中挑出法老王的名字，就在于这些名字都框在椭圆形饰框里，而这个椭圆形框之所以叫做"cartouche"，源于拿破仑埃及远征军士兵所取的名字。士兵见到这框形符号，认为外形很像弹壳，而法文的"弹壳"就叫"cartridge"，因此而得名。⬭这个椭圆形框符号衍生自⊙（太阳所围绕的万物），后来为了有较大的空间容纳法老王的名字，而由圆形变成椭圆形。椭圆框符号事实上是指由双重绳圈打成的一道环，且绳的两端打成结，以形成连续不断的环形。古埃及语把椭圆形框称做𓍢（shenu），衍生自"围绕"这个字。最初它可能是指名字框在椭圆框内的人，就是太阳所围绕之万物的统治者。Ω 和 ⬯ 这两个符号都是永恒的象征，将其框住名字之后，椭圆形框符号就成了护身符，保护名字在这框内的人。名字是人生命中不可或缺的一环，如果人名未被写在任何一处，这个人就不可能在死后的世界继续存活。为了彻底消灭某人，有时会将其名字擦掉，而"丧失名字"是古埃及犯严重叛国罪者所受的惩罚之一。将法老王的名字写在椭圆框内，具有宗教和巫术双重意涵，一则保护法老王，再者确保他永远存活，这其中流露出的情感比现代人所喊的"吾王万岁"还要浓烈。

商博良已知道椭圆形框往往成对出现，框中指的是同一法老，也知道有些椭圆框内不仅含有法老王的名字，还含有该法老王的尊称。杨则走入歧途，误以为成对的椭圆形框，一含有国王的名字，另一含有国王父亲的名字，未能体认到成群出现的椭圆形框，其实都只是在表达该统治者的名字和头衔。事实上，法老王的名字和头衔演变到公元前两千年之后一段期间，每个法老王都是由五个名字组成独一无二的全名，这五个名字中有些由数个要素构成，但只有两个会放在椭圆形框中。一个是法老出生时取的出生名，有时又称"第二名字"；另一个是登基时取的登基名，有时又称"第一名字"。代表出生名的椭圆形框前面会有 🦆（音 Sa-Ra）这一象形符号，意为"（太阳神）拉之子"，借此凸显法老王的神籍出身；代表登基名的椭圆形框前面则会有 🌿🐝（音 nesu-bity）这一象形符号，字面意义为"莎草和蜜蜂的拥有者"，引申为"二元国王"之意。这个头衔的意涵相当复杂而广泛，反映了埃及所具有的强烈对比特性，比如农地和沙漠，但一般来讲，着重在表现上埃及和下埃及政治上的二元对立特性（因为莎草是上埃及的象征，蜜蜂则是下埃及的象征），而将这象形文字诠释为"上、下埃及的国王"。另外三个名字，也是在法老王登基时取的，但都是尊称，用以凸显法老王的权力无边和所具的神性，算不上是真正的名字。这三个名字分别是荷鲁斯名，此名前面会出现荷鲁斯神的象形名🦅；奈布提名，有时又称"两女士名"，此名前面会出现🪱此象形文字，代表上埃及的奈赫贝女神和下埃及的瓦杰特；金荷鲁斯名，此名前面会出现🦅此象形文字，音"*Hor nebw*"，即"金色荷鲁斯"之意，此象形文字代表"金制荷鲁斯"。

此命名体系发展成熟之后，法老王由五个名字组成的全名可能变得很长，以图坦卡蒙的全名为例，正常情况下是以如下顺序铭刻的：

🦅𓂀𓏏——荷鲁斯名：Ka-nakht tut-mesut，意为"强壮的公牛，切合神所创造的形体"。

🪱𓂀𓏏𓏏𓏏𓏤——奈布提名：Nefer-hepu segereh-tawy sehetep-netjeru，意为"法律的动力，平靖两地之人，让所有神祇息怒之人"。

🦅𓂀𓏏𓏤——金荷鲁斯名：Wetjes-khau sehetep-netjeru，意为"展示王权之人，让所有神祇息怒之人"。

𓇳⊙𓂀——登基名：Nebkheperure，意为"太阳神的庄严现身"。

𓅱𓂀𓏏——出生名：Tutankhamun heqa-iunu-shema，意为"阿蒙神现世的化身，上埃及赫利奥波利斯城的统治者"。

图坦卡蒙的出生名是个特例，因为他出生时取的并不是此名字，而是𓇳𓂀𓏏图坦卡顿（阿顿神现世的化身），后来才改名为图坦卡蒙。替他取这名字的是"异教"法老阿肯那顿，阿肯那顿只祭拜阿顿神，而非埃及的所有神祇，因而有异教法老之名。

每个法老由五个名字所组成的全名各不相同，但事实上，通常只靠放在椭圆形框中的两个名字就足以区别彼此，甚至出生名相同时亦然。例如公元前1500年左右统治埃及的法老王图特摩西斯一世，出生名是◻◻（Thothmes），意为透特神（Thoth）所生，与继位的法老王图特摩西斯二世，出生名完全相同。但图特摩西斯一世的登基名是◻（Akheperkare，太阳神的灵魂是伟大的），图特摩西斯二世的登基名则是◻（Akheperenre，太阳神的形体是伟大的）。◻◻和◻◻之间虽然只有细微的差别，但已足够区别图特摩西斯一世和二世。

　　为了让自己的体系更臻完善，大幅超越椭圆形框和其相关文字所能提供的讯息，商博良必须尽可能研究更多的象形文献，而他也深知有许多最好的资料，甚至应该说大部分的资料，都位于英国而非法国。英国驻埃及领事索尔特四处搜罗埃及古文物，然后卖给大英博物馆和私人收藏家，等于是将埃及古文物输入英国的代理商。法国驻埃及领事德洛维蒂也扮演着古文物代理商的角色，但他所搜罗的古文物在法国找不到买家，他的重要收藏自杨于1821年在里窝那见识之后，仍放在该地，且这时他正准备卖给撒丁尼亚－皮埃蒙特国王。在英国，许多上面写有象形文字的古文物，包括许多纸莎草纸卷，此时都是经杨过目之后再转入私人收藏者手中的。具有讽刺意味的是，杨空有这汗牛充栋的资料，却都看不懂。商博良则在巴黎四处搜寻未曾见过的象形文献，最后得知有一笔重要收藏在杨的朋友班克斯手上。但班克斯很不屑让商博良看到他的收藏，其原因可能是为了挺朋友杨，也可能只是因为不喜欢这位法国人，或因为商博良运用了他那座刻有克丽奥佩特拉椭圆形饰框的方尖碑，而心生不满。

　　碰了一鼻子灰后，商博良只好在1823年1月某天清早来到拍卖行，趁众买家还未到之前，他连忙抄下某些拍卖品上的象形文字。一位前来抢拍的绅士注意到商博良誊写起象形文字来，快速而又有自信，于是和他谈起埃及文物收藏，特别提到眼看即将落脚意大利而非法国的德洛维蒂收藏品。商博良感受到对方的坦诚，自己也卸下拘谨，谈起德洛维蒂的收藏品对历史迷雾的揭开和古埃及语的进一步了解有多么重要。他抨击法国政府肯花十五万法郎买登德拉黄道十二宫图，却不愿出钱买德洛维蒂的收藏品。

尽管登德拉的黄道十二宫图轰动巴黎，但它比起德洛维蒂的收藏，根本是微不足道的小玩意。一般不具专业眼光的人无法体会这批收藏品的重要。商博良的概要说明，加上坦然表白自己的主张和学问的渊博，令这位绅士大吃一惊，绅士随即表明自己是布拉卡（Blacas）公爵。布拉卡·多尔普对考古，特别是东方的考古兴趣浓厚，本身虽曾是贵族，也是忠贞的保王派，与商博良的政治立场差异极大，但他观念开明，许多极端保王派，也就是让商博良吃了许多苦头的那些人都视该公爵为敌人。大革命后，布拉卡离开法国，在英国当军人，和日后将接任法王的路易十八一同流亡该地。王政复辟后，路易十八任他为国王院的第一绅士，倚为国政顾问。布拉卡即是此时法国最有影响力的人物之一。

这次偶遇是商博良人生的一大转折点，他的表现令布拉卡大为折服，也赢得了布拉卡的支持。布拉卡随即向国王提起商博良，而尽管商博良过去反对君主制，且未将其伟大的研究成果献给国王，而是献给达西耶，路易十八还是采纳布拉卡的推荐，赠予他一只金盒，以嘉奖他的成就，金盒上面刻有文字"国王路易十八特赠此盒予商博良先生，以表彰他对象形文字字母表的发现"。布拉卡将这只盒子亲自送给商博良，强烈暗示他未来若有新的研究成果，只要表明献给国王，就可以受到国王的保护。

商博良渐渐地了解到自己的科学成就只能赢得口头上的赞美，经济困境并未因此而有相应的改善，于是那种突然间破解象形法则之后，整个人改头换面的狂喜，渐渐趋于黯淡。他仍没有有薪的工作，仍是一贫如洗，身体孱弱，原本预期会伴随而来的名利双收，似乎只是梦幻般的泡影。他的敌人起初因他如此大的发现而震惊得不知如何是好，但此时已恢复神志，开始想办法攻击、贬低他，而布拉卡则适时给了他支持。攻击商博良最有力的是仍在主编《埃及记叙》的若马尔。但他不公开站出来批评，而是透过在巴黎学术圈的友人，暗指商博良其实什么都没完成，象形文字仍未破解。他竭尽所能破坏商博良的公信力，凡是和他说上话的人，他都指说商博良从未去过埃及。还有几位对手的看法和若马尔大同小异，他们不相信自己不得其解之处已由商博良破解，反而还认为这问题尚未解决，而商博良则是剽窃了他人成就而已。

但比这些敌人还更麻烦的是他的某些新盟友。商博良已证明，登德拉黄道十二宫图的年代比先前所认为的还要早许多，因而圣经年表有误的观点也就失去了佐证。此举不仅令若马尔更为敌视他（因为若马尔认为此黄道十二宫图已有数千甚至上万年历史），还替他赢得教会许多教士的赞誉，成为天主教教条的捍卫者。一直以来，商博良都把登德拉黄道十二宫图问题视为科学研究来看待，因而围绕在这问题上的宗教偏见令他非常恼火，为此他写信给老朋友泰弗内抱怨道，他实在受不了被视为"教会之父"和"信仰堡垒"，厌倦于萦绕在自己四周的"神圣气味"。

商博良深知自己在法国有许多敌人和自己不想要的新盟友，但说到英国的杨，他还是认为杨认同他的观点。这其实大错特错。1823年初，《评论季刊》就刊出了一篇匿名文章评论商博良的《致达西耶先生信》，文中将僧侣体和象形文之间关系的发现归功于德萨西，将象形文字字母表的开始编订归功于奥克布拉德，至于商博良的成就，则认为他只是进一步发展了杨的象形字母表。这篇评论的作者就是杨，而商博良也认出是杨所写。在此同时，该杂志预告杨将推出一本新书，书名具挑衅意味，名为《谈谈最近在象形文献和埃及古文物上的一些新发现，包括本文作者原创、后来为商博良先生所扩充的字母表》。

商博良既生气又伤心，于1823年3月23日从巴黎写信给杨，驳斥这篇匿名文章的主张，同时佯装不知该文是杨所写：

> 我刚读过……某人对我《致达西耶先生信》的分析，对我表音象形文字字母表的评论。凡是读过它的人，反应和我一样，都要高声抗议该文作者的无知或不实。与我所编订的字母表有关的论据，都是众人皆知、非常公开化的；而各学者在这个主题上做了多少次尝试，也非常明确。因该文作者试图将明显属于我的东西送给别人，而作出轻率的论断，我只能予以公正的谴责。要说通俗体与我所谓的僧侣体，这两者与象形文之间的关系之所以为人所发现，得归功于德萨西先生，而这一点没人晓得，德萨西本人尤其无法理解这一说法，因为他出版的著作里从未触及这个问题。该文中论及奥克布拉德先生在罗塞塔象形碑文上的成就，而作者对此的论点无人可以理解；文中所宣称已因他字母表之助而看懂的名词，包括其他象形铭文或其他纸莎草纸文献内的名词，一样无人可以理解。该文中还有数个更为离谱的论断，同样令人无法理解……至于文中所称我的发现无法一体适用于所有象形文字，（铭文）学会自有定见，不久之后，知识大众也会确信我的字母表是解开整个体系的真正钥匙。在同一份杂志中提到你将出版一本书，书名里说字母表的原创者另有其人，不是我，我只是将该字母表扩充而已。除了我所编订的字母表，我不相信这世上还有其他原创性的字母表，问题的症结在于，怎样的字母表才是真正的象形文字字母表。随着其他主张受到公开检讨，此领域的学者也将愈来愈能获致肯定而一致的意

见。因而我要回复前述那篇文章的匿名作者……我深信你不会认同该匿名作者的主张。在我心目中，你是高风亮节之士，因而我毫不迟疑就想将自己对此问题的观点说与你知道。

杨声称那篇匿名文章并非他所写，但凡是不偏袒于他的人（甚至某些偏袒于他的人）都清楚地了解商博良已完成一破解体系，而杨只译出几个符号，而且其中有正确和错误之处。《评论季刊》预告后不久，杨的著作就问世了，书中将象形文字字母表的发现归功于自己，挑衅意味十足。此次出版他极难得破例挂名出版，但并未因此而消减其批评的火力，反而是利用此书尽情宣泄心中的不满。他认为商博良这个法国人就是利用他所建立的坚实基础，才能有今日这番成就；而有了成就后却未对此予以适切的肯定，更别提表彰他自认为应有的贡献：

> 如果说有哪个外国人，根据我平日默默耕耘、不辞劳苦所打下的基础，而仅仅踏出一步，就突飞猛进，立即获致丰硕的成果，在这同时又不否定得之于前辈的恩惠，而不管在任何情况下，都非常自然地、毫不夸张地甚至非常完整地列举出这些恩惠，老实说这并不容易做到。

不过，杨对这位"外国人"的成就，怨恨之深不仅于此，因为他认为商博良是欺世盗名之徒，踩在他身上而有今日的名声。杨出版《谈谈最近一些新发现》的主要目的，是为了将新发现的、与卡萨蒂通俗体纸莎草纸文献相呼应的纸莎草纸文献公诸于世，同时证明象形文字之所以能破解，关键全在他一人。因此他在书中谈到自己对罗塞塔石碑和其他通俗体纸莎草纸文献的研究，论及商博良在他心目中所扮演的角色，提出许多论点与批评，却伪称自己的方法已证实可行："他的

《致达西耶先生信》已出版一段时间,我的确曾期待从中发现我所研究的年表有更为清楚的叙述……我至为高兴,无比感激,接受商博良先生提出的结论,而他可能不是以取代我体系的方式,而是以全面证实、扩充我体系的方式,获致这些结论。"杨一直深信,商博良的成就有许多地方得归功于他的研究,并认为自己破解了九个字母,而商博良认为他只破解了四个字母,杨为此愤愤不平:

> 但不是商博良所惠赐给我的四个字母,而是我在这本论著中的某章里所指出的九个字母。事实上,我在"补编"这篇文章的多个地方已具体列出这九个字母,而他肯定就是在这之上再加上三个新字母;如果他决定把E视为第四个,那就是加上四个字母。我想B、L、S有时是可以拿来当音节使用的。

杨显然不知道,如此斤斤计较于自己所认出的象形文字数目,即使是九个而非四个,也只会损害自己的公信力。

杨的著作不仅令商博良大为恼怒,还令他体悟到自己的发现仍受到强烈的质疑,当下决定不应再审慎自持,而必须将更多的研究成果尽快公诸于世,更多地到学院演讲。如此的决定显示出他愈来愈有自信。他已着手将《致达西耶先生信》中所提出的破解方法做更为全面的阐述,并已开始撰写以埃及男女神为题的著作。这本著作将列入以小册子形式出版的《埃及诸神》系列丛书中,他希望这个系列推出后,读者的订购能为他带来一些收入。该系列的第一本小册子于1823年7月出版,至1824年底又陆续推出八本,此后该系列各册的出版变为不定期。该系列书内含美丽的彩色整版插图,系由他的友人狄布瓦根据所能取得的有限神祇图画制作而成,每幅插图都附有相关的象形文字。由于此系列在他进一步阐释其破解方法之前即已出版,该系列的前几本书便成了敌人攻击的目标，这些敌人认为商博良对埃及男女诸神的解释不尽可信。

1823年8月底，商博良将其《埃及诸神》系列的第一本小册子寄给杨，在附信中说道：

> 出版这套书的目的，在于弄清楚埃及史迹上所呈现的各个神话人物，区分他们的异同，而无意去探讨他们象征性意涵的底蕴。这只是识别出至目前为止仍如迷宫般难以捉摸的埃及众神，其余部分还有待我们在象形文字的法则上真正取得进展才能解决。

杨的反应是表面上冷冷表示赞许，实者意在贬低。他写信给自1820年就一直居住在意大利的友人盖尔爵士说："商博良寄给我他的《埃及诸神》系列的第一号作品。这个系列应该会是套很重要的收藏，但他似乎过于仓促。他替这些神祇所添加的象形文字不够多，事实上与这些神祇一起发现的象形文字不止此数，因而读者无法对作者有意给他们取的名字表示任何看法。"

杨表现出气势汹汹的样子，不停地为自己的象形文字研究辩护，变得不耐烦于这个问题。9月他写信给盖尔，谈到他无意再出版以埃及为题的著作，其原因包括经费问题、缺乏新的资料，以及"商博良已研究得如此透彻，不会再有重大挫败。基于这三项理由，我现在认为我的埃及研究已走到了尽头"。接下来几年，他数次表明类似的念头，但他尽管无意再认真研究象形文字，却从未停止挖苦、怨恨商博良。

此后直至1823年底，商博良都埋头于撰写《埃及诸神》系列的小册子，以及扩充、修订自己破解体系的解释。后一努力的成果就是出版了《古埃及象形文体系摘要》（以下简称《摘要》）一书。而在12月此书快要完成时，商博良透过国王跟前的红人布拉卡爵士的关系，希望能亲自呈献给国王。为解决合适的象形文不敷研究的问题，商博良也决定到意大利一趟，研究德洛维蒂的收藏（这时放在都灵）和其他几处收藏（如罗马梵蒂冈的收藏）。意大利因为这几处收藏，而成为埃及之外象形文献最丰富的地方。商博良必须花点心思，以从国王那儿得到这趟旅行的赞助，而长期贫困使经费赞助成为他的根本要务。布拉卡本人也很愿意替商博良在国王面前说情，但布拉卡也有政敌，这时他又正好病倒，失宠的谣言随即传了出来。

趁着布拉卡不在朝，朝廷里的政敌便把订购《摘要》由豪华版改为平价版，此一举动令商博良觉得布拉卡似乎确已失势。这时离商博良宣布自己的发现而名声大噪已过了一年，他的经济状况并没有明显改善，身体还是一直很差，于是其乐观开始转为绝望。这时，格勒诺布尔发生了几件事，但都无助于提振他的心情。他的妻子罗津此时有孕在身，已在格勒诺布尔待了一段时间，以照顾她父亲。但她父亲还是在1824年1月去世，而她始终未能拿到嫁妆。父亲死后，兄弟们为分家产而起了争执。当时也在格勒诺布尔的雅克－约瑟夫虽然支持她分得家产，但她最后似乎还是什么都没拿到。商博良的经济困境显然无法从他太太家里获得纾解。这时商博良心情抑郁，身体愈来愈差，写信给哥哥谈到编写《摘要》一书的过度辛劳所给他带来的伤害："我的头痛、耳鸣嗡嗡的响声，更为恶化，不分白天和黑夜都缠着我。常常痉挛，注意力无法集中超过十五分钟。我认为健康恶化的原因在于《摘要》整版插图的制作，为此我得弯腰工作一个多月。"为了不让妻子太担心，他还写道："没必要把此事告诉罗津，告诉她……一切都还不错。"

雅克－约瑟夫于1月底回到巴黎，正好赶上陪弟弟前去看朗格雷最后一面。垂死的朗格雷曾教过商博良波斯语，后来关系破裂，不过他死前不久又与商博良言归于好。朗格雷近日来对他的支持，令他觉得两人过去的仇恨已微不足道。离别时气氛非常感伤，朗格雷于1月28日撒手人寰。所幸布拉卡的病并不严重，也不是长久不愈。病愈后返回朝廷，失宠的谣言随之不攻自破，但要扭转其政敌已做出的决定并不容易。布拉卡想方设法要替商博良找个合适的机会，好让他可亲自呈送著作给国王，《摘要》的正式出版因此延后。1月中旬，《摘要》一书就已备妥，随时可上呈，但上呈时间一再延后，不过商博良还是很乐观，因为他觉得布拉卡似乎很有信心，最后必定会说动国王，支持研究意大利境内埃及古文物的计划。即使国王未同意赞助，布拉卡也已答应会担负此计划的所有开销，因而商博良带着益发昂扬的心情，筹划、准备即将到来的意大利之旅。雅克－约瑟夫大力参与行程的规划，和商博良两人写信给各个朋友和熟人，请教他们在意大利研究什么最好、该如何进行，因为布拉卡需要一份详细的行程规划，好呈递国王，以便向国王争取经费。

由于不断地继续破解铭文，此时商博良解读铭文已驾轻就熟，而他娴熟的科普特语这项最接近古埃及语的语言，也是胜过别人。破解象形文时，他会先以科普特语字母，将象形文音译为科普特文，接着将科普特文翻译为法文便不是太难的事。商博良发觉运用这种两阶段破解法，比起同时要破解象形符号并将埃及文翻译为法文更容易，也更精确。但这种方法并非万无一失，因为科普特语与古埃及语迥异，就像英语或法语与拉丁语差太远一样。大家或许可以从法文的"*plomb*"（铅）推断出拉丁文"*plumbum*"的意思，或许可以从英文的"lake"推断出拉丁文"*lacus*"的意思，但由于语言都是与时俱变，这并非绝对管用。如今埃及学家仍使用两阶段法，也就是在将古埃及文翻译成英文或法文之前，先将各象形符号一一音译为字母，但这种字母体系具有额外的音标以涵盖该字母表所没有的语音。例如音译为 hmt-ntr，意为"女祭司"。

商博良如此多年来用心学习科普特语，现今证明确实很受用。2月时他写信给在都灵的科斯塔伯爵，提到自己在象形文字研究上的进展："我所有成果都建立在古迹的研究上……只要这古迹具有其中一个宗教符号或具有埃及语铭文，对我就绝不再是毫无意义的东西。"科斯塔是撒丁尼亚－皮埃蒙特派出的大使，曾和商博良在格勒诺布尔共事，还曾提供他教职，请他到都灵教授历史和古代语言。这时商博良已迫不及待地想到都灵，以参观德洛维蒂在当地的收藏。商博良心知即使有国王路易十八的经费支持，仍可能不够，因而在同一封信中问科斯塔，意大利政府是否愿意支付他在都灵期间的开销，而回报就是赠送一份经过系统化整理的德洛维蒂收藏目录。对他而言，到意大利一睹这些史料无比重要，为顺利成行，他想尽各种办法。

经过几个星期的耐心观察，布拉卡终于找到机会向国王提起商博良，并安排他于3月29日面见国王。商博良带了一本《摘要》呈给国王，两人谈了很久，但终究没向国王提起到意大利研究之行，因为朝廷里也在流传有关他的谣言。商博良的保王派敌人再度给他抹黑，而且抹黑奏效，让国王下令再调查他的过去。好在有布拉卡反驳这些谎言和诽谤。4月，他还将商博良和雅克－约瑟夫编写的意大利行程计划和此行的好处呈递国王，结果国王立即下令交办，予以必需的经费支持。商博良得知后欣喜若狂，布拉卡还锦上添花，说估计商博良抵达意大利时，他将已走马上任法国驻那不勒斯的大使，到时邀请商博良到当地一游。

《摘要》顺利上呈国王，商博良便可以自由刊印该著作。1824年4月中旬，该书终于上市销售。这本书花了很大篇幅说明他在《致达西耶先生信》中已提出的观点，推出后同样引起轰动。这是一部很了不起的著作，书中反映了他在象形文字上最新的研究成果，内容广泛。

书的前言写道，他所编订的语音字母表，"其第一个成果就是一举确定埃及各古迹的先后存在年代……（但这字母表的）重要性不止于此，因为它在某些方面对我而言，已成为大家所通称的破解象形体系的真正钥匙。"商博良花了许多篇幅交待破解的过程，指出杨的谬误之处以及他自己获致的成就。接下来再解释各象形符号的意义、为何做如此解释，探讨国王和一般人的人名、统治者的头衔、无数椭圆形框中象形文字的意涵，探讨僧侣体、通俗体、非表音象形文字（今称表象文字和表意文字）等数种书写形式，概述象形文字的文法。

同时《摘要》一书也论及象形符号的数目："著名的乔治·佐埃加……搜集到九百五十八个他认为差异相当分明的象形符号，但我认为这位丹麦学者所认为不同的符号，其实往往只是某符号无关紧要的变体……因而我所得到的数目只会比佐埃加少。"商博良得出的总数是八百六十四个，但现今一般认为，象形符号最初有约一千个，公元前两千年左右时减为七百五十个，在相当于古希腊罗马时代的托勒密王朝时，又增加到数千个。

学界对《摘要》的评价褒贬互见，商博良的敌与友在此方面立场泾渭分明。但撇开这小圈圈不看，他的成就是全国性的大事，原因之一就在英国反商博良最力，而英国又是近来法国的大敌。经历过拿破仑时代的苦难和持续对民族自尊的打击，法国人这时亟需抓住自身的成就来肯定自己，于是法国人寻求肯定的心理全部投射到商博良身上。由于《摘要》一书，商博良再度成为巴黎的名人。他的身体仍不好，因而雅克－约瑟夫竭尽所能保护他，替他接待无数来访的询问者和仰慕者，替他传达口信，而这时商博良正专心准备他的意大利之行。

凡是曾帮过商博良的人，都会收到商博良寄赠的《摘要》一书。这些受赠者不少，其中包括奥尔良公爵路易－菲力普。他和商博良都是亚洲学会的创会会员，商博良就在那时与他结识。路易－菲力普支持商博良向来不遗余力，也深知他的成就背后所代表的深远意涵。一年前该会召开第一次大会时，时任荣誉会长的路易－菲力普发表演说，为议程揭开了序幕。他在演说中如此肯定商博良的成就：

> 发现象形文字字母表如此出色的成就，这不仅是发现它的学者的光荣，还是国家的荣耀！看到有个法国人，开始识破古时只有某些有见识的信徒才获告知的奥秘，看到有个法国人，开始破解这些所有现代人都急切想知道其意涵的象征，人人无不感到骄傲。

5月，商博良的意大利之行已一切准备就绪。而在此前阿尔卑斯山区遇上了难得一见的严冬，山口要道仍遭封阻而不得通行。在巴黎，朝廷政局并不稳定，而布拉卡又即将前往那不勒斯，商博良很担忧敌人占上风，他的意大利之行不能成行。由于现在有钱又有闲，可前往英国一游，他于是抓住机会和雅克－约瑟夫同往伦敦，主要目的是观赏大英博物馆中的收藏品，但最重要的，还是去仔细瞧瞧罗塞塔碑文真迹，毕竟多年以来，他一直想得到这碑文的精良复本都不能如愿。这趟远行势必不能在外待得太久，因为须在布拉卡启程前往那不勒斯之前返回法国，动身前往意大利。商博良对英国的观感，现仅存有一份文献可资说明，那就是在这之后两年都灵的埃及博物馆馆长圣金提诺所写的一封信。圣金提诺向来站在反商博良的一方，为了给商博良抹黑，他写信给杨说道："……商博良先生有一天跟我说起他的英国之行，说到大英博物馆时，他告诉我，英国人是野蛮人。"

第八章　大师的秘密

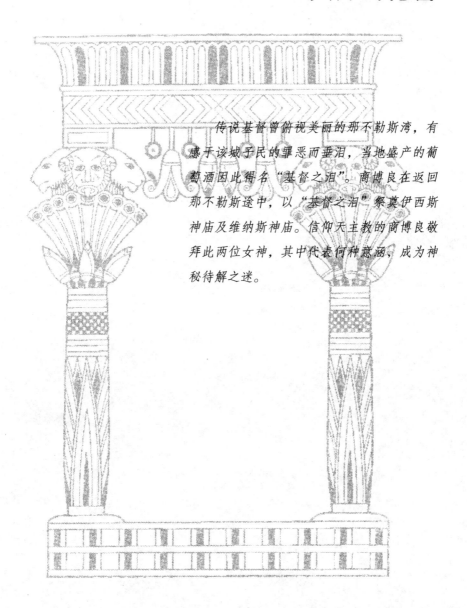

传说基督曾俯视美丽的那不勒斯湾,有感于该城子民的罪恶而垂泪,当地盛产的葡萄酒因此得名"基督之泪"。商博良在返回那不勒斯途中,以"基督之泪"祭奠伊西斯神庙及维纳斯神庙。信仰天主教的商博良敬拜此两位女神,其中代表何种意涵,成为神秘待解之谜。

1824年5月底商博良从英国返回巴黎，心里盘算着最好偷偷地溜到格勒诺布尔，在那儿等待阿尔卑斯山脉的塞尼山口重新开启，以便使朝廷里的敌人察觉不到自己已经离开，而人便已在意大利。商博良抵达格勒诺布尔，当地老友把他当作英雄一样欢迎他，两天连续不断地聊天、询问、庆祝，弄得他疲惫不堪，于是他决定前往格勒诺布尔南方维夫村的雅克－约瑟夫住所清静一下。这时他哥哥家由他大嫂佐埃一手掌管。商博良回家与妻子罗津团聚，首次见到3月1日出生的女儿佐拉伊德。佐拉伊德出生时，他正困在巴黎，每天准备着等待布拉卡传来口信，好带着作品晋见国王。

　　他在维夫村过了几天闲适恬然的生活，轻松惬意地陪着家人，没有任何压力，唯独埃及、埃及历史和象形文字，未曾一刻离开他的脑海。这样的好日子过了不到一个礼拜，就有消息传来山口已经开放，于是商博良在6月4日启程，经阿尔卑斯山区，三天后抵达都灵。对于阿尔卑斯的山路，他觉得路况极好，但在给哥哥的信中也写道，这山路开在"可怕的悬崖边缘，白天天色总是不够亮，无法替步履沉重的公共马车带路"，因而坐着如此笨重的公共马车下坡时，心里总在担心驾驶会不会控制不住。时任撒丁尼亚－皮埃蒙特王国国务卿的科斯塔伯爵，无法在他抵达都灵时迎接他，但他还是受到热情接待，并被安排了临时住所。6月10日科斯塔抵达后，坚持要商博良和他同住。这时允许商博良研究德洛维蒂收藏的官方许可书已下达，而他也准备妥当，要在都灵的博物馆实现自己的梦想。

他写信给雅克-约瑟夫，提到他对德洛维蒂收藏的第一印象："我要用该国的一句话来形容，那就是 Questo e cosa stupenda（实在是不可思议）！"各个房间摆满了以绿、灰、黑、玫瑰色等各色花岗岩雕刻而成的巨大雕刻，表面都已细细抛光，且刻有铭文，但这些铭文比起数量庞大的纸莎草纸文献只是小巫见大巫。商博良快速审视过这些收藏，当下即明白将有一项重大的工作等待他去完成。摆在眼前的这大量文献，都是他可以轻易破解的，从中他会读到不知名的国王、奇怪的葬礼、外交信函、古埃及老百姓所写的信件，而这些老百姓写的信件，内容就与他平常写给亲友的信件没有两样。这仅仅是世上的一笔收藏——只是沙漠中的几粒尘沙——意大利内外还有其他收藏呢！还有埃及本土的！撇开其他地方的收藏不谈，光是这里的收藏，穷一生之力也不可能究尽，那是何等巨大的工程。光是将这些古物里蕴涵的浩瀚数据全给印下来，就得花费很大的工夫。离开都灵前，商博良写信谈到，与其假手他人失准的复制品，不如直接检视真迹文物，才是应走的研究道路：

> 我了解自己该走的道路，也知道步伐稳健地行走于这片如此新奇、如此丰饶的领地，自己还有哪些法门可用，但我不知道的是，光靠一个人的热情和一生之力，是否足以肩负起如此巨大的事业。但无论未来怎样，我都要继续我的研究，并追寻古迹原件，因为古迹原件是我可以遵循而又不至担心会阻碍自己前进的唯一指南。过去十年，我就因为埃及委员会的大作《埃及记叙》里所刻印的铭文不精准而停滞不前。

从此之后，商博良不仅出于兴趣而投入研究，而且为担负起重大的责任而研究。目前他是唯一看得懂这些文献的人，他必须将它们翻译出来，好让其所蕴涵的讯息为大家所用，此外他还得解释其破解方法好让别人了解，尤其是要将他最新的方法和成果公诸于世，以让这些方法和成果尽可能普及。

见到这些丰富的收藏品，商博良振奋不已，他立即开始有系统地考察这些文献。这时他的身体难得有了起色，一直以来令他苦不堪言的耳鸣（他称为"器乐音乐会"），似乎随着越过阿尔卑斯山而得到痊愈。在都灵所受到的热情招待、帮助，包括许多义工替他铸模、印制铭文，帮他誊抄文献，也令他受到鼓舞。在这批收藏品中，石碑虽然只占其中的一小部分，它却提供了极其丰富的信息。其中有一座已毁损的双语石碑，也就是杨曾努力想获致其碑文复制品而不可得的那座石碑。商博良先前曾推断恺撒里翁，也就是恺撒大帝与克丽奥佩特拉所生的儿子，曾与母亲克丽奥佩特拉共同摄政统治埃及，而该石碑上的铭文恰恰证实了他的这项推断无误。碑上有两段意义相同的文字，分别以希腊文和通俗体撰写，此外碑上还残存一些象形文字，这些铭文都有助于他验证自己的破解方法。但与其他石碑不同的是，这碑文的内容谈的都是无关紧要的事情。倘若杨真的抄下这些碑文，肯定也无助于他找到梦寐以求的破解之钥匙。

这时候，罗塞塔碑文对商博良已没有用处，他甚至从没有想过要将碑文翻译出版，一直到数十年后才有人花如此大的工夫做这个事情。罗塞塔石碑上有三段意义相同的铭文，其中一段以象形文字写成，此碑之所以重要，就在于它似乎提供了象形文字的破解之钥匙，因而受到万方瞩目，引发象形文字研究的新热潮。事实上罗塞塔碑文的用处有限，因为其上的象形文毁损严重，这一点商博良在其《致达西耶先生信》中已经提及："罗塞塔碑文的象形文，本可以大有助于这项研究，但因破损，只能提供托勒密这样一个名字。"尽管该碑文令研究者大失所望,尽管其他铭文和纸莎草纸文献更有助于象形文字的破解,但从它成为各有志破解者的注目焦点起,直至今天,它都是名声最响的有力象征。只要谈起象形文字,一般人最常想起的就是这块石碑。

商博良转而研究德洛维蒂收藏品中的埃及艺术品,开始解读其上的铭文,找到了三十多位法老王的真正形象和名字。哪个法老像叫什么名字,他都已弄清楚,从此他发现埃及艺术并非如他先前所想的那么因循旧制、不求变化。有些法老雕像的表现手法的确是遵循传统,但也有些雕像力求写实。他猛然意识到站在某些雕像面前,就等于是站在数千年前统治埃及的人面前;尽管雕像上的铭文不长,却都提供了意想不到的成果,证明埃及艺术品作为历史文献,比古希腊或古罗马所制的艺术品要有用得多。过了一段时日,他写信给舅子,信中仍洋溢着对这批绝妙收藏品的着迷之情:

> 不妨想象我置身在五十多座埃及雕像之中,雕像上刻满了具重大历史意义的铭文,想象我置身在两百多份以象形文字写就的手稿中,想象我置身在二十五至三十尊木乃伊中,想象我置身在四五千尊小雕像中,而且这些雕像几乎都刻有可让我采集到甜美成果的铭文,然后每个小时,甚至每一分钟,都在我自己的掌控之中。自6月20日开始研究我那不幸而古老的埃及所遗留下的如此神奇的古物起,我整天待在这里,但初见时的兴奋如今还未消失……我的一生几乎就全要在死人堆中,在扬起历史积聚的尘土之中度过。

埃及艺术品上如此简短的铭文竟蕴涵如此丰富的讯息,令商博良无比惊喜,但他不以此而满足,立即将注意力转到那数量庞大的纸莎草纸文献上,开始研究文献中以僧侣体和象形文字写成而长度更长的字句。有些纸莎草纸两面写了不同的字句,甚至纸页边缘还有草草写下的注记。埃及人称纸莎草纸为☒☒(纸莎草纸卷),这种纸以纸莎草制成,而过去埃及低浅平静的沼泽地里,纸莎草生长非常茂盛。埃及人用这种植物来制成多种物品,从草鞋、篓子到小舟都是,但用来制纸的是此植物的茎。纸莎草采收后,将茎按需要的长度切下,去掉外皮,将茎的芯削成或剥成条状,一根根地并排在一起,然后在其上面再铺上一层,使上下两层的茎条呈直角相交状。接着从上用力压或捶打,将植物内含的黏性物质压出来,干燥后所有茎条就粘在了一起,成为比今日书写信稍厚的纸莎草纸,供书吏书写使用。

书吏工作时常使用的一组非常基本的文具,名叫☒☒☒(书吏的调色盘)。其使用的笔以芦苇秆制成,制作方式是将芦苇秆末端磨散,成为像刷子状而非尖突状的书写工具。一般都用黑色或红色墨水来书写,但在文中画插图时则会使用其他颜色的墨水。墨水做成硬块状,放在狭长形调色盘的凹洞里,调色盘通常是木制的。书吏用墨时并不是将墨块调成液状蘸着用,而是将芦苇笔往水里浸润,然后在墨块上刷一下。为了方便,纸莎草纸都卷成滚动条,可以绑起来封好。纸莎草纸卷通常存放在木箱子或陶罐中;篇幅长的文章,如故事,需用上好几卷纸莎草纸写,这类书牍就可能用自己的箱子或罐子来存放。

商博良检视这些纸莎草纸文献后发现,其中许多上面写的是用以超度死者安入冥世的咒语,今日谓之"亡灵书",但有一份是墓穴平面图,图有部分毁损。古埃及的墓室平面图存世的极少,而这一份以一比二十八的比例画成,部分标有长宽高,是现存最详细的王室墓穴平面图。商博良将其与《埃及记叙》中的诸王谷插图相对照,断定这是拉美西斯三世墓室的平面图,不过后来考证是拉美西斯四世的墓室平面图。

商博良在都灵仔细检视这些纸莎草纸文献,有条不紊,有时还需耐心地将残片凑拢才能识读,如此过了许多天,得知原来在这博物馆另一个地方还存有更零碎的纸莎草纸残片，馆方认为它们"没有用"，所以没拿给他看。11月初，他写信给哥哥，信中透露了他见到这些残片心中的震惊：

> 走进这间我后来称之为"历史陵墓"的房间，见到一座长十英尺的桌子，桌上全部给纸莎草纸碎片所盖住，堆了至少有半英尺深，我当场呆若木鸡，难过无比。*Quis talia fando temperet a lacrymis*！（说到这种事，谁能不潸然泪下！）为了让自己想开一点，我首先假设自己所看到的不过是四五百份丧葬用的手稿，然后我才有勇气去浏览这世上最浩繁、最不成形的史料。但看到手上那片标有法老王阿门诺菲斯－孟农二十四年的碎片，我的伤口又迸裂了开来。从那时刻起，我就决定一块一块检视这凄凉桌上大大小小的残片。

这些纸莎草纸之所以如此残破不堪，大部分是因为运送过程中照顾不周所致。在埃及的气候下，纸莎草纸极耐用（现今已确定年份的最古老的纸莎草纸已有近五千年历史），但只要照顾不周或受湿气侵蚀，脆弱的纸莎草纸很快就会变成零落的碎片。另一个问题来自易碎的纸莎草纸卷一打开会破碎，因此目前多所博物馆里还存有许多未打开的纸莎草纸卷，等待新的纸卷打开技术研发出来，再揭开其中的秘密。

商博良开始梳理这些"无用的"纸莎草纸碎片时，已在都灵待了五个月。在这期间，他每天从早忙到晚，没有一天休息，如此过度操劳，让他的身体再度受损伤。随着冬天来临，加上整个秋天都灵因洪涝不断而湿气浓厚，他出现了风湿、发烧、头晕的症状。前来这个博物馆参观的游客愈来愈多，他的处境更是雪上加霜，因为他觉得不能拒绝游客的要求，于是放下手边的工作，解说馆里的收藏。虽然进度比预期要慢很多，但他还是拼出许多片纸莎草纸，弄清其中含义，而发现许多不可思议的内容：

> 我看到在我手中展开的卷轴里已完全为世人遗忘的历史年代及名称，看到已有一千五百年未享有祭坛的神祇名字。我将这些纸莎草纸小碎片收集到一块，由于深怕把它们弄碎，收集时几乎不敢呼吸。这些碎片是某国王留给后人最后且唯一的回忆，而这位国王生前居住在凯尔奈克壮阔的宫殿里或许还觉得狭促。

于是，他就在这数千件文献的残片中，找到一些令他想一探究竟而无比兴奋的碎片。经过八天的搜寻，他终于凑出五十件手稿，并把这些手稿称为"国王名册"，如今则称为"都灵国王名册"。

这份"国王名册"是拉美西斯二世在位时（公元前1279—公元前1213年）的纸莎草纸文献，列有在他之前的历任埃及统治者的名字，但已残缺不全。德洛维蒂最初拿到这些文献时，大体上似乎还很完整，列有约三百名埃及统治者的名字，但从埃及运到意大利的途中发生了碎裂，一些手稿遗失。这份纸莎草纸文献不仅列有其他名册上常给删除的外来统治者的名字，还精确地记载了各统治者在位的年代。商博良知道，这份国王名单有助于了解埃及的早期历史，有助于确立埃及的年表，无比珍贵，虽然他彻底地搜寻过，但这些文献还是有一部分找不到，这使名单出现了缺漏。他觉得每个缺漏之处都是他生命里的椎心刺骨之痛。他在写给雅克-约瑟夫的信中如此谈到这心痛的感觉："坦白地说，做学问以来我觉得最遗憾的事情，就是发现这手稿如此残破不堪。我永远无法抚平这伤痛，那是一个长久流血不愈的伤口。"

在都灵，商博良几乎每天都写信给哥哥和朋友，还写了两封长信给赞助人布拉卡公爵，说明他的发现。第一封谈的是埃及艺术，并于1824年7月在巴黎出版。商博良原本打算写成书信系列陆续出版，但最后只出版了两封，第二封于两年后出版。就在他继续埋头于这堆纸莎草纸，而变得极善于识读僧侣体文字（象形文字的书写体，这些文献大部分以此字体写成）之际，有消息传来说另有一大批纸莎草纸文献已抵达里窝那的隔离检疫站。这批文献属于英国驻埃及领事索尔特所有，打算求售，但法国政府对于购买这批文物的态度令商博良失望。他写信给哥哥道，据他所知："这批埃及古文物最终可能落在任何地方，但就是不会落在法国……圣马力诺共和国的首都不久就会有一座埃及博物馆，但我们只会在巴黎有一些零落分散的收藏。"他还收到更令他不安的消息，那就是他的新赞助人路易十八国王已于9月16日去世，阿图瓦伯爵已继任国王，是为查理十世。阿图瓦伯爵比其兄弟路易十八更反动，一直以来都是极端保王派力挺的核心人物，而过去商博良从极端保王派那儿就吃了许多苦头。但毕竟路易十八已不计较商博良过去的反君王制立场，善意相待，还资助他赴意大利，因而他还是有可能和新国王搭起类似的友好关系，更何况在大家心目中，查理比起其兄弟路易更关心科学计划，也不那么吝啬。因此商博良决定不妨乐观以待。

商博良在都灵还碰到了某些麻烦，因为他和博物馆馆长圣金提诺之间的摩擦愈来愈大。按理圣金提诺是该博物馆的老大，但商博良身为专家，名声大，而又备受好评，几个月来几乎成了这个博物馆的负责人，因此，他们之间的不和大概是不可避免的。商博良只专注于自己的研究，有什么意见就径直说出，常常未顾及圣金提诺的感受，而圣金提诺则担心自己的职位不保，怨恨这位有强大靠山的外国人掣肘。

1825年1月，商博良心知还有工作没有完成，但还是觉得应该到意大利的其他地方去看看，打算过后再回都灵完成尚未完成的工作。圣金提诺和其支持者见机不可失，打算整理馆中的德洛维蒂收藏品，写成目录，好让商博良没理由再回来。圣金提诺的反对者不满此举，大力推动商博良加入都灵学会。1月中旬，他和雅克－约瑟夫双双获得一致推举，成为该学会会员。3月初商博良终于离开都灵前往罗马，中途短暂在米兰、波隆纳等地方停留。他迅速检视了这些地方的埃及古文物，并抄下文物上的象形文字。十天后，也就是1月11日早上六点终于抵达罗马，由于一路上大部分时候都是大雨滂沱，加上落脚的旅店设备简陋，睡不安稳，抵达时疲惫不堪，他的手脚都肿了起来。尽管如此，他还是兴奋难抑，就像所有首次踏上罗马的游客一样，登记完旅馆的住房手续后，便立刻出门去游览这个城市。他在写给雅克－约瑟夫的信中如此自白："我往圣彼得大教堂直直走去。心想自己胃口正好，必然得从最精致的菜开始吃起。抵达此大教堂后，我心里的感受实在是笔墨无法形容。我们是法国的可怜虫，我们的古迹放在罗马这些雄伟建筑旁边，只会让人觉得寒伧。"接着他快速参观了罗马市，特别记录下所见到的方尖碑和其他埃及古文物，午夜之后才回到旅馆。他写信给哥哥描述这一天心中的喜悦，最后写道："这是我在罗马的第一天，永难忘怀的一天！"

这一晚他睡得很好，是他离开都灵后第一次有个好眠，但第二天一早他的脚仍是肿的，几乎无法下地，还好有个朋友把马车借给了他。接下来四天，他走访朋友和熟人，尽可能走遍罗马的名胜古迹。他心知时间和金钱有限，又赶紧上路往南，以和这时在那不勒斯担任法国大使的布拉卡会面。经过如此多日的赶路，以及在罗马短暂而忙乱的停留，商博良觉得很需要休息，而尽管必须履行多项社交义务，他总算首度得以摆脱在都灵那种每天不断检视埃及艺术品和文献的日子。

目前他的主要工作就是为那不勒斯新国王弗朗西斯一世所拥有的卡诺卜瓮和其他埃及文物写一篇报告。他多次应邀觐见伊莎贝拉王后，向她解说他的象形文字破解之道。此刻他的地位和第一次受邀解释其方法之时大不相同。随着他的声名日益远播，很多人见到他，就嚷着要这位已掌握象形文字之谜的人给他们解说象形文字。

商博良决心利用这短暂的停留，把那不勒斯好好看个够，于是他走访了还在挖掘的庞贝遗迹。公元79年维苏威火山爆发，火山灰和熔岩埋没了这座罗马城镇；就在他来访之前三十年，维苏威火山也曾爆发，熔岩幸未流向庞贝，而是注入海里。他在给哥哥的信中谈到这新出土的遗迹如何令他震惊：

> 4月1日这一天，像一分钟飞快逝去。要清楚地描述这里的所见所闻，得用上一本书的篇幅。我走访了市场，赶去看了古罗马广场，在墨丘利、尼普顿、丘比特、黛安娜、维纳斯等神庙里念诵主祷文，在伊西斯神庙冥想良久，然后搞不清楚是亵渎还是神圣，前往两座剧场，待没多久便离开了，好及时赶到竞技场……最后我冲着跑过好几条街，进入一处房舍如林的地方，这里的房子几乎都饰有壁画。我特别欣赏约在一个月前才发现的那两幅仍在原来位置的壁画……图样令人激赏，用色不凡。这些是已知最美丽的古画，至少我这么认为。

他还得去看看埃及的墓室壁画。

庞贝遗迹虽令他叹服，但他真正想看的还是古希腊罗马的城镇帕埃斯图姆（又称波赛冬尼亚）和城内三座保存完好的希腊早期神庙，但每个人都劝他不要去，因为那里位于沼泽地，人迹罕至，盗匪出没，且气候对健康不利。但他不顾警告，还是于4月10日从那不勒斯出发，

当晚住在埃博利,翌日便为壮观的遗迹而感动不已:

> 马车夫为了紧贴住山脚而行,反而失去了好走的路,但真多亏了他,我在满地石子的路上走了三个半小时后,终于见到波赛冬尼亚古城遗迹散落在荒凉的平原上的景象。历来多少人写过帕埃斯图姆遗迹,但百闻不如一见。遗迹内的建筑结构再简单不过了,但见到那三座保存仍惊人完好的希腊神庙,内心的感受和印象之深刻,笔墨难以形容。这三座神庙无疑是希腊人在意大利的殖民地繁荣昌盛之时的远古遗迹……由于隔了一段距离,特别是因为其金黄色的身影映衬着蔚蓝色的美丽天空和海洋,我认为自己见到了埃及神庙……我过去就喜爱这种古老的风格,如今更是热爱有加。毋庸赘言,就像那些来过帕埃斯图姆的人那样(这样的人还不多,因为有新式希腊英雄常出没于此乡野),我认为意大利境内就属这里最美,最令人印象深刻,我还要强调,就连罗马都比不上……在这个与世隔绝的地方,除了乌鸦或水牛的叫声,听不到其他的声音,而它们似乎明显地喜欢美丽的尼普顿神庙。有些乌鸦飞掠于此殿林立的柱头之间,或高踞于飞檐之下,还有些则停落在周围柱廊粗壮的柱影里。这样的画面我永远也不会遗忘,而正因为这个画面,历来的远游,将属这一趟最令我难忘。

当天晚上他在萨莱诺过夜,翌日返回那不勒斯,途中在庞贝又待了四个小时,"用'基督之泪'向伊西斯神庙祭酒……在维纳斯神庙待了一会儿"。"基督之泪"即是当地所产的葡萄酒,其名源于传说中的基督曾俯视美丽的那不勒斯湾,有感于该城子民的罪恶而垂泪。维纳斯为主爱之罗马女神,伊西斯则为埃及首要之女神,商博良以"基督之泪"向这两位女神的庙宇致祭,其背后代表何种意涵,可以从许多方面来解读,甚至可以解读为他的意愿既保持对天主教的信仰,同时又表示对爱神及埃及神的崇敬之情。但商博良未说明何以有此祭酒的举动,而此后直至他去世仍一直保持着天主教徒的身份,至少形诸于外是如此,心里真正的信仰为何,成为待解之谜。

返回那不勒斯后,他写了封信给雅克-约瑟夫,心情比初抵那不勒斯时更为昂扬。信中除了描述帕埃斯图姆的所见,还写道:"我的身体很好,除了过去已有的疼痛之外。好好照顾牙齿,毕竟这是最需要用到的东西。我的牙齿很健康,只想吃东西。"商博良看过他最想看的古迹之后,觉得自己还有许多工作未完成,不能在那不勒斯继续待下去,于是在离开罗马十天后就返回该城。回罗马后,他立即开始研究一千五百多年前多位罗马皇帝从埃及运回的埃及方尖碑。他着手抄写方尖碑文,而由于4月罗马的天气忽晴忽雨,方尖碑所在的废墟经此烤晒、水浸而发出恶臭,他往往得在非常恶劣的环境里工作,但就在如此艰巨的工作中,他发现愈来愈多前人所抄写铭文的谬误之处。误以为自己已破解象形文字的17世纪教士基歇尔(kircher),其所刊布的铭文译本错误尤多。商博良因此认定必须想办法浏览更多原版铭文,而显然地,除了意大利,要完成这一心愿的更理想地方就是埃及。

商博良是和布拉卡一起返回罗马的,因此起初和布拉卡住在一起,而布拉卡也顺便带商博良认识许多有影响的人物。但这对商博良不尽然是件好事,因为那些人都想从他那儿亲耳听到他如何破解象形文字,他有许多宝贵时间就都花在和这些人的应对上。他再度成为风云人物,但此时他反而希望自己是关在象牙塔里的学者;不过出名也有出名的好处,至少在布拉卡离开罗马后,许多人抢着要替他安排住所,让他省去住宿问题的担忧。这时他的研究对象除了方尖碑之类的公共史迹,也开始研究起所能接触到的各种公私埃及文物收藏,包括梵蒂冈的收藏。事实上他在巴黎求学时就曾见过、研究过梵蒂冈的部分收藏，亦即拿破仑从梵蒂冈劫掠而来的部分战利品，后来随着拿破仑遭二次放逐而归还梵蒂冈。

1825年6月15日，商博良预定离开罗马的两天前，很荣幸经人引荐觐见了教宗李奥十二世，受到热情接待。后来他写信给哥哥说："教宗操着一口流利的法语，他和颜悦色重复三次跟我说道，经由我的发现，我已为天主教尽了美好、伟大而良善的责任。"教宗之所以热情以待，主要因为商博良断定登德拉黄道十二宫图的存在年代一事，暂时封住了那些反对圣经年表的学者之口，而非出于对他破解象形文字的肯定。热忱的教宗甚至表示要任命他为枢机主教，商博良又是惊讶，又是尴尬，以自己已婚且有一女为由回拒了教宗的好意。但教宗还是觉得一定得让他风光体面，于是运用其影响力要法国国王替他办好此事。一个月后商博良便收到法国政府的通知，指他将获封荣誉勋位爵士。十年前他哥哥雅克－约瑟夫也从拿破仑那儿得到过同样的封赏。

结交、得宠于有权有势之人，往往会惹来无此攀缘机会者的眼红与怨恨。商博良这时深切地体认到这一点，因为教宗的肯定不但无法完全消弭天主教会神职人员对他的反对，反而引来了新的反对声浪，有些神职人员甚至认为他的研究危及天主教权威。欧洲学术界反对他和支持他的态势开始转变。有些学者，如都灵博物馆馆长圣金提诺，基于个人恩怨或利害而反对商博良，并与商博良的对手杨连成一气，但在此同时却仍使用商博良的破解体系，毕竟该体系很管用。其他学者则在体认到自己的错误后，二话不说就把支持对象由杨转到商博良，例如在罗马才结识商博良而对他的体系深信不疑的盖尔爵士。德国学者方面，大部分人支持商博良，但有少数学者开始与之作对。在莱比锡担任希腊和罗马文学教授的史波恩（Spohn），先前即曾声称自己已破解象形文字，但比商博良小十八个月的他，还来不及让自己的理论接受检验，就于1824年初去世；终身反对商博良的德国东方学家塞法特（Seyffarth），受托负起出版其遗作的责任。在此同时，先前支持商博良的德国杰出东方学家克拉普罗特(Klaproth)，转为极力反对商博良。克拉普罗特曾于1815年侨居巴黎，但职衔是柏林亚洲语教授，也领这职务的薪水。两人交恶始于商博良动身前往意大利时，一口回绝了参与克拉普罗特的学术阴谋，自此之后数年，克拉普罗特就紧咬着商博良的研究成果大作文章，且往往以匿名活页文章的形式发表，令商博良不堪其扰。

商博良离开罗马，前往图斯卡尼大公国的佛罗伦萨，待了两个星期，时间虽然不长，却已足以让他深深爱上这个城市。他认为那是"意大利境内可以享有真正而公平之自由的唯一城镇；事实上这是唯一有政府存在的国家，而这可是非比寻常"。几乎已成例行活动的各种社交性兼学术性约会再度找上门来，令他醺醺然无比自得。只要不至于妨碍到他研究埃及古文物，他都尽可能抽出时间应邀去会见大人物，向他们解释自己的发现。大公利奥波德二世则请商博良替他分类整理他新搜罗的收藏品。最令商博良振奋的是，佛罗伦萨崇尚学术自由，在这样的风气下，他的研究成果得到了自己所希望的适切评价，也就是从逻辑和科学研究出发，不带半点偏见和宗教成见的如实评价。由于先前在罗马与教宗的经验，佛罗伦萨这方面令他感受特别深刻。

商博良于7月初离开佛罗伦萨，本预定前往都灵，然后结束意大利之旅返回法国。但临时决定中途绕道里窝那，前去看看他数个月前就已耳闻待价而沽的那批埃及古文物和纸莎草纸文献。按照行规，凡是待价而沽的收藏，其拥有者的名字都不对外透露，但商博良知道这是索尔特所有。亲眼见到这批收藏后，他震惊不已，写信给雅克－约瑟夫说："这批收藏比德洛维蒂的收藏（不算失踪的那几尊大雕像的话）还要漂亮，而它们正待价而沽，倘若政府肯拿出二十五万法郎的话，就可以纳为己有。"商博良将这批收藏的详细内容告知布拉卡，心里盼望法国政府这次会采取行动；到都灵后，他立刻写信给哥哥，强调索尔特想卖给法国："我已跟你说过，在此我还要再说一遍，我们就要让它白白错失掉。'可恶的家伙'（注：对英国人的贬称）费尽千辛万苦得来的成果，我们不该让它溜走，因为那攸关法国的荣耀。那个人因为个人的民族自尊而不想泄露自己的名字，但他多少想赚法国蛙*的钱。"

这时四十五岁的索尔特，在埃及担任英国领事已近十年。他所搜集的第一批埃及古文物于三年前卖给了大英博物馆，但交易过程令他很不愉快。而他也并非如商博良所认为的那样，希望将第二批收藏卖给法国人，而是想卖给英国人，这一点他写信给某友人时就曾提及："它若能落在英国，我会非常高兴，但绝不要跟大英博物馆交易。"索尔特最盼望的是从埃及退下来，拿养老金度余年："我已搜集了价值四千英镑的古文物，这批文物目前位于来航，其中包括现有最精美的许多纸莎草纸文献、各式各样最棒的埃及青铜雕像、数幅以蜡画法绘成的画作，还有非常多的金制器物和瓷器。总之，哪家（英国）博物馆拥有这批文物，就是拥有最精美的馆藏。"

回到都灵后，商博良继续埋头于该地文物的分类整理工作，同时对法国政府迟迟未对索尔特的古文物采取行动渐感绝望，但至少博物馆馆长圣金提诺未干预他，而让他继续研究馆内文物。同样令他高兴的是，索尔特刚出版了论象形文字的著作《论杨博士与商博良先生的象形文字语音体系》，且作者本人送了一本给他。索尔特因为向英国收藏家提供古文物的缘故，向来拳拳信服杨的主张，但这本书显示他此时也认为商博良的发现确实可信。事实上在这一年之前，他就在写

---

* 法国蛙（French Forgs）指法国人，因据说法国人常吃蛙。——译注

给汉弥尔顿的信中表示同样的观点："你一定会很吃惊，想不到我竟会一百八十度大转变，转而认同小商博良先生的象形文字破解体系……我很快就发觉自己以前嘲笑它实在是大错特错。"但索尔特本人的破解并不成功，构不成商博良的强劲对手，而且他的著作向来被评为"令人遗憾之作，其中凡是他个人见解的部分都错得非常离谱"。还有件事也令商博良意兴飞扬，那就是得到数家外国报纸的极力赞扬，声名大噪，而这整个事件源于罗马有多位外交官写报告呈给自己政府，报告中对他的研究语多肯定，这些报告流入记者手中，商博良的大名因此见诸报端。如此声名大噪其实大出他的意料之外，但他也希望如此一来自己更具分量，而能让法国政府更愿意听他的意见，买下索尔特的收藏。

商博良花了将近三个半月时间，才完成都灵的工作，而完成时已是11月初，阿尔卑斯山的山口可能不久就要封闭。通过塞尼山口后，商博良遇上大风暴而耽误了行程，周遭的村庄都让这场风暴蹂躏得满目疮痍。抵达格勒诺布尔那天已是晚上十点，他的妻子见到他大吃一惊，因为她原以为丈夫最快也要在明天才会到家。离家一年半，女儿佐拉伊德长高长壮许多。尽管长年在外，他对女儿的疼爱丝毫不减："如果我没能荣幸地当上她的爸爸，我也要告诉你，她是多菲内省区最漂亮的小孩，这一美名已远播到两三个地区，且她受之无愧。"

商博良也和雅克－约瑟夫团聚。兄弟俩虽然时常通信，且信中往往无所不谈，但还是有许多事不能写在信中。如今两人久别重逢，当下聊起这些信中不能谈的事，其中包括巴黎有人反对法国政府购买索尔特收藏一事。教宗虽然对商博良赞誉、尊崇有加，但反对他的声浪还是不断，而其中有不少就来自天主教神职人员，引爆点则是他在都灵的研究。圣经年表的地位，因商博良重新断定登德拉黄道十二宫图的存在年代而获得确保，但他发现"国王名册"一事却又危及圣经年表的权威性，因为该名册里所提到的早期国王其所处朝代比在圣经年表所认定而为一般人所认同的世界源起年代还要古老。由于"国王名册"文献已是支离破碎，看起来不像手稿，倒像是拼图，教会以此为借口，轻易就可驳斥该文献的内容，但只要再有埃及来的纸莎草纸文献现身，其中可能就含有证据可证明教会的圣经观有误，因而许多教会人员不希望政府买进索尔特的收藏品，深恐梦魇应验。商博良本人其实认为这些埃及王朝的确如此古老，只是因证据还称不上是铁证如山，只好暂时将此看法存于心里。但教会里的敌人不怕一万，只怕万一，因而仍不断地诋毁他。

雅克－约瑟夫不久就要回巴黎，商博良则仍待在格勒诺布尔，继续修订某些已出版的著作，同时等待政府决定是否购买索尔特收藏品。在此同时，还有另一批人在运作，抢着要政府买下他们所属意的另一批古文物。此批文物于这之前数月的7月运抵巴黎，拥有者是马贩出身、后来改行从事古文物挖掘和收藏的意大利人帕色拉卡 (Passalacqua)。在大力游说政府买下这批文物的人中，包括《埃及记叙》的主编若马尔，因为买下之后，他就最有可能成为管理这批文物的博物馆馆长，反之若决定买下的是索尔特的收藏品，最有可能出任该职务的人就是商博良。商博良的敌人知道国外已有人委以他多项职务，就等他首肯，只要能让他在巴黎当不成这文物管理人，就可以顺理成章地将他赶到国外，因而他们和若马尔站在同一阵线。帕色拉卡的收藏品比尔特的收藏品要价低很多，但国王还是犹疑不决，为了该买哪一批，双方人马在巴黎报端展开了愤怒的争辩。

这场争辩一直持续到1826年初几个月，人在巴黎的雅克－约瑟夫卷入其中甚深。情势一度似乎有利于商博良，若马尔和其支持者忍不住这口气，公然谴责如此决定"不公正"。到了2月底，商博良获告知国王已拨下五千法郎，供他回里窝那研究索尔特的收藏品，国王还表示了对价钱的意见，看来他似乎要赢得这场竞赛。商博良见机不可失，立即收拾行李，3月1日离开格勒诺布尔。这时阿尔卑斯山各山口还不到开放季节，塞尼山口仍为大雪封山。而他写信给哥哥时，对此刻意轻描淡写：

  在塞尼山山脚……我回到马车，却只能再下马车，好跳进一只高四英尺半的箱子里。这箱子放在用来行走雪地的雪橇上，雪橇绑在一匹马的后面。下山走得很平顺，一如上山时，但还是有些胆战心惊。我四个月前才走过的这条路，如今已盖满二十至三十英尺厚的积雪，在这样的路上滑行，要说心中毫无一丝害怕，实在不大可能。

  他要是再迟些日子出发，可能就过不了阿尔卑斯山了，正如他到意大利后发出的第一封信所写的："我要是晚三天通过，性命可能就会不保。雪已开始融化，路上已有两处雪崩，崩下的雪盖住了部分河谷。"

  商博良于3月中旬抵达里窝那，随即投入研究。这时该批文物的数量已有所增加，因为他先前在里窝那时，还有数尊体积较大的雕像和一只大石棺正从埃及运往意大利途中。如今这批文物总共近五千件，他必须逐件一一检视，非常累人。不久有消息传来，国王查理十世已批准布拉卡公爵就这批文物上呈的报告，同意购买，于是他的任务也由单纯的估量转为仔细清点，务使所有文物毫无遗漏地运到巴黎。接着他即开始准备封装、运送古文物回巴黎。

  商博良这时已是响当当的人物，参访学术机构几乎都受到热烈欢迎，奉他为上宾，邀他加入会员。在里窝那，他就应邀成为该地科学会的院士，并经人引见结识了比萨的东方语言学教授罗塞里尼。罗塞里尼希望拜他为师，并已拿到一笔补助，若需要追随商博良行走各地，就用这笔钱来支应所需开销。年方二十五岁的罗塞里尼钻研象形文字已有一年，商博良当下欣然收他为徒。成为该院院士还引来一桩影响深远的邂逅，话说4月2日该院举办公开集会，表彰他的成就，演讲者中有位二十八岁的女士，名叫帕莉。帕莉的父亲是里窝那的杰出商贾，而她本人则是声名日盛的诗人。她在集会上念了一首诗颂扬商博良，商博良大为感动，说这首诗是"我十五年来朝夕钻研埃及古文物所收到最甜美的馈赠"，不久心中即滋生爱苗。他写信给在都灵大学当图书馆长的友人迦塞拉，如此描述她：

  学识丰富，人极和善，只要不是粗鄙之士应该都听过她的大名。至于我，我很感谢伟大的阿蒙太阳神，因为祂，我得以和她结识，得以发现她眼神里的眷爱。但木乃伊虽然默然无语，也有其权利，这点我不敢或忘，因此我还是尽可能跟他们在一起，只偶尔见见这可人的女预言家（安杰莉卡·帕莉），以免我的感激之情里掺杂了太多哈托尔（掌爱的埃及女神）的韵味。

  附带一提的是，迦塞拉运用商博良立下的体系，解读象形文字日益娴熟。

  由流传至今的几封商博良写给帕莉的信可看出，他虽然爱慕帕莉，却未让爱苗恣意滋长，而仍以友人相待，后来她嫁给了里窝那某氏族的儿子。商博良准备运回索尔特的收藏品以及等待船只将文物运回法国期间，还是有几个礼拜脑海里都是她的身影。4月底，他已写成这批文物的报告，并于巴黎刊出，以封堵反对国王购买这批文物的声浪，但迟至6月他仍在等船。眼看时间在等待中白白浪费，商博良心中感到苦恼，但他还是觉得未看到每件文物安然上船，不能安心回国，尤其是收到雅克－约瑟夫的信后，他更觉得如此。这封信提到卢浮宫博物馆新设的那个有多人抢着要的职务，也就是埃及文物部门主任一职，已经确定由商博良出任，这意味着索尔特的这批收藏品如今由他全权掌理，而他在学术圈外围闯荡了多年之后，终于拥有了一份专职差事。

商博良平日只要是醒着的时间，几乎无时无刻不在研究，因而要他在里窝那无所事事几个礼拜，只为了等船到来，无疑是蹉跎人生大好岁月。这段时间罗塞里尼都陪着他，竭力从他身上汲取象形文字和埃及古文物方面的知识。日后罗塞里尼和他自己的门生就以此为基础，在意大利开启埃及学研究。6月底，船终于抵达，7月的第二个礼拜，文物上船出海，往法国北部塞纳河口的勒阿弗尔港出发，准备经河道运往巴黎。这段路得走上数个礼拜，届时商博良得在巴黎拆封这些文物，而在赶回巴黎之前，他决定好好利用这段空暇走访意大利。他和罗塞里尼经比萨和佛罗伦萨，于7月中旬抵达罗马。

在罗马，商博良重拾抄录埃及方尖碑文的工作，并校对先前所抄铭文制成雕版后印出的初稿。教宗方面已答应支付这些方尖碑所有碑文的出版经费，因而商博良全力以赴，要将这些碑文完整而精准地抄录下来。他在罗马待了三个礼拜，在这期间发生了一件很不寻常的事情，那就是商博良和其对手之一的德国东方学家塞法特有了正面交锋。商博良和若马尔、鲁拉克、杨等对手会晤时，尽管意见不同，但都谨守社会礼仪的规范，而不致出现正面冲突。但塞法特不一样，他正游历欧洲各地，研究埃及古文物和科普特语手稿，以便为自称已破解象形文字的史波恩完成遗志，出版其生前以拉丁文所撰写的这方面著作。塞法特无疑是个出色的学者，学识大概不逊于商博良，但在象形文字等问题上，他死守一些荒诞不稽的观点，而虚掷了自己的天赋。他反对商博良的大部分研究心得，主张象形文字是根据科普特文的早期形态而创生，而科普特文又演化自希伯来文，并认为象形文字都是表音符号，其根源是诺亚时代的字母。得知商博良人在意大利，塞法特即跑去罗马，打算在专家的见证下和他进行论辩，以决定谁的破解体系才是正确的。商博良挺身迎接挑战，声言"要在丘比特神庙的山脚下宰了他"。

8月初，盖尔爵士写信给杨，说明他和塞法特见面的情形，以及之后塞法特、商博良正面交锋的过程："不晓得你和商博良是否有书信往来，我们刚在罗马见识他施展浑身解数，迎战约比他早十天前来这里的敌手塞法特教授。塞法特为人极温文有礼，具有帕默斯顿勋爵一样的风范。"盖尔拿象形文字给塞法特破解，以测试他的功力，结果凡是商博良已破解的名词，他都答对了：

> 但我拿刚从埃及发现而他从未见过或听过的名词考他时，尽管手头上有本四开本的大书，且书里满是整版插图，他完全束手无策……这时我心里已笃定认为，商博良来（罗马）时，这位叹气放屁先生*（盖尔给塞法特的贬称）已疯了。我建议他们应各拿一尊方尖碑当剑，拿蒙特卡瓦洛出土的澡盆（花岗岩制的大盆子）当盾牌来比试。他们在义大林斯基家碰面，而极力信服这本四开大书的尼比说，义大林斯基（Italinsky）赞成叹气放屁先生的观点，但其他所有观者都不这么认为。翌日我在法国大使寓所和他们碰面，商博良问他把象形文字译成何种语言，他答说"科普特语"，然后商博良说道："你的译文里，不要说没有科普特语的句子，连一个科普特字都没有。"然后塞法特说："嗯！那是比这些书里的科普特字还要古老的科普特字。"商博良问："你是从哪里发现这些的？"塞法特答道："从罗塞塔碑文发现的。"商博

---

* 塞法特原文"Seyffarth"，音似英文的"Sigh"（叹气）和"fart"（放屁），"叹气放屁"之贬称缘由于此。——译注

良说:"从你已刊出的两行字吗?"塞法特答道:"没错。"商博良又说:"那么容我冒昧表示,你所刊出的东西是别人所伪造,错误百出,靠它们根本无法真正了解象形符号,对的符号总共还不到十个。而且你所挑选的那个名词,在原件上书写极不清楚……"(以上皆是真实转述)。事实上塞法特对这些古文物一窍不通,一件也没看过,回答的都是空话。塞法特告诉尼比,他原本认为缄默以对比较好,只因商博良非常粗暴,但就我所了解的商博良并不是这样的人。我所能说的只是,尽管这些德国人不赞同商博良的观点,尽管他的所有符号会因所在位置的不同而代表这个字母表中的任一字母(原文如此),所以如果他的体系正确无误,那这体系就不值得一学……但我还是相当惊讶,一如那些美国人所说的,商博良今年以科普特文解释这些符号进步神速。

商博良自己则认为他已经击垮这位对手:"我已经直言不讳地指出他的所有错误,并提出他所无法响应的论点。所有与会者都从他的沉默判出了高下。如今我每天都见到他,但从未再谈及象形文字……他在意大利已是声名狼藉。"许多学者认为塞法特的体系很古怪,禁不起实证,反对声浪大涨。同年稍后,商博良从巴黎写信给罗塞里尼:"如果在都灵碰到塞法特,再好好劝劝他,要他改变看法,别再执著于他那荒谬而不切实际的想法而惹人讪笑。现在他在德国是众人讪笑的对象,在法国没有人赞同他的观点,在意大利他的处境如何,这你很清楚,因此劝劝他总是件好事。如果是能力所及,就放手去做。"1828年塞法特回到德国,发现情势对自己愈来愈不利,约二十五年后移民到美国,之后他仍大力宣传自己反对商博良及其追随者的主张。

经过这次正面交锋,盖尔转而大力支持商博良,令杨大为恼火。仍在圣乔治医院任职的杨，这时搬到伦敦九号公园广场边一栋宽敞而雅致的住所，并继续和全欧洲各地学者通信讨论象形文字。这时他最关心的事有二，即研究通俗体，同时继续努力说服学者，让他们相信自己才是破解象形文字的第一人。盖尔在与杨通信时仍继续称颂商博良，指他不藏私，而愿与人分享："容我在此陈述，前述的商博良先生从不隐藏自己的新发现，而把尚未公布的许多发现都告诉了我，如果我有心的话，大可声称自己是比他还高明一倍的发明者。"收到这样的信，当然无助于缓和杨心中的怨恨。

商博良有意由欧洲数个国家征集专家，组成埃及考察队，由自己带队前往，而他前次在罗马时有数国的外交官对他很有好感，因而这次来到罗马，他就主动前去找这些外交官，询问此事的可行性。商博良认为自己下一步该做的就是亲赴埃及研究当地的铭文和史迹，而他已就此事请教过布拉卡，并获得他的支持。他在心里暗暗给自己擘画了近期的工作，首先利用索尔特的收藏品抵达巴黎之前的空暇，尽可能去做自己想在意大利做的事，然后约花一年的时间创设卢浮宫内这个新部门，同时筹组埃及考察队。关于新部门的创设，他这时也有了初步构想，至于考察队的筹组，他已在这次游历意大利各地途中开始寻觅合适的队员。和他同行的罗塞里尼学习能力强，渐渐成为他的得力助手，自然是考察队的合适队员。

商博良离开罗马，南行那不勒斯。在那不勒斯，他再度走访帕埃斯图姆，欣赏曾令他感动不已的当地神庙，并和盖尔会面，带着盖尔新近付梓的著作《庞贝城》同游庞贝。这部作品令商博良大为叹服，商博良于是征求他加入筹划中的埃及考察队。在此同时，布拉卡正在伊特鲁斯坎地区和罗马古城诺拉进行考古挖掘，而诺拉正是征服埃及的罗马皇帝奥古斯都度过晚年之地。商博良走访了此处遗址，竭力吸取那不勒斯地区纯净的空气，因为他发现，空气对于恢复自己的健康和体力比什么都管用。他本打算回罗马完成未完成的工作,但此时罗马闹瘟疫,能跑的人,包括教宗,都已经跑离这个受疾病侵袭的城市。眼看所剩时间不多了,不久就得赶回巴黎,他只好走访更北边的里窝那、佛罗伦萨,再绕道走访威尼斯,然后于1826年10月底返回格勒诺布尔。离开意大利"明亮湛蓝的天空"和该地包括罗塞里尼在内的许多友人,本已令他很难过,随着他渐往北行,气候愈来愈糟,身体先前得之于那不勒斯的所有好处已不复存在。一抵达格勒诺布尔,他的右脚就罹患严重痛风,但他无暇休息,因为他的家人和雅克-约瑟夫一家都已收拾好,准备随他赴巴黎。经过五天的跋涉,他们于11月20日抵达巴黎,这也是他们两家人首度住在马札林路十九号的同一屋檐下。

接下来他就开始忙于替查理十世国王博物馆创立埃及文物部门。这所博物馆设于卢浮宫内,该部门则占有方形中庭靠塞纳河一侧建筑的楼上四间房,太重而不适合放在楼上的雕刻则放在一楼几个房间展示。这时商博良写信给都灵的迦塞拉如此描述他的新博物馆:"我在一楼有一间宏伟的房间放置大的物品,宫殿二楼上还有四个房间也归我,因此,不久之后我就会在这里置身于众画家、建筑师和砖瓦匠之间。而一旦做下去,我想总会遇到些麻烦。"麻烦随即临头,因为出现反对声浪,反对者中新旧敌人都有。商博良出任这个部门的主任,若马尔尤其怀恨在心,因而继续想方设法陷害他。但有更多阻力来自与这博物馆有直接关系的人,他们认为他是空降部队,这个新的埃及文物部门该如何安排,他们也不认同他的看法。商博良为此在写给罗塞里尼的信中诉苦道:"我的日子成了艰苦的搏斗……每个人都不高兴我来这个博物馆,所有的同事都在暗地里设计我,只因为我不想当个坐领干薪的闲差,要全身心地投入这个部门,而凸显出他们在自己部门的无所作为。这就是问题症结所在!甚至要拿根钉子都要经过一番斗争。"

在许多场斗争中，他都败下阵来。尽管他极力反对，摆设埃及古文物的房间最后还是装饰成古希腊罗马风格，而非埃及风格；凡是与埃及有关的顶棚画，所取材的故事都出自圣经或古希腊罗马，且非由他选定。但他也的确争取到狄布瓦，也就是替他的著作《埃及诸神》画插图的艺术家来担任助手；展示品的布置也经他极力抗争，而如他所愿按照逻辑和科学法则来安排。商博良基于过去的教学经验，希望借由这些展示品教育游客，让游客认识文物。一般博物馆摆设文物时，都讲究不同展示品间的对比，以从中凸显展示品各自的特色优点，而商博良此番完全打破惯例，摆脱一般博物馆惯常的布置方式，也为博物馆的摆设创立了新标杆。他认为展示品的布置就必须如此：

> 让各神祇的前后关系，让写有从最远古到罗马时期之间统治埃及者之名的各件文物，依照前后关系，尽可能完整地呈现，并条理井然地将与古埃及人公私生活有关的器件分门别类。如此一来，这就会成为系统化的收藏，所有文物依其与宗教、与各国王历史、与埃及人的民间风俗的关系，各安其位。

这些展示品上大部分都写有象形文，因而商博良只要看过这些铭文，了解其意义，就知道怎么布置最合乎这些文物间的逻辑。管理其他类文物的馆内同事则没有这项优势，因为古希腊罗马的文物上少有铭文，需要再经过许多年的考古研究，这些文物才能获致同样合理的安排。

虽然博物馆内的工作艰苦万分，但至少马札林路十九号的家（离他先前住的二十八号住所不远）能让商博良享有天伦之乐。他和哥哥两家人在这里建立了和睦的"格勒诺布尔人聚居区"，尽管在卢浮宫无法让同事接受自己的理念，但回到家里教小孩，逗孩子玩，却其乐无比。他并没有忘记埃及考察队的计划，事实上法国驻埃及领事德洛维蒂也极力游说政府，趁古物还未遭毁，赶快组成考察队前去记录、抢救。这时的埃及统治者穆罕默德·阿里一心要发展经济，并已决定国家要繁荣，就要想办法增产蔗糖和棉花。四处正兴建甘蔗加工处理厂和棉花厂，埃及古迹的石头正被拆卸下来送去建厂。商博良愈早到埃及，愈有可能找到古文物，甚至保存下最重要的古迹。但透过朝廷中的友人，他知道国王身边仍有他的敌人，卢浮宫新埃及部门成立前，埃及考察队不可能组成。形势如此，商博良也只有在博物馆苦撑，忍受日复一日的斗争，直至任务完成。

德洛维蒂搜集的第二批古文物这时也在求售，都灵的撒丁尼亚－皮埃蒙特国王虽然买下他的第一批收藏品，却无意买下第二批，于是商博良和若马尔（难得有志一同）都大力奔走，要让它们落脚法国。德洛维蒂已事先打点过国王查理十世，送了包括一座由整块巨石凿成的神祠给国王，1827年秋天，这批文物由法国买下，放进卢浮宫与索尔特收藏品一起展示。商博良于9月写信给都灵的迦塞拉，心情兴奋："我们刚买下一批更重要的古文物，是德洛维蒂的新收藏，目前就在巴黎……这批古文物里有耀眼非凡的埃及珠宝……大部分刻有王室铭文，例如一只纯金杯子。"他接着写道："这批文物还包括数尊雕像、五十份埃及或希腊手稿、五百只圣甲虫雕饰物、数只瓶子、八十块石碑，等等。你们本可以成为最顶尖的，但你们无意取得这批文物，结果就如你所见到的，我们的收藏品比你们的更漂亮，更充实。"

商博良目前正努力克服万难，要完成这些埃及文物的展示作业，以赶在11月4日国王华诞之日正式公开亮相，此外来自埃及的第一手消息也催促他必须赶快完成这项任务。已于8月返抵巴黎的德洛维蒂，带来两则令他不安的消息，一是古文物遭破坏日渐加遽，一是东地中海的政治情势可能恶化，而让他进不了埃及。话说希腊人自1820年起，就为脱离奥斯曼土耳其帝国独立建国而与土耳其人争战不已，欧洲各强权起初不愿卷入此纷争，但1825年穆罕默德·阿里援助土耳其，迫使英国和俄罗斯施压土耳其，要它与希腊达成某种协议。随着情势愈加恶化，英、法、俄于1827年签约，誓言为了让土耳其同意签署协议，若有必要，不惜动用武力。10月20日，英、法、俄三国舰队的中队，于纳瓦里诺之役击溃土耳其和埃及的海军，这场国际纷争于焉告终。但穆罕默德·阿里仍对法国有好感，该年年底他发表声明，保证保护埃及境内欧洲人的安全，此一消息就透过巴黎报端公诸于世。

由于展示间的整装工程未完成，卢浮宫埃及文物馆赶不及于11月4日开放，12月中旬才由国王查理十世正式揭幕。这时德洛维蒂已离开巴黎返回亚历山大。由于埃及科学考察队是否成行仍未定，他离开时心中不无怅然。但由于他和索尔特两人的第二批收藏品的挹注，卢浮宫埃及文物馆已改头换面，成为这方面收藏的个中翘楚。遗憾的是，索尔特已于不久前的1827年10月29日，终年四十七岁死于埃及。这位以个人收藏而影响商博良巴黎生活甚巨的英国领事，商博良终究与之缘悭一面。索尔特长期争取退休返乡安度余年，也未能如愿，最终客死异乡，长眠亚历山大。他的墓碑上写着："他以其聪颖的天资，探索、厘清了这个国家的象形文字和其他古文。"

在此同时，杨终于决定不再研究象形文字，而专心致力于研究通俗体一项。得知英国学者塔坦姆教士正在编纂科普特语文法书，他毛遂自荐，表示愿编一本通俗体字典搭配出版，但在该年年底，杨提醒塔坦姆，这得花上好几个月才能完成。有趣的是，这时商博良正值运途蒸蒸日上，手边有无数古文物供其支配，而杨却找不到适合的文献研究。他诉苦说："这些人就像占着马槽的狗，既不吃槽里的草料，也不让我吃一口。明知全欧洲各地有许多纸莎草纸文献，上面载有以通俗体写成的合约，我就是连一行字都看不到。"

为了完成展示任务，商博良心理压力很大，身体为之变坏，但对于组成埃及考察队一事，他却比以往更乐观，特别是朝廷中大臣人事更动，他的某些敌人已从关键职位撤换下来，而新开张的埃及文物馆受到好评，提高了他的地位，这两件事都让他更往乐观方面着想。1828年春天，商博良在朝廷中的支持者终于使国王对他的计划产生兴趣。4月下旬国王答应支持，为商博良的埃及考察扫除了障碍。这将是一支由法国人和图斯卡尼人联合组成的考察队，受法国国王查理十世和图斯卡尼大公利奥波德二世的保护，全队交由商博良全权指挥，而以罗塞里尼为其助手。

为了组成考察队，商博良魂萦梦牵、苦心规划了两年多，如今终于获得国王支持。商博良找了雅克－约瑟夫帮忙，立即着手执行预定的计划，联络同行人士，张罗所有物资、设备和外交、法律文件，不到两个月便把一切准备妥当。6月，新近获法兰西研究院科学会颁发的会员资格，成为该会八名外国准会员之一的杨，来到巴黎领取该职位证书，受到热烈欢迎。杨也和商博良会了面，商博良尽管为准备埃及考察之行而忙得不可开交，还是费心为杨安排，请人替他复制通俗体纸莎草纸文献。商博良的帮忙显然让杨变得谦卑起来，不再那么趾高气扬，而商博良的成就显然也令杨为之惊叹。7月初杨在给天文学家阿拉戈的信中写道："我非常欣然承认，他的研究工夫我看得愈多，愈是佩服他的勤奋和聪慧。我一直想得到的每一件物品，不是他送给我复本，就是请人为我复制，他对我的友善和大方，我时刻都乐意向世人作证表明。"

7月底商博良已在土伦，等待着有利的风向扬帆启航，但就在此时，埃及海军溃败的消息终于传回埃及本土，埃及情势更趋恶化。亚历山大城民对欧洲人痛心疾首，德洛维蒂研判情势太不稳定，商博良此时来埃及恐有性命之虞，于是在5月初写信给商博良，告诫他勿来埃及，但这封信花了将近三个月才抵达巴黎，而那时商博良人已在土伦。雅克-约瑟夫收到并看过信后，寄了复本给商博良，但信到时，商博良已在海上。1828年7月31日，在拿破仑率领众学者从同一海港出发约三十年后，商博良启程展开了他的埃及考察之旅。

第九章　译者

商博良率领考察队在埃及探察数月，浑然不知巴黎正为他的象形文字破解体系闹得沸沸扬扬……考察队驻扎在拉美西斯国王的陵墓，商博良戏称此地真可谓不折不扣的王公住所，他们受到了国王的礼遇……商博良鉴定此墓为拉美西斯四世的陵墓，然而考察队因为罗马数字"Ⅳ"与"Ⅵ"的混淆，竟将此墓误记为拉美西斯六世之墓……

埃格雷号是海军护卫舰，它航速快，武装齐备，一般情况下用来护送航行于法国和东地中海之间的商船，但因希腊为争取独立而持续抗争，东方局势不靖，法国与东地中海地区之间的贸易已几乎终止，埃格雷号转而充当运送商博良考察队赴埃及的船只。商博良已离开家人，临别时他信心百倍地告诉家人："别担心，有埃及诸神注视着我们。"途中虽遇到一次险恶的风暴，但船只顺风而行，十九天就抵达埃及。商博良出发后，法国政府曾派船只追赶，希望赶上他，告知埃及情势危险，必须放弃考察行动，但商博良的船只速度快，派出的船只已追不上。1828年8月18日，商博良在亚历山大港上岸，立即触摸到了这个多年来令他心驰神往的土地。

这支由法国人与图斯卡尼人组成的联合考察队，以商博良为总指挥，罗塞里尼为副总指挥，同行的还有十二人，其中许多是艺术家和擅长素描的画家，显示出此行极为看重史迹的记录。法国方面的队员包括埃及学家兼钱币学家勒诺曼（Lenormant）、建筑师比邦（Bibent）、旅行家兼艺术家狄歇纳（Duchesne）、考古学家兼素描家洛特（L'Hôte）、艺术家贝尔丹（Édouard）和勒乌（Lehoux）。图斯卡尼方面的队员由罗塞里尼领军，包括他的叔伯工程师兼建筑师G.罗塞里尼、艺术家切鲁比尼（Cherubini）和安杰雷利（Angelelli）、植物学家拉迪（Raddi）和他的助手迦拉斯特里（Galastri），以及曾去过埃及的探险家兼医生李奇（Ricci）。

亚历山大港的景象令大家惊讶，只见船舶云集，帆樯林立，尤其是英法两国的船只封锁住港口，"各国船只，有敌有友，全部混杂在一起，非常引人注目，也充分显示出此地近日的局势"。眼下首要之务就是要与法国和图斯卡尼驻埃及的领事联络上。法国领事德洛维蒂看到商博良现身面前，大吃一惊，而商博良得知德洛维蒂曾写信建议考察队不要出发一事，仍表现得很达观："如此重大时刻，我真是吉星高照，否则信也不会来不及送到我手上。"德洛维蒂认为埃及局势仍不可能好转，但还是同意为他们从埃及统治者穆罕默德·阿里那里获得必要的通行证。

要在埃及和努比亚全境行走、挖掘古文物，需要官方发给通行证，而在等待通行证的时候，考察队员便开始探索亚历山大城，他们就像拿破仑远征军的学者一样，不久就被人称为"克丽奥佩特拉之针"的那两座方尖碑吸引住。三十年前，那些学者只能把这两座方尖碑当史迹来钦仰赞叹，但如今商博良看得懂其上的铭文，而得知其上虽有年代较晚的拉美西斯二世时期的铭文，碑上最早期的铭文却显示它们原来系屹立在一百六十多公里外的赫利奥波利斯城的太阳神庙前，下令建造者是图特摩西斯三世。这些碑文在《埃及记叙》某卷已有收录，但商博良还是再抄录下来，拿来对比，发现已出版的《埃及记叙》中有许多错误。他写信给哥哥说道："比邦就要完成埃及委员会所知的那座方尖碑三面碑身的工作……该委员会堂而皇之地毁损了该碑的象形铭文。"

埃及象形铭文可能没有在拿破仑的随行学者的脑海中留下深刻印象，但埃及可没有忘记学者团。有些老一辈埃及人还会说法语，而得知当地人很感念曾任当地行政首长的傅立叶，认为他所任该职公正宽厚时，商博良尤其感到高兴。有一次商博良碰到一位阿拉伯盲人以法语与他搭讪："日安公民，给我点东西，我还没吃。"这位老人的共和国式措辞令商博良大为惊讶，想必是拿破仑远征军的遗风，于是拿了几个硬币给他。老人摸了摸硬币，认出是法国硬币，说道："老兄，它在这里已不通用，"于是商博良换了些埃及硬币给他。后来他在日记上写道："在亚历山大城，随时都可碰到些古老的人和事物，让人想起我们从前的埃及之役。"素描家洛特注意到，许多埃及人一见他们就跑得远远的，以为是来收税的，但得知他们是法国人后，态度一改转为热烈欢迎，因为"波拿巴远征军在这里时，即使贫穷的阿拉伯人，每个人也都有自己的驴子和牛，且不必缴两次税，这是他们亲口告诉我的。如此美好的往事，他们尚未完全遗忘"。

在亚历山大城，除了"克丽奥佩特拉之针"外，刻有象形铭文的史迹或手工制品并不多，商博良的研究少有着力之处，但观察了这座埃及城镇的日常生活之后，至少解开了某些悬而未决的象形文字问题。这里随处可见成群的流浪狗，商博良就拿它们跟象形文字来对比："埃及的狗完全没人管，四处蹓跶……外观很像豺，唯一不同之处是毛皮黄色带红。象形铭文里为何狗和豺如此难以区分，这点我再也不会觉得奇怪了。"事实上有四个象形文字很容易混淆，分别是 🐕（灵猩）、🐕（坐卧着的狗）、🐕（豺）、🐕（从某种标准判断可能是狼）。

等待通行证发下来的几个礼拜时间，正好让考察队员适应当地水土和风俗，而他们也渐渐地习惯了当地的炎热，习惯骑驴，并在一天中最热的时候休息。为了不要太招摇，他们脱下欧式服装，打扮成埃及人，即剃光头，裹上高高的头巾，上身穿着刺绣的上衣，内衬条纹绸制背心，下身是宽松长裤，系宽腰带和短弯刀，脚穿软底鞋或拖鞋。商博良黝黑的肤色，一口流利的阿拉伯语，加上这身打扮，简直就和当地人无异。考察队员还利用空暇，张罗往后溯尼罗河而上所需的器材和物资，找来两艘溯河要用的船。

日子一天天过去，通行证仍未发下来，显然是有人在搞鬼，想拖延他们的行程。商博良发现是古文物商人在从中作梗，因为他们"听到我来埃及，要挖掘古文物，便吓得发抖"。由于德洛维蒂涉入古文物买卖这行甚深，商博良不由地怀疑他是背后作梗者之一，并猜想是他写信不让自己率队来此，这才是真正的原因。于是商博良找到德洛维蒂，当面讲明这次考察有国王查理十世的全力支持，通行证再不发下来，他就只好向国王解释，这次科学考察之旅，系因为少数古文物贩子的私心自用而功败垂成。经过这番最后通牒，通行证果然在几天后就发了下来。

考察队的两艘船分别以古埃及最重要的两位女神之名，命名为"伊西斯号"和"哈托尔号"。9月14日，考察队员加上当地帮手、船员和穆罕默德·阿里提供的两名警察，沿着马穆迪厄运河出发。这条穿越沙漠的运河九年前才凿成，用以连接亚历山大城与尼罗河的支流罗塞塔河。商博良此行打算往南溯尼罗河上行，远至第二系列险滩处，沿途只在需要确认遗址、抄录重要的铭文和浮雕时才靠岸。抵达第二系列险滩后，将走访过的地方按重要性分级，回程时视时间许可详细考察最重要的遗址。考察队还打算搜集合适的古文物，以提升法国和图斯卡尼两国的埃及文物收藏品。在马穆迪厄运河走了近一天，终于抵达尼罗河，商博良尝了河水，宣称这条河是"诸河中的香槟"。

船队沿着罗塞塔河往南航行时，经过德苏克村，商博良想起索尔特及其为卢浮宫所取得的那批精美古文物，在日记上感伤地写道："前阵子得知英国总领事索尔特先生就是在数月前，于尼罗河东岸这个村子的某个乡间宅邸去世。如今我仍很遗憾，再也无法在埃及见到这位热爱研究象形文字的有识之士。"翌日考察队在塞斯镇短暂停留，考察了这个尼罗河岸的第一个古代遗址。塞斯是耐特女神信仰的中心，这时已是一片荒凉，地上散落无数陶器碎片，大部分地区遭尼罗河水淹没，到处弥漫着公墓发出的恶臭。考察队员为此而热烈讨论，想找出办法来控制埃及的疫情。

此后，凡是迹象显示可能存有古代遗物的地方，考察队均上岸察看。经过拿破仑部队与马穆鲁克人作战的数处遗址后约五天，终于来到开罗地区，金字塔的身影首次浮现于远方。商博良写信给雅克－约瑟夫，生动地描述了此一景象："19日早上醒来，我们终于见到了金字塔，虽然相距有八里格（译注：约四十公里）之远，但我们已能感受到它们的庞大。下午一点四十五分，我们抵达三角洲的顶点'牛肚'，尼罗河就在这里分为两大支流罗塞塔河和达米埃塔河。这里景象壮观，宽阔的尼罗河气势磅礴。往西看，数座金字塔耸立于棕榈树林之上，无数大小船只纵横交错于河面，来自四面，去向八方。向东望去……穆盖塔姆山环抱着伟大的都城开罗，横贯于天际，城中林立的清真寺光塔遮掩住丘陵山脚。"

经过"金字塔之役"战场遗址，向拿破仑和其将士的英魂致意后，考察队于翌日进入开罗。这天正值先知穆罕默德冥诞，城内举办庆祝活动，一片欢欣鼓舞。考察队一行人受到城民热烈欢迎，大出他们意料之外，而商博良更为惊奇地发现，原来当地已有人知道他是"能看懂那些古碑文的人"。第二天他们开始在开罗城四处游逛，商博良觉得这个地方很迷人，与拿破仑士兵的看法正相反：

> 大家一直都说开罗如何不好，但我觉得这里挺好的。八到十英尺宽的街道为大家严厉批评，但我觉得这是经过精心设计，正好可让人躲开似火的骄阳……开罗是个处处古迹的城市……有许多清真寺，其中有些造形较高雅，表面饰有极雅致的阿拉伯式花饰，衬托上华美迷人的光塔，赋予这个都城令人难忘的多样风貌……开罗仍是"一千零一夜"之城。

自抵达埃及,他的健康状况就逐步好转,一如他在信中跟雅克－约瑟夫所写的:"我的身体非常健康,比在欧洲时更好,一口气就能写完七页纸,要是在巴黎,我的头大概得痉挛好几次,才能写完它。说真的,我好像换了一个人似的。"商博良深知往后要经历漫长而艰辛的路程,因此他让考察队员在城里自由行动,算是在努力干活之前给他们放个小假,但他心里可时时感觉到时间流逝的紧迫。十天后,两艘船载着考察队员和新补给的物资,离开开罗,往南进发。

停靠的第一站就在开罗往上游不远处的土拉。土拉是一大片石灰岩采石场,周长约十公里,自史前时代就一直是石块取材地。在这里,考察队首度采用一种工作方式,即每名队员各分配有专属的搜索区和记录区,一发现有特别之处,即召唤商博良前去细察。此后一路溯尼罗河而上,都采取此方式考察,久而久之,渐渐成为本能反应。每到一处遗址,队员们即自动自发地出去搜索。而商博良特别着重铭文:"我跑遍每个地方,以确认所发现之物的重要性。如果铭文看来有趣,我就亲自把它画下来,或如果线条还很清楚,就请别人把它画下。"在土拉发现许多通俗体和一些象形铭文,不过在烈日下抄录这些铭文,力求尽快完成,可真是苦不堪言。

考察队移到尼罗河西岸,前往孟斐斯市的废墟遗址。孟斐斯曾是古埃及首都,这时因为尼罗河泛滥,有些地区被洪水淹没。这一年一度的洪水泛滥源于埃塞俄比亚的夏季暴雨,暴雨于6月下旬抵达阿斯旺,9月底抵达开罗,之后河水便开始消退。河水泛滥而下,为长长的尼罗河谷铺上肥沃的黑色淤泥。在古埃及,河水泛滥的高度决定了翌年收成的丰歉,因而从上游至下游都有"尼罗河水位测量标尺"来监测水位高低,而哈皮神则是洪水的化身,受众人崇拜。但自从埃及政府于南部筑了阿斯旺水坝,于1971年启用,将洪水蓄积在汪洋的纳塞湖(Nasser),这一年一度的洪水泛滥,古埃及的脉动,已成绝响达三十年之久。

考察队员于 10 月初置身孟斐斯，正值洪水泛滥最盛时期，考察地区因而受限。未遭水淹的地区，大部分只见到花岗岩块散落于沙地上，但至少还勘测得到拉美西斯二世的雄伟雕像遗迹，而此遗迹也是在此荒凉沙漠上今日仍可见到的少数古迹之一。邻近的拉希内村不断发展，孟斐斯这片古都遗址有愈来愈多地方遭此村子的吞并，考察队在村内挖到一块墓地和数所哈托尔女神庙。由于洪水可能淹得更高，考察队不得不缩短挖掘行程，改往三公里以外的塞加拉。塞加拉已离尼罗河颇远，一行人无法当天返回船上睡觉，所以带了一队骆驼驮负帐篷和装备同行。搭帐篷时碰到一群贝都因人，双方相处甚欢（与拿破仑远征军的情形正相反），队员还雇了其中几位帮忙干重活、守夜。商博良以他一贯开明的正义感评道："只要把他们当人看待，他们就是勇敢而出色的人。"

塞加拉过去是孟斐斯市的主要墓地，为国王和上层统治集团死后埋葬之处。初到塞加拉时，考察队员大失所望。他们原以为可看到华美的建筑、无数金字塔、神庙、坟墓和一排排的斯芬克司像，结果却只看到盗墓者留下的碎片，许多地方连碎片也已埋在流沙之中。这是在此之前二十年，盗墓者有系统地搜索过整片遗址留下的杰作。眼见此一景象，商博良非常难过，在给哥哥的信中如此写道："我来到塞加拉，此地布满了木乃伊的平原，孟斐斯的古公墓，散落着已遭亵渎的坟墓和金字塔，因为古文物商人的野蛮贪婪，已空无一物可供研究。"建筑师比邦也在这里退出了考察队，因为出发后他的身体就愈来愈差，商博良初见他时曾大加赞赏他那种生龙活虎和意兴飞扬的样子，此时已不复见。事实上，比邦离开埃及后才一年，便撒手人寰。

商博良在塞加拉发现法老王名字背后有其深远意涵，但这点他并未在信中提及（其中许多信件日后由雅克－约瑟夫结集出版）。

从上面这两个框在椭圆形中的象形文字（Djedkare 和 Isesi），商博良判定是第五王朝某法老王的名字。此法老于公元前 2414 年左右起当朝约四十年，商博良虽无法确定他的确切在位年代，但已确知第五王朝有这么一位法老。当时学者要了解埃及早期的王朝历史，都是透过公元前 3 世纪后半叶的埃及历史学家兼高级祭司曼内托（Manetho）的希腊文著作。曼内托在其所著的《埃及史》中，为埃及编写了大事年表，其编写方式是以诸神、半神半人、死者灵魂开始，接着写泛滥，然后写三十个王朝，而他所编列的这三十个王朝的国王名单，商博良乃至今日学者都还采用。曼内托列出的国王名单，与其他更古老的国王名单相当吻合，例如商博良所发现的"都灵国王名册"；而曼内托似乎是根据各特定群体的国王所统治都城的不同，比如孟斐斯或底比斯，来为埃及的历史断代。由圣经推算出的年表，从根本上否定了曼内托所列的前十五个王朝的存在，因为这些王朝存在的年代比圣经中所提到的事件还要早很多（因而不可能为真），因此，发现第五王朝某法老的名字，等于是直接而严重抵触了圣经的年表体系，圣经的世界源起观当下遭到质疑。这类违背神学教条的证据，商博良后来碰到愈来愈多，但他深知此事非同小可，因而通常只在个人的记录和日记里提到这些事证，连与考察队其他队员讨论都不敢为之。

虽然大失所望，但还是在塞加拉某墓室里找到可充分说明古埃及历法的有力证物。商博良在日记里写道，埃及人将日、夜各分成十二个小时，他并确定"小时"的象形文为 ⟨glyph⟩，而非时人更常书写的 ⟨glyph⟩。事实上，埃及人似乎是史上第一支将一天划分为二十四小时的民族。埃及人将一年分为三季，即 ▦(akhet，尼罗河泛滥季)、▦(peret，作物开始萌发之时，相当于春季)、▦(shemu，收割季)。每个季节分为四个月，每月再细分为三星期，每星期十天，于是一年有十二个月，每个月三十天，一年共三百六十天。剩下的五天，则分别列为奥西里斯、伊西斯、荷鲁斯、塞斯、内普赫提斯等神的诞辰，如此即构成完整的三百六十五天。至于年月日的标记，则依据现任国王的即位纪元来推定，例如 ▦，代表"海卡乌拉国王陛下在位期间第二年，泛滥季第二个月，第一天"。海卡乌拉是第十二王朝法老王谢努斯莱特三世的登基名，在位期间大约是公元前1878年至公元前1841年间。

挥别了令人失望的塞加拉，考察队一行人前往西北方十六公里处的吉萨，也就是今日开罗市郊边缘的另一个古代大墓地，上面坐落着著名的金字塔群和狮身人面像。今日到此遗址的游客常会有一种幻觉，即随着脚步朝三大金字塔愈逼近，便愈不觉得它们的雄伟。当时的商博良也有同样奇怪的感觉，而在日记上如此写道：

> 每个人都会和我一样赫然发现，随着脚步逐渐逼近这庞大的史迹，竟会愈来愈不觉它的庞然。在五十步之遥时，见到这座光是测量其宽高就足以让人体会到其巨大的建筑体，我觉得自己渺小，心中无比震慑。走到更近些，它似乎变小了，构筑其身躯的石块，好像只是些极细小的碎石砾。这时绝对要亲手去触摸，才能深刻体会眼前这座史迹的材料之巨大、形体之壮阔。到了十步之遥时，（它娇小的）幻觉再度袭上心头，这巨大的金字塔变得好像不过是寻常的建筑。接近它之后，心中真的反觉怅然。

另一方面，狮身人面像以其谜一般的神情，散发出永不消退的魅力。素描家洛特记载道："这个众所皆知以其狮身和人头传达某种象征意涵的史迹，已被沙子埋至肩头，但仍可看出该动物背部和后半部的轮廓。"考察队在吉萨金字塔群周遭勘察了三天，记录下墓内的景象和铭文，然后回到船上，往上游的贝尼哈桑前进。这段漫长的航程长两百公里，走了十二天，于10月23日晚上抵达。先前来过的人都说，这里只有一些凿入石灰岩壁的墓穴，并无特殊之处，因而商博良预定一两天就完成此处所有的考察工作。初步检视这些墓穴内部，装饰和铭文都很少，只有一些令人纳闷的痕迹，上面覆盖着厚厚一层灰。商博良试着用一块湿海绵擦去其上的灰尘，赫然发现色彩鲜艳的绘画，令大家瞠目结舌。这些绘画的主题五花八门，包括农业、艺术、工艺、军事场景、游戏和音乐家、歌手、舞者，非常精彩，一两天时间根本无法全部记录下来。

11月初考察队离开贝尼哈桑，但已落后商博良原定的行程。他在给雅克－约瑟夫的信中如此写道：

> 这全都得怪那位令人景仰的若马尔，他描述此地方的岩凿墓穴时过于简陋，描画小幅而不精准，用语又相当不可靠，让我以为一天就可以处理完这些墓穴，结果花了我们十五天……因为，这些墓穴里的写真画作，手法高超，精确无比，堪称一时之选，总数超过三百幅。我敢说，光是这里如此丰富的收获，我这趟埃及之行就比"埃及委员会"的浩繁卷册更圆满，成果更加斐然。

这些墓穴中的画作和铭文并非全出自埃及人之手，有些是先前到过这里的人涂鸦留念。其中有一个墓穴，有拿破仑底下的某士兵刻下的文字,简单写着"1800年,第三骑马步兵团"。商博良心怀虔敬,替此刻字涂上墨水,使其更清楚可辨,然后在下方加上自己的印记:"J. F. C. Rst. 1828"。

贝尼哈桑诸墓穴里出人意料的丰富画作,虽然提供了丰富的研究材料,却也带来不那么乐见的后果。商博良急于赶往底比斯,因而催促自己和其他队员尽快完成墓穴画作的抄录工作,以将行程的延误降至最低。结果是他自己的身体因此搞坏,有些队员则因此心生不满。最后离开贝尼哈桑,动身赶往三百二十公里外的底比斯时,队员们个个疲惫不堪,且牢骚满腹。抵达第二系列险滩之前,更为疲累,不满加倍。

时间尽管急迫,考察队还是走访了各大遗址,但各遗址所花的时间都尽可能压到最低,而因为某些遗址已遭毁坏,压缩行程倒比预期还容易办到。在公元2世纪所建的安蒂诺波利斯镇,也就是罗马皇帝哈德良为纪念溺死在尼罗河的爱人安蒂诺乌斯而建的古镇,拿破仑的学者团到来时还可见列柱、浴池、凯旋拱门,以及战车竞赛场、剧场的柱廊,但商博良来时已荡然无存,令他大为愤慨:"埃及委员会所提及的史迹,没有一处得以幸免于此地粗蛮住民的狂暴。在他们政府的认可下,他们已把一切摧残净尽,只剩基座。"他们拼命赶路,只花了一个多礼拜的时间,就在11月16日天黑后抵达登德拉。

登德拉是对拿破仑的部队和艺术家德农影响至为深远之地,也是那个后来带到巴黎而引来轩然大波的黄道十二宫图之出处所在。从尼罗河上本看不到登德拉,但在某天夜里,月色皎洁,考察队成员突然很想见到此遗址。商博良写给雅克-约瑟夫的信中,谈到了他们这种不由自主的高昂情绪:

月色辉煌,距离这些神庙只剩一小时路程。我们抵抗得了这诱惑吗？我如此问这世间最冷血的生物。眼下的工作就是赶紧吃完饭上路。我们没有向导跟着，独自上路，穿过原野，但全副武装。心想循着船头的方向往前直走，应该就可以到达那些神庙。我们如此走了一个半小时，嘴里哼着新近的歌剧进行曲，什么都没有发现。最后我们发现一个人，叫住他，但他把我们当成贝都因人，撒腿就跑，因为我们身着东方打扮，披着有兜帽的白色大斗篷，活脱脱地就像贝都因的埃及人。如果是欧洲人见了，可能会毫不迟疑就把我们当成是配备枪支、军刀、手枪的天主教加尔都西会修士游击队。那个逃跑的人被带到我面前……我要他带我们去神庙那儿。这个可怜的家伙带我们沿着一条好路走去，起初还惊惶未定，最后则是欣然走着。他身材瘦削、干瘪，肤色黝黑，衣衫褴褛，活像个走路的木乃伊，但他带路带得很好，我们也以礼相待。神庙终于出现在眼前。那雄伟的山门，尤其是大神庙的柱廊，令人叹为观止，但我根本不想用笔墨来形容当下的感受。它可以用度量衡轻易测量出大小，却无法用言语来形容。它是优雅与威严最高境界的结合。

他们回到船上，于凌晨三点就寝，四个小时后就起床前去考察此遗址。这时天已亮了，可以清楚地看见所有精美的浮雕。商博良凭借其破解象形文字的能力，注意到这是托勒密时期盖的神庙，但所祭拜的并非先前所认为的伊西斯神，而是哈托尔神。除非懂得一旁的象形文字，否则有些神祇，尤其是伊西斯和哈托尔，有时并不易区分。商博良认为这所神庙是饰有颓废派艺术雕刻的建筑杰作，但真正让他感到惊讶的是框中空无一字、不见统治者名字或头衔的椭圆形框⬭：

神庙的整个中堂内部以及神庙露台上的房间、建筑所出现的椭圆形框，其框中全不见文字。所有框框都是空的，且没有擦掉的痕迹。这里面最有趣的，而"*risum teneatis, amici*！"（各位朋友，你们可能会强忍笑意的是），那块刻有椭圆饰框而鼎鼎大名的环形黄道十二宫图仍在原位上，且这个椭圆形饰框，一如此神庙内的所有椭圆形框，里面是空空的，且框内没有一丝凿刀刻过的痕迹。埃及委员会的人认为，当初画此椭圆形框的人一定忘了画框中的文字，因而该委员会自作主张加上"*autocrator*"这个字，其实本来就不存在。

多年来，为了登德拉黄道十二宫图的年代问题，爆发过极为激烈的争议。杨研究埃及委员会所出版的一个伴随该图的椭圆形框后，判定框内符号代表阿尔西诺伊（Arsinoë）之名。但商博良研究后更正，认为该椭圆形框中的符号其实代表"Autocrator"这个字，而这个字是古罗马时代的头衔"皇帝"，此举确定了该图的年代，进而结束了这场争议。如今他发现，这个椭圆形框内其实是空的，该委员会出版它时自行从别处找了某铭文替它补上。他因为断定登德拉黄道十二宫图的年代，而赢得圣经年表捍卫者的美名、教宗的眷爱，乃至因此间接获得荣誉勋位爵士，结果这一切竟完全建立在一个捏造的图画上，令他觉得无比讽刺而可笑。

登德拉尽管让人大开眼界，但这里离底比斯已很近，商博良更急着想去那里。经过三天的逆风而行，他们抵达了底比斯："底比斯！这个名字本已在我脑海占有极重的分量。自从走遍这古都的废墟，这世界上最古老城镇的废墟，它在我脑海里更是变得巨大无比。整整四天，我不断在接受惊奇的洗礼。"这四天，商博良埋头探察尼罗河东西两岸的无数古迹，第一天考察拉美西斯二世神庙，和作为阿蒙霍特普三世神庙唯一遗物的那几尊雄伟雕像；第二天前往梅迪内哈布诸神庙；第三天置身坟墓群中；第四天则前去瞻仰卢克索和凯尔奈克的雄浑古迹。商博良并给雅克-约瑟夫写了一封充满感情的长信，描述第四天的心灵冲击：

> 第四天……我从尼罗河左岸走起，以参观底比斯的东区。首先映入眼帘的是卢克索，那是一片辽阔的官殿，官殿前有两根近八十英尺高的方尖碑，方尖碑由整块玫瑰色花岗岩制成，是高超的工艺杰作。碑旁有四尊巨大雕像，用的是同样的雕刻材料，因为胸部以下都埋在沙里，高约三十英尺……最后我来到官殿，或许说是到凯尔奈克这个古迹之镇更为贴切。法老的威严堂皇尽现我眼前，一切都出于人类汪洋恣肆的想象，而呈现出雄浑磅礴的气象。先前在底比斯所见的一切，在左岸我所狂热赞叹的一切，比起现在我周遭的雄伟情景，似乎全都拙劣不堪……在欧洲的我们不过是坐井观天之徒。从古至今，还没有哪个民族像古埃及人一样，创造出气势如此崇伟、巨大而磅礴的建筑艺术。

考察队从底比斯往西南走了十六公里，抵达赫尔门斯，抄录下当地托勒密时期神庙的铭文，在此花了一天时间。这座神庙后来被拆毁，其砖石建材被人拿去石灰窑烧了，因而考察队的记录几乎可说是证明此遗迹存在的唯一证据。再溯河而上，他们抵达伊斯纳附近的一个神庙，赫然发现该神庙已被拆毁，而且是在十二天之前的事，如若先前的行程没有延误，也不至于有此憾事，他们因此难过不已。原来该神庙附近的尼罗河堰岌岌可危，就快被一年一度的泛滥河水冲垮，当地人因此拆了神庙，拿此石头用以加固水堰。溯河更往南行，考察队抵达伊德富神庙，尽管这神庙已让一堆堆的碎石覆盖，甚至还有阿拉伯人在神庙上面和四周搭起了许多简陋小屋，但至少庙本身还完好无缺，令考察队员松了一口气。抄录下所能找到的铭文后，他们于12月4日抵达阿斯旺。

阿斯旺所在的第一系列险滩，代表着埃及与努比亚两国清楚的国界，也构成了有形的障碍，迫使考察队员不得不舍弃现有的两艘船，将物资和设备都运到险滩南边的数艘更小的船只上，以继续考察行程。阿斯旺本身就是饶富兴味的地方，是赛伊尼古镇的所在地，商博良特别想去阿斯旺对面的埃勒凡泰尼岛，看看岛上的两座神庙，结果怅然发现它们就和其他许多遗址一样，已于最近拆毁，建材被移做他用，而这次是被拿去盖军营和穆罕默德·阿里的宫殿。

在阿斯旺，商博良的身体再度出了问题，由于痛风严重，必须由两人搀扶才能行走，而他就在这么痛苦万分的情况下，走访了附近菲莱岛的伊西斯神庙。该神庙有座古罗马时期的大门，而现存年代最晚的象形铭刻就刻在这大门石头上，刻就日期是公元394年8月24日，但商博良未察觉到此。不过他倒是勉力记录下法国部队于1799年3月3日立下的纪念性饰板内容。这面饰板标志着拿破仑埃及远征之行所至的最南端，而商博良一行人则将继续往南穿越努比亚，抵达第二系列险滩，超越拿破仑的成就。这时，商博良的身体很差，勉强去了菲莱岛神庙之后，休息了好几天才恢复元气。1828年12月16日，第一系列险滩上游河岸停放了七艘船，所有物资和设备都搬上了此船队，考察队离开了埃及，往努比亚出发。

此后一路往南，考察队谨守计划，尽可能少停留，十天后抵达了阿布·辛拜勒的两座凿岩而成的神庙。六年前，商博良就靠着（建筑师于约所绘下的）此处铭文，获得破解象形文的关键线索，因而一到这里，他便急着想亲眼去看看这些对他影响最大的铭文。考察队花了两天时间探察这两座大神庙，清除覆盖其上的庞然沙堆后，更将重点放在较大的那一座神庙上。进庙的过程险象环生，商博良写给雅克-约瑟夫的信中如此描述道：

> 光是看过阿布·辛拜勒这座大神庙，这趟来努比亚就算是不虚此行。它的美妙绝伦，就算在底比斯也要让人击节赞叹。为了挖掘它，我们花了很大工夫，最后呈现眼前的则令我们直呼惊奇。立门正面上饰有四尊雄伟的雕刻座像，各都高达六十一英尺，雕工超绝，呈现的都是拉美西斯大帝。雕像的脸部一如肖像般逼真，和孟斐斯、底比斯及其他各个地方所呈现的该国王形象完全一样。它们的出色，如何赞赏推崇都不为过。这是入口处的情形。至于内部之精彩也丝毫不遑多让；而要进入里面并不是件易事。努比亚人虽曾费心清除过沙子，但我们抵达时，入口仍为沙子所封。我们把沙子清理一番，尽可能按着努比亚人已清出的小通道辟出通路，然后想尽各种办法堵住那穷凶恶极的沙流。沙流之凶恶，在埃及一如在努比亚，总是虎视眈眈地要吞噬万物。我几乎一丝不挂，仅着阿拉伯汗衫和棉质内裤，整个人趴在地上，往门口那个小洞匍匐前进。这座门如果清理干净，至少有二十五英尺高。我觉得自己像是要爬进灶口，整个身子滑进庙内之后，发现里面极热，温度高达五十二度。我和罗塞里尼、李奇及一名阿拉伯人，四个人快速穿过这可怕的坑道，手里各拿着一根蜡烛……经过两个半小时的啧啧称奇，看过所有的浮雕，因为里面的空气实在太闷，大家不得不回到灶口处呼吸新鲜空气。

出了神庙，商博良穿上一层层的衣服（这时用来隔热），包括两件法兰绒背心、一件厚重的长大衣、一件连风帽的长斗篷，然后坐在一座拉美西斯大雕像旁，以躲避袭人的强风，恢复体力。回到船上后，因为刚才探察神庙的劳累，身上的汗仍流个不停，不过脑海里却满是那些美丽浮雕的影像，当下他决心一定要把它们抄录下来，"不管用什么方法，就是要把它们复制下来。"

商博良按捺住这份迫不及待的心情，带着考察队离开阿布·辛拜勒，前往不远处的瓦迪哈勒法。该地就位于第二系列险滩下方，今日属于苏丹境内。如果要再往南，他们就得弃舟上陆，并抛弃许多物资，徒步穿越沙漠，但此时努比亚正在闹饥荒，贸然前进，大概走不了多远就会碰上食物短缺的危险，因而考察队决定按原定计划在此折返，顺尼罗河而下，回去把那些重要遗址再彻底探察一番。考察队在瓦迪哈勒法度过新年，商博良则在这天回顾已获致的成就，前瞻待走的路。过去四个月在埃及，商博良不断以形形色色的铭文来测试自己的破解体系，结果，虽然屡试不爽，然而却使该体系益趋精良、充实。尽管还有些对手否认这套体系，但事实证明象形文字确已在他手中破解，古埃及文不再是无字天书。

商博良在瓦迪哈勒法写了好几封信，情貌各异，分别反映了当时他的思绪、希望和恐惧。在写给达西耶的信中，他概述了考察队已取得的成就，以及他的破解体系如何屡试不爽：

从尼罗河口逆流而上抵达第二系列险滩，此时我很自豪，可以理直气壮地向您大声宣告，我们那封"论象形文字字母表的信"已没有一处需要更改。我们的字母表很完备，首先我把它拿去测试古罗马希腊时期埃及史迹（上的铭文），然后更兴致勃勃地拿去测试法老王时期的所有神庙、宫殿、坟墓上的铭文，结果均屡试不爽。在大家都不看好我的象形文字研究时，您对我鼓励有加，而如今事实证明您的鼓励是真知灼见……溯尼罗河而上期间，我们在菲莱岛待了十天，在这十天，我们几乎是巨细靡遗地把它彻底地考察过。埃及委员会吹捧得老高的翁布斯、伊德富、伊斯纳三地的神庙，我则会盘桓一阵子。相形之下，该委员会诸君对底比斯的神庙评价低了许多，他们并不识货……我的公文包里已满是收获，我期望能将这古老的埃及，它的宗教、历史、艺术、工艺、风俗习惯，一切的一切，全呈现在您的眼前。我所画下的东西有相当多是彩色的，我敢说和我们的朋友若马尔所画的完全不一样，因为此次是一丝不苟地再现了原作的真正风格。

在写给哥哥的信中，商博良对于未来则有更为坦然的描述："我的工作根本就是今天才开始，虽然公文包里已有六百多幅画作，但待完成的还多得几乎让人胆战心惊。"在同一封信中，他请求雅克－约瑟夫帮忙找一艘法国海军军舰，于10月初在亚历山大接载考察队员。在写给老朋友泰弗内的信中则说道："我的健康状况一直不错，希望能维持下去。我冷静从容，这不仅因为理应如此，也因为客观情势要我如此。大家相互扶持，我想就不会染上这个国家的各种疾病。"

埃及学家勒诺曼原本即跟商博良讲好，最远只随行到第二系列险滩，虽然他也是考察队忠贞的一分子，如今还是照当初的协议，坐上其中一艘船掉头北返。由于比邦早早离队，整个考察队现在剩下十二人。1829年1月1日，他们从瓦迪哈勒法折返，顺尼罗河而下，翌日停靠在马查基特洞穴下方。这个洞穴高踞在峭壁的壁面上，公元前1300年左右法老王霍伦希布（Horembeb）在位时辟为礼拜处。商博良、洛特、李奇三人冒险爬上此洞穴，商博良抄录下其中的铭文，另两人则画下洞内的浮雕。出洞下峭壁时，突然狂风大作，险象环生，所幸三人还是安然下到峭壁底部，船只迅即解缆驶离。但航行不到半小时，因为风实在太强，船只不得不靠岸，一直等到翌日凌晨，风暴才稍息。

风暴过后这一天，商博良右膝严重痛风，不得已只能待在床上。抵达阿布·辛拜勒后，也无法亲自去抄录当地的铭文，令他非常懊恼，只好利用其他队员忙于在主神庙内外必要的描画、抄录作业时，替自己的象形文字字典编写注解，并心有戚戚焉聆听自然学家拉迪哀痛陈述自己的不幸，借以排遣时间。原来拉迪先前搜集了大量岩石样本，结果一名水手担心船会沉，竟把这些岩石全部扔进尼罗河里，当拉迪发现此事时，已无可挽回，为此伤心不已。1月6日，商博良的身体还未完全康复，便坚持要到神庙工作，几乎是全靠人抬进去的。进到神庙里面，满目的雕像、浮雕、铭文，他一下子精神焕发，工作了约两个小时。庙里湿热的环境缓和了他的痛风，接下来几天，他的健康渐有起色，每次进去就是约三个小时。

在庙里工作十分累人，凡是进去过的队员都这么认为，但他们所抄录下的资料却是无比珍贵。商博良写给雅克－约瑟夫的信中提到所碰到的问题，同时赞叹他的同事出色的表现：

> 这里什么东西都是其大无比，包括我们工作的艰难也是一样，但其成果终将获得世人的瞩目。凡是熟悉此地环境的人都知道，仅在这座大神庙里画下一个象形文字，就得克服多少困难……而一旦知道待在这如今已埋在地下的神庙里（因为其正门立面已几乎全被沙子湮没），其温度之高就和热腾腾的土耳其浴一样，一旦知道几乎必须光着身子进去，一旦知道里面湿热有如火炉，人在里面汗如雨下，汗滴从眼睑垂下，把因为湿热而已经浸湿的纸打得更湿时，必定更能体会我们这群年轻人的勇气可嘉。他们每天在这火炉里待上三四个小时，疲惫不堪才离开，

双脚支撑不住了才肯停手。

艺术家和素描家负责画下所有该画的东西，至于所抄录的象形文是否精准，便交由商博良与罗塞里尼进行审核：

> 罗塞里尼和我揽下了抄录象形铭文的工作，而象形铭文数量往往很多，出现在历史性浮雕中的每个图案或图案组之旁。我们当场将它们抄下，如果位于高处，就先印在纸上。我对着原文查核好几遍，一一仔细抄下，然后立即转交素描家，他们会事先勾画出要放置的字段。

考察队花了十三天，才将阿布·辛拜勒两座神庙需要记录的东西巨细靡遗地记录下来，过程备尝艰辛，但也就在这艰辛的工作告于尾声之际，他们有了真要踏上返乡之路的感觉。商博良在日记里如此写道："这美丽的史迹，我即将与之挥手告别而不复能见的这第一座神庙……我就要如此和它永远告别，此刻心中的难过，我已压抑不下。"

从阿布·辛拜勒航行不到一天，就抵达伊布里姆堡（Qasr Ibrim）这个坚固的要塞。这座要塞高踞在一处突出的岩岬上，数年前穆罕默德·阿里的部队为了不让它为马穆鲁克人所用而加以摧毁。考察队在此短暂停留，检视了峭壁底部的数个洞穴。他们要靠梯子才上得了这些洞穴，经过考证，这是人工开凿而成的掩蔽所和礼拜室，存在年代至少可溯至公元前 1500 年左右的第十八王朝。20 世纪 60 年代阿斯旺水坝筑成后，包括伊布里姆堡在内的广大地区都没有被纳塞湖水淹没，从前如此雄伟的要塞，如今则任由湖水终日拍打其颓圮的城墙，而那些洞穴则已没入水下数米深。努比亚许多地区因这水坝的筑成而长埋水下，商博良考察队走访过的遗址，后来虽然有一部分受惠于联合国教科文组织主持的四十多国大计划被抢救出来，但仍有更多遗址未搬走，如今深埋在纳塞湖里与世隔绝。其中最浩大的抢救行动是阿布·辛拜勒那两座凿岩（rock-cut）神庙，主事者为此在别的地方用混凝土盖了圆丘，上面覆以人工露出岩，然后将这两座神庙搬到露出岩内。

考察队于大清早抵达伊布里姆堡，不久即继续赶路，当天傍晚抵达努比亚的首府戴尔（Derr）。当时有一本旅游指南形容戴尔是个"疏落的长形村子，有数间泥屋……一间清真寺，这是离开菲莱后见到的唯一村子"，但商博良却认为是"有两百间房舍的大村子，但比埃及许多城镇更宜人、更干净，因为街道宽敞，特别是因为房子周围环绕着小块的棕榈树园"。月色下用过晚餐后，商博良与一当地人聊天，问他"是否知道下命兴建戴里（即戴尔）神庙的那位苏丹王名字，他立刻回说自己年纪太轻，不知道这件事，但他说国内的老人家似乎都认为，这座毕尔贝（即神庙）在伊斯兰教诞生之前三千年左右就已建成，而所有老人都不能确定的一件事情，那就是不知道当时到底是法国人、英国人还是俄国人建成了这神庙"。商博良觉得这个说法很有意思，论道："努比亚人就是这么写他们的历史的。"

第二天日出，商博良走访了戴尔这座凿岩神庙，结果解决了一个一直令他困扰不已的小问题。在某些描绘拉美西斯二世作战场景的浮雕旁，都刻有一只狮子（颇具象征意涵，而向来为商博良所挚爱不已的动物），商博良一直无法确定它是否只是个象征符号，用以喻指拉美西斯骁勇善战一如狮子，或者真的意指狮子，经驯养、训练用以作战的战狮。而在戴尔，这位法老王的狮子实际上是被画成扑向敌人的样子，旁边并附有文字说明：𓃭𓃭𓃭𓃭𓃭𓃭𓃭𓃭𓃭𓃭𓃭（狮子，陛下的仆人，将陛下的敌人撕成碎片）。商博良因此论道："看来这似乎说明了是真有此狮，是跟着拉美西斯上场杀敌的狮子。"

考察队继续顺流北上，一路上仔细考察了多座神庙，2月1日晚上抵达菲莱。他们在这里待了六天，同时将装备拖上岸，绕过第一系列险滩，搬到停靠于阿斯旺的"伊西斯号"和"哈托尔号"这两艘原来搭乘的船只上。考察队从阿斯旺顺流而下，记录过数处遗址，最后于3月8日返抵底比斯。在底比斯的前两个礼拜，详细探察了尼罗河东岸的卢克索神庙，因为找不到合适的栖身之所，船只就停泊在岸边，供睡觉之用。考察队接下来打算到西岸的法老王墓地一探究竟。对于这个大墓地古埃及人曾有多种称呼，包括"美地"、"大野"、"西方的美梯"，但正式名称为：𓉐𓂓𓏏𓇳𓈖𓎛𓎛𓋹𓌂𓋴𓂋𓏏𓉐𓋀𓅱𓂝𓈙𓏏，意指"法老王、生命、力气、健康的数百万年伟大而尊贵之墓，在西底比斯"。商博良从他处得知此墓地的阿拉伯名为"Biban-el-Molouk"，意为"诸王之众门"。荷马在其史诗巨著《伊利亚特》中，凡提到埃及的底比斯时，均写为"有百门的底比斯"，以此与希腊的底比斯有所区别，而前述阿拉伯名与荷马取的这个名字正相呼应。商博良稍微修正了此名称，称此地为"诸王谷"，结果成为当今最普遍的称呼。

考察队住在法老王拉美西斯四世的墓里，这个墓老早就已遭劫掠一空，过去经过这里的旅人便偶尔会在此栖身。几天之后商博良写信给哥哥，提到这世间罕有的栖身之处：

于是我们这支由驴和学者组成的旅行队，当天就在这里落脚，而我们所住的地方是埃及境内再也找不到的，最好、最豪华的住所。拉美西斯国王（第十九王朝第四国王）殷勤款待了我们，因为我们全住在他那雄伟的陵墓里，而他的墓就是进了诸王之众门谷后右手边第二个墓。这个凿岩而成的坟墓，保存仍很完好，通风、采光均充足，住在这里的感觉真是不可思议。我们住在最前面的三间房，这三间房总长有六十五步之遥，墙高十五英尺至二十英尺不等，天花板上布满彩色雕刻，颜色几乎仍保持着原来的鲜艳。这真是不折不扣的王公住所……我们就是这样在诸王谷落脚过夜，而这还真是死人的长眠之所，因为在这里看不到一片草叶，除了豺和土狼之外，看不到其他生物。前一天晚上，我的仆人穆罕默德骑的那头驴，就在距我们宫殿百步之遥处，遭它们生吞活剥。

商博良在信中附上了这座墓的平面图，说明他们如何将墓内长长的坑道分隔成数个房间，标明每个人睡觉的地方。他鉴定这是拉美西斯四世的墓，而这张平面图恰恰证实了他的看法无误，但后来不知怎地，或许因为罗马数字Ⅳ（四）和Ⅵ（六）很容易搞混，考察队竟误记为拉美西斯六世之墓。其实他们所住的这个墓，商博良先前在都灵梳理德洛维蒂收藏的纸莎草纸文献时，就已发现古埃及人为此墓画的平面图，但因这份古平面图有缺漏，而商博良所能取得的唯一一份该墓勘测图又是埃及委员会所绘，并不精准，因而他当时并不知道此一重大巧合。多年之后，卡特予以精确测绘之后，才证实那份古平面图上的墓，就是这座拉美西斯四世墓。附带一提，卡特测绘过该墓之后，因发现图坦卡蒙之墓而声名大噪，发现之时正好与商博良在巴黎破解象形文字相隔百年。

在诸王谷，他们仔细记录下十六座坟墓的图画和铭文。这些坟墓的画作都非常精美，但有些全墓都可进入，有些只有局部可进入研究。最近几十年，由于渗水、暴洪、岩石崩塌、盐蚀，加上观光客太多，这些古墓遭到损毁，他们当年留下的纪录就成了今日极其珍贵的历史文献。然而这支法国暨图斯卡尼考察队本身也造成些许破坏（或者说是为了抢救画作免于损坏），因为商博良和罗塞里尼在塞提一世墓里，各自割下了一块绘有壮观画作的灰泥块，如今分别存放在巴黎卢浮宫和佛罗伦萨的考古博物馆。

考察队信件的收发都由一名信差徒步往返开罗运送，而至少有那么一次未见信差返回，考察队又派了一名信差前去查探他的死活。4月2日，商博良交给信差一封信，翌日一早，信差就带着包括这信在内的一捆信离开了考察队。商博良这封信写给雅克－约瑟夫，里面提到当天晚上他们准备了一顿特别的晚餐，以补庆祝他的女儿佐拉伊德的四岁生日。佐拉伊德的生日其实是3月1日，但当时他们快到第一系列险滩，所剩的物资不多，无法当天庆祝。为了这顿晚宴，他们抓到一条鳄鱼，意义重大，因为他们认为鳄鱼肉应该是人间美味，自去年9月离开亚历山大城，就一直想捕捉或买一条鲜活的鳄鱼进补，但总是未能如愿。不过，信差离去前，商博良在信尾加了如下附注："我们的鳄鱼大餐在夜里变质，肉变成绿色，还发臭，真是糟糕！"

在埃及冒险、考察的这几个月，商博良尽管有时身体不适，工作过度，但心情都很愉快。毕竟他觉得这是自己一生该走的路，而又以在底比斯最让他觉得得其所哉。因而在欧洲，尤其在巴黎，正为他的象形文字破解体系闹得扬扬沸沸一事，他大体上浑然不知。而事情之所以闹得这么大，若马尔、杨、克拉普罗特三人明来暗往的中伤抹黑，尤其功不可没。就在这明枪暗箭纷至齐射之际，雅克－约瑟夫写来的信中却未对此详述，大概是有意隐瞒。雅克－约瑟夫写给弟弟的信因此有时显得非常简短，而让商博良极为失望："我发觉你这几封信都写得很短，不要忘了我和你相距一千里格。"但这时雅克－约瑟夫告诉弟弟，杨寄了封信给巴黎数位学者，痛责他们太过看重商博良的研究发现，收信者包括商博良和杨都认识的天文学家阿拉戈。对自己成就满怀信心的商博良，反应则是恼怒、同情兼而有之：

因此这可怜的杨博士真是无药可救了？干吗还要去炒这些

已经馊了的冷饭？真谢谢阿拉戈先生挺身而起，捍卫法国和法老王字母表的名誉。不管这个英国佬做什么，它还是属于我们的，而历史悠久的英国，其国人凡是想拼写埃及象形文字，终究都得从年轻的法国这儿，学习如何用迥异于"兰开斯特那一套"（注：兼嘲杨和若马尔二人）的另一种方法来拼写。而且，在这位博士还在谈此字母表和我的当儿，我已投身埃及古迹群六个月，震惊于自己在那里所解读的东西，震惊于解读时驾轻就熟之远超乎自己想象。我已取得令他极为难堪的成果（但这不足为外人道）。

这封信接下来以非常隐晦、甚至连雅克－约瑟夫都难以领会的措辞，提到他在埃及许久以来所积累的有关早期法老王的纪录，已证实由圣经推演出的年表根本是错的。但他深知此事非同小可，当下不敢言明。

4月过去了，时序进入5、6、7月，埃及夏天的炎热一天胜过一天，工作环境愈来愈恶劣，每个队员都叫苦连天，而让他们吃苦的还不只是热。探险家兼医生李奇被蝎子螫中手臂而无法工作，此后虽然继续待在队里，却未得到康复，最后于1834年死于佛罗伦萨。其他人则老是觉得疲惫不堪，更别说体力已到强弩之末而令同伴忧心他撑不下去的商博良。他曾坚持要同伴别为他担心，让他一人留在诸王谷的坟墓内工作，结果好几次被发现倒在纸堆上。有些同伴则受不了他对象形文字那种永不消退的痴迷劲儿，洛特在写给父母的信中还抱怨象形文字："我们已经被它们吞没！一年的工作，毫无中断的一年，没有一天休息，没有一分钟歇息。"7月底，艺术家贝尔丹、勒乌、迪歇纳都放话威胁说要走人，但最后只有迪歇纳离开。迪歇纳于7月30日离队前往希腊，同时帮商博良带了几箱古文物到亚历山大城。

商博良尽管疲惫不堪，干劲和乐观丝毫不减。7月初写给雅克-约瑟夫的信，就表露出他全心的执著：

> 我亲爱的朋友，收了你三封信后，我终于提笔回信，虽然或许迟了些……但你得考虑到我才刚回到人间。一直到6月初，我都还住在坟墓里，在那里几乎是不管世事的。但尽管身处漆黑的墓穴，我的心仍在跳动，往往还穿越埃及与地中海，以重温塞纳河畔的美好回忆。往日的合家同浴，让我的血液恢复清新，让我的心脏更为强壮……别忘了挑个适当时间，代我向德萨西先生致意，如果我的研究成果证明他一直以来对我研究的悉心关照不是白费，那我会高兴万分。先前写了两封信给布拉卡公爵，但一直未收到回信……如果他没收到，而认为我刻意不告知他近况，进而以为我已忘记他过去的大恩大德，那我会非常难过的。如此疏忽并非我的本性，我更无意如此。

完成诸王谷的工作后，考察队将基地迁移到附近古尔纳的一所房子，并称此房子为他们的"府邸"，然后就在这里，每天早上七点工作到中午，下午再工作两小时，每日如此；晚上有时也写报告、替画下的东西制作副本，或写信。商博良开始研究邻近的代尔巴哈里遗址的铭文，结果发现令他不解之处。尽管他看得懂两个法老王的名字，但其中一个他先前不知道的名字附有阴性字尾，而这个名字却与一幅蓄胡的法老王人像有关。他注意到某些带有阴性字尾的名字遭人刻意擦掉，于是推断有一名法老王曾以摄政王身份统治埃及，直到他人掌权后才下台，而必然有人不喜欢该法老王的摄政，因而在他下台后竭力要让其名字从历史中消失，但令商博良不解的是那阴性字尾。代尔巴哈里遗址位于底比斯处的尼罗河西岸，背后有壮观的石灰岩峭壁，过去一度坐落有埃及最雄伟的御庙（祭祀已故法老王的地方），而商博良几乎是忍不住要推断，这个以摄政王姿态统治埃及的法老王其实是女法老，而这就是她的御庙。在当时学界，这种新主张是破天荒的。这位女法老是 ，即马阿特卡雷·哈特谢普苏特－阿蒙，习称哈特谢普苏特。她是法老王图特摩西斯一世的女儿，在小侄子图特摩西斯三世继她的异母兄弟图特摩西斯二世为王后，她出任摄政王，掌握实权，后来并甘冒不韪自称法老王。她在位期间大概是公元前1498年至公元前1483年间，其间大部分时期和其侄子共享大权。死后她的名字遭人抹除，其原因很可能是因为后人认为女人出任法老亵渎了传统，而非出于侄子对她的怨恨。

离开代尔巴哈里后，商博良继续考察了尼罗河西岸的底比斯其他遗址，包括具有极精彩浮雕的梅迪内哈布神庙群。在这里他认识到古埃及人如何计算战后敌人的死伤，并将此方法记录下来。对其中一幅浮雕所描绘的景象，他描述如下：

> 诸王公和埃及军队的诸领导人，带领四列人犯来到得胜的国王跟前。书吏清点右手和生殖器的数量，记录下来，这些器官都是从战场上的罗布人（亚洲人）的尸体上剁下来的。铭文上写着："带领人犯晋见陛下，人犯共三千人，剁下的手三千只，阴茎三千具。"法老王坐在战车上，向战士们讲话，神情平和，拉战车的马由军官抓着，这些战利品就摆在了法老王跟前。

商博良早就认为埃及艺术发展最早，它不受古希腊艺术的影响，而看似自行发展出来的希腊艺术，反而源自埃及艺术。底比斯的神庙和坟墓恰恰为他提供了充分的证据来支持这个观点，他在写给雅克－约瑟夫的信中因而如此论道：

有些顽固之人至今仍以为，埃及艺术因为希腊的入主而更趋完美，但这里有一千零一个再鲜明不过的证据可驳斥这种观点。我要重申，埃及艺术只得之于它自身，它所创造出的所有伟大、纯正而美丽的东西都是如此……古埃及将此艺术传授给希腊，使其艺术发展到最极致，没有埃及，希腊大概永远不可能成为古典美术的国度。我以入教宣誓时的百分之百的虔诚，表明自己在这个大问题上的立场。我写这封信时，几乎就正对着一千七百年前埃及人以精美绝伦的高超技艺制成的浮雕，而当时希腊人在做什么呢？

7月初商博良给哥哥写了一封信，说他做出更改考察行程的决定，他将于8月1日渡过尼罗河到东岸，研究卢克索和凯尔奈克，然后于9月1日启程返乡，途中只停留登德拉和阿拜多斯，最后于9月底抵达亚历山大。他原打算回程绕经罗马，以完成他的方尖碑研究计划，但因为支持者教宗李奥十二世已于2月去世，这时只好作罢。他促请哥哥务必安排一艘好船，届时于亚历山大城等待接运他们。商博良在埃及期间，他的家人都是和哥哥全家住在一块，也即雅克-约瑟夫于去年在国家图书馆觅得新职后配发的寓所里。商博良归来后，他们一家势必得搬出来自己住，因此他在信中告知太太罗津，现今该开始找寻自己的住所，而由于商博良极害怕巴黎的寒冬，信中还指明要找某一种房子。他特别要求得找"一间温暖的公寓，以便我度过回来时需要度过的严冬。现在冬天虽还没来临，但一想到它就让我发抖"。

商博良这时其实是精疲力竭，但在信中并未表露，还是按计划于8月初和剩下的队员越过尼罗河，前往记录雄伟的卢克索神庙和其两座方尖碑，并迅速完成此工作。这时期两兄弟的通信常谈到要带一座方尖碑回巴黎之事，因为商博良颇中意这神庙外两座方尖碑中的一座。他兴致勃勃地写道：

> 我要再表明我的观点，即如果政府希望巴黎有座方尖碑，取得卢克索这其中一座（进去时右边那座）当会令全国人都感到荣耀。这块巨石碑精美绝伦，高七十英尺……工艺精湛，保存得出奇完好。这件事要坚持到底，然后找个有意借着替巴黎找到如此绝妙的装饰物而让自己名垂青史的外交使节来办，三十万法郎就可以办成。要让大家将此当成大事来看待。如果他们希望自己来，就请他们派个建筑师或有实务经验的工程师（千万不要找学者！）到现场，让他的口袋里装满钱，然后方尖碑就会动起来……我有这两座美丽巨石碑的精确仿制品，而且非常小心翼翼地带着。在这同时，我更正了埃及委员会雕版印刷品的错误，并以直挖到方尖碑基部的挖掘成果予以补正。遗憾的是，我们无法记录下右方尖碑的东面末端和左方尖碑西面末端的铭文，因为那得拆除某些土屋才能办到，而这会让好几户贫穷的农家无家可归。

与此同时，商博良写信给法国驻亚历山大领事德洛维蒂，敦请他游说法国政府选择卢克索这座方尖碑，而不要挑亚历山大城那一座。后续的洽谈商博良涉入不深，但最后还是挑了他中意的那一座运到巴黎，于1836年10月竖立在协和广场上。

接下来考察队要面对的是凯尔奈克遗址。这座位于底比斯的庞大宗教建筑群，占地约一百公顷，去年考察队初次到访时就曾为之震惊不已。有一条通往卢克索神庙的大道，道旁林立羊头狮身像，大道旁坐落着奥佩特神庙，考察队的总部就设在这座小神庙。古埃及人将奥佩特视为母性的化身、分娩守护神，通常以母河马的形象出现。一年一度的奥佩特节是底比斯的两大节日之一，每逢此时，古埃及人就会以多艘礼船，沿着羊头狮身像大道，将成列的神像从凯尔奈克运到卢克索神庙。另一大节日叫"河谷美节"，此时会将膜拜的雕像由凯尔奈克渡过尼罗河带到西岸。

在底比斯待了六个月后，考察队于1829年9月4日晚上启程航向登德拉，翌日再度走访了当地神庙，好让商博良查看黄道十二宫图的那个空白椭圆形框："我要用双眼和双手消除心中的疑虑，确认那个环状黄道十二宫图侧边铭文里的椭圆形框的确是空的，里面从没有刻过东西。而事实的确如此，毋庸置疑，至于那个鼎鼎大名的"autocrator"，则是我们的朋友若马尔的添足之作。"离开登德拉时，他们遇到两名信差捎来信件，其中有封雅克-约瑟夫的来信，信里表示由于若马尔和其同伙的反对，2月时商博良再度未能选上铭文与文学学会会员，而雅克-约瑟夫虽然已任该学会终身书记达西耶的秘书多年，仍只能当个该会派驻格勒诺布尔的"通信会员"。

这时尼罗河水泛滥特别厉害，考察队乘船顺流而下，非常畅快。洪流浩浩荡荡，令商博良叹为观止，但农民的作物和田野全遇洪水灾害，又让他很是难过。由于洪水为害，阿拜多斯之行不得不作罢，而以商博良此时的体弱，这未必是件大憾事。这时他只希望赶到开罗，短暂停留后前往亚历山大城，然后返乡。疾病缠身的自然学家拉迪，这时却独排众议，决定只身进入尼罗河三角洲，他的助理迦拉斯特里已于数月前因患病而离队返回意大利。拉迪进入三角洲后下落不明，据推测迷失在三角洲里。

在开罗，商博良听到他的劲敌兼同事杨已于数月前去世，心中很是怅然。他们最后一次见面是在巴黎，正是商博良前往埃及的前夕。杨一生从未去过埃及，两人分手后，杨就从巴黎前往日内瓦，1828年秋回到伦敦公园广场边的宅邸。这时杨生活惬意，恬然自足，身体也很健康。他回来不久如此写道："至于本人，我很满意现在的生活，每天十一点到两点做例行的工作，其余时间则坐下来研究我的象形文字或数学，或是在图书馆里，与来自比阿尔卑斯山或地中海更远处的人交谈。"

杨继续编写他的通俗体字典，以附加在塔坦姆所编的科普特语文法书中。12月中旬（商博良从菲莱前往努比亚途中），他写信给老友兼前门生葛尼道：

> 我刚把我那本古埃及语小字典完成修改后的誊清本送付平版印刷，之后，我还得再誊一份副本，这得花上两三个月，其间要用上手和眼，脑子则几乎派不上用场。这里谈不上有什么特殊之处，但我以草书所写就，杂乱无章记录下来的所有东西，因此能保存下来而不至湮没。总共约百页。

一个月前，盖尔则从那不勒斯写信给杨道：

> 当初要是你派我随商博良同去埃及就好了。他曾邀我同去，但我缺少盘缠。我清楚地了解自己应该有所作为，因为我认为我的观察、规划比别人强，而且研究起象形文字更有耐心……我很高兴和你言归于好，不管怎样，赶快出版你的通俗体字典就是了，以免给有些丑陋的德国人抢先一步，因为我敢说，数十名德国人现在还只能埋头研究它，做不成其他事情。

1829年2月，商博良从努比亚返回菲莱途中，杨似乎患上气喘病，身体开始变得虚弱，至4月，肺和心脏都严重受损。缠绵病榻之际，他表示除了那本他继续在监印的字典之外，已完成所有研究，不过此时他身体已非常虚弱，只能握住羽毛笔，握不住铅笔。他说编纂这本字典是他人生一大乐事，"如果疾病让他提前结束生命，他对自己此生并未虚度感到心满意足"。1829年5月10日，商博良人在诸王谷的坟墓工作之时，杨终于去世，享年五十六岁，死因是"主动脉骨化"，和其妻子的家人一起埋葬在肯特郡法恩伯勒村圣吉尔斯男修道院院长教堂的地下室。他的妻子很希望西敏寺里能有纪念像表彰他，最后如愿以大奖章雕刻的形式呈现，奖章上有葛尼主笔的铭文。杨的纪念性物品还有数项流传至今，包括他的出生地萨默塞特郡米尔弗顿镇房子内的一面饰板、伦敦韦尔贝克街宅邸里的另一面饰板。萨默塞特郡汤顿镇的郡法院和皇家法院郡立大楼里，有座杨的大理石半身像，石像下方有一段铭文，同样出自葛尼之手，但篇幅较短，内容如下：

  托马斯·杨，英国皇家学会的医学博士会员和外事书记，法国国家研究院的会员。学识之广博、真确，超越群伦，对于一些现象的原因，特别是物理光学原因之探究，洞察之敏锐，仅次于牛顿。发现埃及象形文字的第一人，著述多篇自然哲学讲稿，而为最出色的科学文献样本之一。为人高尚，素受朋友喜爱，成就杰出，声名崇隆于世。死时仍冀盼重申世间之公义。1773年6月13日生于萨默塞特郡米尔弗顿镇，1829年5月10日死于伦敦公园广场，享年五十六岁。

  杨死后一年，因塔坦姆和葛尼的帮忙，其《古通俗体字典入门，包含所有已确知字义的文字》一书终于出版，其中部分内容采自杨粗略的注解，书中还附有一篇杨的生平及已出版著作一览表。此书中有数处谈到埃及年表，主要借天文学上的证据来论述，接下来有数节谈到通俗体的数字和日月之名，而商博良替他找来的许多纸莎草纸文献，在这数节中就得到采用和肯定。这本书最后的部分、也是分量最重的部分，就是附有英文翻译的通俗体字暨词组字典。杨虽然未能在破解象形文字上有根本的突破，却是在通俗体（公元前7世纪中叶起出现的古埃及语文）研究上有实质进展的第一人。杨初研究时还搞不清楚通俗体和僧侣体的差别，但通俗体真正破解者这项荣衔，还是应该非他莫属。遗憾的是，因为他在象形文字破解上所扮演的角色有所争议，他的这项成就因此往往遭到漠视。

9月底，杨去世后四个月，商博良带着剩下的考察队员离开开罗，赶往亚历山大，他心中企盼能和法国来的船只准时会合。在亚历山大，他们发现法国领事已换人，不是德洛维蒂了，而数月前离队的迪歇纳替他们带到这里的数箱古文物，新领事并未予以妥善保管，反而落入某商人手中，许多文物因此遗失。更糟糕的是，原定要从法国发出的船，甚至还没从土伦港出发，考察队沮丧万分，只能蹉跎度日。在此同时，商博良数次和埃及统治者穆罕默德·阿里会面，并应其邀请撰写埃及上古史纲。在这份报告中，商博良首度对埃及史之悠久发表他的最新见解，甘冒天下之大不韪指出埃及史可上溯到"伊斯兰教之前六千年"，而这比基督教神学的世界创生年代还早了至少一千年。

穆罕默德·阿里后来又收到一份不在他要求之列的报告，是商博良针对埃及、努比亚的古迹保存主动发出的紧急呼吁。在这篇报告中，他颇有技巧而语带感伤表示，许多旅人和学者"对大批古迹遭损毁非常痛心，最近几年许多被拆毁净尽，甚至连痕迹都不留下。大家都知道，如此野蛮的破坏行为根本与陛下的开明观点和著名善意相违背"。接着商博良一一列出有哪些古迹最近被毁，还有哪些古迹应不计代价周全保护。报告最后建议，考古挖掘能提供相当珍贵的知识，不应中断，但浮滥挖掘应予制止：

简而言之，以众所认同的科学利益为依归，挖掘不应中断，因为透过考察活动，科学可每日获得新的真相和意想不到的启迪。但挖掘应予管制，以让今日和未来所发现的坟墓都能得到周全、确实的保护，而绝不至于受到无知或盲目贪婪的伤害。

原定要到法国的运输船迟迟未至，罗塞里尼和图斯卡尼考察队剩下的队员不耐久候，搭上商船径自返回里窝那，于是在亚历山大城就只剩下商博良、切鲁比尼，以及洛特、贝尔丹和勒乌。后三位法国艺术家因受邀绘制人像及剧院舞台布景而决定留下，商博良则和忠诚的切鲁比尼于12月初搭乘"星盘号"驶向土伦。1829年12月23日，商博良三十九岁生日这天，终于抵达土伦港。由于埃及随时都笼罩在鼠疫的阴影下，从埃及归国的商博良必须在海上经过一个月的隔离检疫才能上岸。检疫期间极为枯燥乏味，而又正值当时人们记忆中最寒冷的冬天，结果大部分日子均在肮脏而空无一物的检疫站里度过的，这里只有一只冒烟的炉子供取暖，晚上则睡在没有暖气的船上。

1830年1月底，商博良结束检疫上岸，但一想到要回巴黎便忧心忡忡，因为他知道回巴黎他的身体将变得更差，因此他决定待在寒冷但较干燥的南方访友，参观埃及古文物，直至2月底。"今年是怎么搞的，这么个鬼冬天让我苦不堪言，在这种雾茫茫的天气到巴黎，我担心痛风会发作。"得知在埃及期间，反对自己的声浪更加高涨，他甚至受到指控窜改史料以配合自己的破解体系，因此他更不愿回巴黎。商博良写信给罗塞里尼表示，此时他的第一要务就是完成他的象形文字文法，这"在今年底可以问世，是我们的旅程必不可少的开端。但那些质疑我的体系、反对我的成果的人，届时还是不会因此改变其看法，因为这些绅士不愿改变，又无比虚伪……令人唾弃。"

3月4日早上两点，商博良回到巴黎，没多久患上严重的痛风，只能待在法瓦尔路四号二楼的新住所里，无法出门。他的新住所离雅克－约瑟夫住处只有几分钟距离，离卢浮宫很近。商博良的低调返回巴黎，与图斯卡尼考察队回到意大利后受到的热烈欢迎和荣宠赞美，形成强烈对比。大公利奥波德二世急于要将所有研究成果出版问世，因而罗塞里尼4月底便开始催促商博良撰稿，要他来比萨与其夫妇同住："带着你的证件来吧……我和我内人会陪你，我们可以一起度过整个夏天，还有秋天……罗津夫人和可爱的小甜心若能跟你一起来，当然也很好。"

在巴黎，情势就没这么单纯，由于外务繁多，商博良愈来愈难以专心做任何一件事。埃及来的古文物刚送来卢浮宫不久，加上往埃及之前才买进的那批德洛维蒂收藏，古文物部门亟需替旗下文物编整新目录。各种事务纷至沓来，让他脱不了身，但就在这繁忙之中，就在他得应付随时可能垮掉的身体之际，他还是尽力腾出时间处理其象形文字文法，然后才去为埃及考察之行的成果撰写长篇报告。3月时，他再度遭铭文与文学学会拒于门外，令全欧洲许多学者大呼不可置信，也让法兰西研究院声誉蒙羞。该学会受此刺激，大规模改选会员，输入大批新鲜血液，1830年5月7日，商博良终于获准成为该学会会员。

九天后傅立叶去世，享年六十二岁，死时脑海里萦绕着埃及的无数回忆，因为去世前几天商博良才去看他，跟他谈起考察队的所见所闻。1815年拿破仑从流放地回来后，傅立叶失去其伊泽尔省省长的职务，后来出任隆省省长，但这个新职他只担任了几个礼拜。回巴黎后，他起初在统计局工作，后来进科学会服务，1822年8月成为该学会数学部门的终身书记。生前最后几年，极为关注商博良的研究进展。商博良前往埃及前夕，他曾指着先贤祠鼓励商博良："终有一天，你会因埃及而在此圣所里占得一席之位。"

1830年后半年，欧洲数国爆发革命，法国也不例外。查理十世政府高压极权，极端保守，反政府的自由派势力日益壮大。7月25日，保王派解散新选出的议会，实质上废除宪法，人民愤而于7月27日武装起义，此为所谓的"三荣耀日"革命。负责保护国王安全的禁卫队，以当时仍与杜勒丽宫相通的卢浮宫为基地。7月29日，数千名武装平民冲进卢浮宫的查理十世博物馆，但这其中多数人的意图为劫掠而非革命。他们从商博良的埃及文物馆中偷走了许多小雕像、护身符、纸莎草纸文献和金、银、宝石制品，包括他刚从埃及带回来的文物，以及索尔特和德洛维蒂的收藏品。这些遭窃文物从此未再现身，对商博良和埃及学都是重大的损失。

查理十世逃到英国，奥尔良公爵路易腓力受拥护继任国王，并自称为法国人的国王，而非法国的国王。国内政治情势仍处于一触即发的状态，因为有相当多的人民不看好这个新君主政府。许多贵族放弃显赫的职位，布拉卡公爵因为与查理十世过从甚密，已准备好随时流亡国外。傅立叶去世后才几个礼拜，商博良终于不得不和一直以来支持他不遗余力的友人布拉卡黯然告别，心情再受重击。商博良为此向勒诺曼表示："这次分别让我老了好几岁。"

过去布拉卡一直在游说查理十世赐予商博良埃及学教授一职，以示答谢商博良，但直到商博良从埃及回来都未能如愿。新上任的路易腓力则和商博良比较谈得来，商博良因而可以觐见国王，讨论自己关注的事项，比如已提议的从卢克索将方尖碑运到巴黎一事。因为革命动乱，商博良到9月底才得以恢复原有的作息规律，耽搁了太久还没写信给罗塞里尼，这时终能提笔向他勾勒自己的计划，即打算在10、11月处理象形文字文法尚未解决的问题，同时开始编整埃及考察的共同成果，之后两个月出版象形文字文法书。

罗塞里尼收到这封迟回的信时，正好要宣布他预定从翌年起定期在意大利出版的计划。10月初，他回了信，信中对商博良太久不回信很不高兴。在法国，稳定的表象底下革命情绪仍在沸腾。12月，再次充作军队总部的卢浮宫，受到攻击者短暂的威胁。除了政治动荡令商博良忧心之外，他还让来自国内外仰慕他的游客住在家里和卢浮宫中，更让日益吃重的工作量，比如重新翻修博物馆，压得喘不过气来，致使他只能在晚上从事个人研究，其健康因此愈来愈差。

商博良参与的计划当中，其中有一项是与天文学家毕奥共同负责，分析在埃及所记下、所画下而与历法、季节、农业年、天文学等课题有关的笔记和图画。1831年三四月，他们就上述课题向科学会和铭文学会发表了多篇报告。报告中显示，以古代天文事件如日食、至日为证，就可以精确断定日期，因此极受好评。3月18日，一场最重要的会议结束前，商博良接到法国国王敕令，奉派出任法兰西学院教授之职，而十三年前他还是该校学生。

前一个冬天的严寒，加上隔离检疫时在恶劣的环境里待了数个星期，伤害到他的肺部和喉咙，因而过去几个月里，他有很长一段时间难以开口说话，不在卢浮宫的时间愈来愈多，只能日益依赖助手狄布瓦和数月前才投入他门下的萨尔弗里尼的帮忙。萨尔弗里尼年方二十二，曾在波隆纳学过东方语言，商博良在都灵的友人迦塞拉认为他比罗塞里尼更有潜力，而向商博良极力推荐。而事实证明他的出现是商博良的一大幸事。他很乐于帮忙卢浮宫内的各种事务、替商博良来往该博物馆送口信、到商博良的寓所帮忙处理象形文字文法书，并帮助准备大学课程，而他也因这一绝无仅有的机会，渐渐深入了解到商博良在象形文字和埃及学上的最新见解。

商博良已准备好讲授他在大学的第一门课，授课前的广告宣称："商博良先生会解释古埃及语—科普特语文法的法则，阐述神圣书写体的整个体系，同时说明象形文和僧侣体里所有常用的语法形式。"商博良打算以第一堂课的讲稿，作为即将出版的文法书前言，但因为健康不佳，开课日延迟了几个星期。1831 年 5 月 10 日，商博良终于以法兰西学院教授的身份授课，概要讲述了古埃及文字这门方兴未艾的学问。他认为古代语言的研究必须以考古学和语文学为共同基础："考古学和语文学是历史学不可或缺的两门辅助学科，而今天所开这门课的主题——古埃及古迹，因为它们的本质（如果可以这么说的话），大体上应该归入这两门学科结合而成的领域内。"

第一堂课得到的反响是好评如潮，许多学者从欧洲各地赶来聆听这重要的一课，但商博良的压力也很大。支气管的毛病急遽恶化，致使他只能待在寓所，出不了门，原定两天后的下一堂课因此推延了两个星期才上。他写信给图斯卡尼的利奥波德二世，请他让这时仍余怒未消的罗塞里尼到巴黎来，处理两人共同著述的细节部分。商博良在此大学只再讲了两堂课，就因说话有困难而不得不停止该学期的课。这时他的痛风恶化，一再复发，身边的人都劝他离开巴黎，特别是此时巴黎正爆发流行性感冒，但他听不进去，只是日夜期盼罗塞里尼早日来巴黎。

7 月中旬，罗塞里尼抵达巴黎，这时的夏日正热得令人难以忍受，而又暴乱频仍。罗塞里尼发现商博良病得很重，非常担心。7 月底，商博良病情有所好转，两人便开始整理在埃及搜集的资料，商博良并将最近的见解和发现告知罗塞里尼。商博良急于将自己最新的发现公诸于世，而一直以来保护弟弟不遗余力的雅克－约瑟夫，则将此联合出版的各项非正式协议纳入法律合约的规范。商博良致函国王路易腓力，请求准许他将此书献给国王，与十七年前他怒不可遏想阻止自己的第一本书献给国王路易十八时判若两人。几天后，8 月 21 日，商博良觉得自己再也忍受不了巴黎的空气，悄悄前往家乡菲雅克。

四天后回到菲雅克，便马上前往老家，这时老家所在的路已改名商博良路，以表彰他的贡献。两个姊姊玛莉和泰蕾兹见到他，喜不自胜，而他返乡的消息立即成为镇上的大事。既已远离巴黎，他觉得身体好了许多，立即开始替他的文法书撰写定稿，供出版之用，每天只出门短短时间小小散步一番。姊姊保护他免受不速之客的干扰，并安排生活所需，务使他住得舒服而能得到充分休息。商博良急切想完成出版心愿，因为战争、革命、肆虐全欧的霍乱虎视眈眈，他很害怕自己哪天性命不保；但他又很担心出版过于仓促，曾数次向勒诺曼表示，如果有把握未来还有数年可活，便不会急于现在出版。商博良决意于11月返回巴黎，于是促请哥哥替他安排好该书的印制事宜。雅克－约瑟夫这时已就合约的细节和罗塞里尼谈定，9月初罗塞里尼便带着签好的合约离开巴黎，前往意大利。

在菲雅克期间，商博良的身体大有改善，因而很不情愿回巴黎，就像二十个月前他在土伦接受隔离检疫期间的心情一样。他写信给哥哥，表示要等到大学的课开始时才会回去，并说不想在早上八点就开始上课，因为冬天这时候实在太冷。自他从埃及回来，这是第一次可以心无旁骛地做研究，但好景不长。雅克－约瑟夫坚持要他立刻回巴黎，因为卢浮宫亟需他回来坐镇，德萨西希望他回法兰西学院，海军部长则要和他讨论从卢克索运方尖碑回来的事。商博良在写给菲雅克镇一名友人的信中意气消沉地说："死神在巴别埋伏着，准备袭击我"。而在写给哥哥的信中则说，只要再有一段时间让他如此不受打扰，就可以完成象形文字文法书："只要再有一个月，我的五百页就可以完成，但这就必须有所取舍，并欣然接受可能的后果。"

11月28日，商博良搭乘公共马车前往巴黎，打算三天后抵达，以赶上12月2日重登讲台，但在里昂时遭遇暴乱，延误了行程，而当时正是天寒地冻的冬天，他的身体因此变坏。最后是在12月5日星期一，商博良才回到法兰西学院重新开课，他在课堂上阐述明晰，兴致勃勃，令听课者听得如痴如醉。他不顾身体状况，勉强地又教了一堂课，但12月9日再教课时，刚开讲就昏倒在地。四天后中风，造成局部瘫痪，虽然几天后就可以下床，但提笔写字却很困难。商博良忧心忡忡，只好将文法书的手稿和笔记托付给哥哥。

在这同时，罗塞里尼希望于1832年1月出版第一卷，于是再度促请商博良来家中做客："你生活的一切所需，都交给我来负责。有我和我太太，保证让你宾至如归。"由于身体康复渐有起色，商博良觉得自己很快就可以重拾工作，结果却是数度陷入忧郁症。这段时间多半都有学生萨尔弗里尼陪伴着商博良，但雅克－约瑟夫却怀疑他居心叵测，因为有谣传说他是撒丁尼亚－皮埃蒙特国王派来的间谍。

1831年12月23日，四十一岁生日这一天，商博良坚持要人送他回马札林路二十八号的房间看看。他在那里待了一阵子，感触良深，宣称："这是我学问的诞生之处，我们已合而为一，结合成不可分割的实体！"商博良同时前去探望了缠绵病榻多年、一再要他来看望的达西耶。1832年1月12日，天文学家毕奥来探望商博良，两人热切讨论了无人做过的研究计划，打算以天文事件为证据来断定日期。翌日他们继续前一话题，开始勾勒计划内容，就在此时商博良痛叫一声昏了过去。大夫紧急赶往救治，发现他急性痛风，肢体瘫痪，几乎讲不出话来。后来这些症状渐渐减轻，1月底时病情有了明显好转，但商博良仍很痛苦，因而高声喊道："老天啊！为何就不能再给我两年呢？"然后指着头说："太快了，这里面还有许多事要做呢！"

他就这么病着拖了好几个星期，2月底时，已是游走于昏迷与清醒之间。3月3日晚上，商博良突然变得很精神，说话能力大有改善，雅克－约瑟夫意识到这是回光返照，急忙请了一名教士前来为弟弟举行临终圣礼。几名亲人和朋友也前来向他告别，包括刚满八岁的小女儿佐拉伊德。他的侄子日夜看护他已有两个多月，这时商博良让他们到他的办公室，替他拿来埃及之行所留下的东西，包括笔记本、阿拉伯式服装和凉鞋。1832年3月4日凌晨将近四时，也即从埃及返回巴黎后两年又两个小时，尚－弗朗索瓦·商博良与世长辞。

他逝世的消息震惊了整个巴黎。由于他的家人刻意封锁病情，不让新闻界报道，许多知道他患有此病的人，都不知道他的病竟然如此严重。他的面容受病魔摧残而不复原样，仅有少数人得以看到他的遗体。3月6日早上将近十一时，商博良的遗体运到了附近的圣罗克教堂，也就是将近二十五年前他向教士学习科普特语的地方。庞大的送葬队伍从该教堂出发，穿梭在庆祝四旬斋前一日（狂欢节最后一日）四处游走的人群中，前往巴黎城外的佩勒拉雪兹公墓。而当年设立此公墓的拿破仑，生前曾要求葬于此，却终未如愿。

铭文与文学学会的会长华尔坎纳尔（Walkenaër）代表致悼词，痛惜如此才华洋溢之士英年早逝，最后说道：

> 他刚刚完成的《古埃及语文法》书正在付梓之中，他便突然被疾病夺去了生命，离开了热爱他的家人，离开了我们的学会和已与他结为朋友的学会内所有同事，离开了奉他为杰出国士的法国，离开了已将他的名字铭刻在其学术光辉史册的文明欧洲。商博良先生垂名千古。他曾以其闪耀的智慧之光，广被古埃及的大地及不朽的石碑、文物，然而，在其光辉最耀眼的时刻，他不幸突然逝去。我们曾期待透过其光芒看清历史的暗处，可如今光明已经暗淡，令人感伤。而这份感伤，后代子孙将感同身受，且可能会持续很长时间。他的死虽只是令其家庭失去了亲人，但凡是注重学术研究而又关心其学术成就的人，同样都会感受到这份丧亲之痛楚。

第十章　赐予文字与书写体系之人

古埃及人将透特等同于月亮，视透特为发明象形文字之神，因此称之为书吏之保护神及知识与真理之神。商博良破解了象形文字中的"透特"，其功劳意义非凡，因而，人们将月球上的一座环形山以其名字命名……

雅克-约瑟夫从未去过埃及，1798年未能获准随行拿破仑远征埃及一直很遗憾。他抱憾自己的事业开展后没有机会一圆此梦。而透过编辑、出版他弟弟生前未竟的著作，他却为埃及学的发展付出了至关重大的贡献。商博良的死，令时年五十四岁的雅克-约瑟夫不堪忍受，毕竟两兄弟一起经历了那么多风风雨雨，而今弟弟英年早逝，他沉浸在万分悲痛之中。

当时医学仍不昌明，未能挽回商博良一命的大夫，甚至搞不清楚死因到底为何。除了一再发作的痛风之外，有关他致死的病因，各种说法南辕北辙，但很可能是他一直患有某项重大疾病，比如肺结核、心脏病或糖尿病。比较可以确定的是，他最后死于中风。在如此短暂的人生岁月里，他经历了法国大革命、拿破仑的兴衰和法国三位国王的统治。他去过埃及和意大利，在学校和大学教过书，负责整理卢浮宫博物馆的埃及古文物，研究过埃及的许多方面，而有许多重要的研究成果，生前未能和世人见面。但他实现了多年来梦寐以求的梦想，遗留给世人一项伟大的成就而永垂不朽，那就是破解象形文字。

雅克-约瑟夫的首要工作，就是游说政府买下弟弟所有未出版的书稿，以确保这些书稿能安然保存下来，并确保他的弟妹罗津和侄女佐拉伊德生活无虞。这些书稿中有相当多资料和埃及考察之行有关，还有就是他的象形文字文法和字典的手稿、科普特语文法和字典，以及论古埃及宗教、埃及年表等主题的无数手记。雅克-约瑟夫赫然发现部分手稿已经遗失，包括商博良研究埃及数字系统的成果，和他所编纂的象形文字字典的过半手稿。他将遗失的部分清楚地告知朋友，并指萨尔弗里尼涉嫌重大，因为商博良生病期间，只有他可以自由进出其办公室。萨尔弗里尼语气坚定而又愤慨不已，否认这项指控，但就在这时，他开始发表论象形文字的文章，内容发前人所未发，佳评如潮。

起初政府表示买不起商博良的书稿，但新闻界发起声势浩大的游说运动，政府迫于舆论，终于设立一委员会审查斟酌此项提议，并将所有书稿移到国家图书馆暂时存放，以保安全。该委员会最后决定，科普特语文法的手稿不值得出版，但建议政府将其余书稿买下，同时指出赴埃及搜集资料可能是他的死因之一：

> 在埃及短暂停留期间，单枪匹马无人帮忙，便能抄写下如此浩瀚的铭文和手记，而且几乎每一页手记里都可见到非常多的象形铭文，这实在令人难以置信。这位科学界不可多得的人才，必然是因为如此艰巨且浩大的工程而英年早逝。我们虽不乐见这种看法，却难以辩驳。

1833年4月，商博良死后刚满一年不久，法国政府终于投票决定以五万法郎买下他的手稿，并颁赠三千法郎的年金给罗津。这批手稿共八十八卷，如今存放在巴黎国家图书馆。

德萨西也是决定买下书稿的委员会中的委员之一，这时他刚继达西耶之后，接任铭文与文学学会的终身书记不久。1833年8月，他在该学会一场公开会议上宣读了一篇颂扬商博良的万言书，指出他的死有可能让古埃及研究再度陷入幽暗不明之境地：

这不仅是文坛失去了一位杰出的学者,由于他的逝去,古埃及的所有科学、艺术,似乎随之一起湮没于墓中,回到幽暗死寂的境地。阳光原已照耀在底比斯、孟斐斯不朽的史迹上,并开始让它们走出废墟,现出身影。但它就仿佛是沙漠中薄雾营造出的美丽湖泊一样。当口渴的游人自以为已然抵达湖边,那烧灼般的渴意即将获得纾解之际,这缕阳光突然逝去,湖泊成了幻景。这并非我们所希望的,我们希冀商博良孜孜不倦所完成的充满智慧灵光的著作,能够培育出和他一样天资过人的后起之秀,继续耕耘这片他所开创的领域。

描述过商博良生平和成就之后,德萨西与他的听众一起回忆商博良的功绩来结束他的颂词:

商博良先生除了荣获(法国)荣誉勋位勋章,还荣获了图斯卡尼功绩勋章。此外,格丁根、彼得堡、都灵、斯德哥尔摩四地的学会、伦敦的皇家亚洲与文学学会,以及国内外一些学术性社团,都曾抢先邀请他入会。他在铭文与文学学会的席位已由比尔努夫接替,至于法兰西皇家学院为他设立的教授一职则仍缺如未补。

雅克-约瑟夫此时忙于整理弟弟的作品以供出版,首要之务,也是最容易完成的部分,即出版《文法书》。这本书虽有部分手稿疑遭萨尔弗里尼偷走而下落不明,但大部分手稿都还在他手中。商博良生前最后一段时日待在菲雅克镇,这期间他已誊过该书过半手稿,可作定稿,因而雅克-约瑟夫就把这部分当作第一卷率先推出,并在书上表明将此书献给德萨西。1835年12月23日,商博良四十五岁忌日这天,德萨西收到此第一卷。全书从1836年起分批出版,历时五年出齐,书名为《古埃及语文法书,或用以表现口语的神圣埃及文书写通则》(简称《文法书》)。在前言里,雅克-约瑟夫说明了商博良为他的毕生最后之作所付出的心血,最终于病危之际将此手稿托付给他:"小心保管,我希望因它而长留后人心中。"

《文法书》出版之时,萨尔弗里尼则是名声日坏,愈来愈为人所不齿,因为大家开始了解他的作品至少有部分是出自他人之手。1833年8月,在铭文与文学学会的公开会议上,德萨西就已呼吁持有商博良手稿的人能尽快交出,但萨尔弗里尼只表示发生如此骇人之事令他痛心。数年后的1838年2月,萨尔弗里尼二十八岁英年早逝,而他的剽窃行径也因此而全部曝光,其中牵涉到一连串奇妙的机缘巧合。当他死后,他在意大利的家人未要求收回他的书稿,而去说服巴黎一名老朋友帮忙处理这些书稿的出版事宜,但是无人问津,后来该友人前去请教勒诺曼,才认出那是商博良的手稿。

失窃手稿物归原主之后,雅克-约瑟夫写了一份简短报告,向友人说明遗失手稿失而复得的过程,然后即开始编纂象形文字字典。这本书编纂工作比前一本书要费事多了,因为该书手稿无一处是可供出版的定稿。由于不知如何编排其中的字,他只好按照主题(如鸟和动物)加以分门别类,与当今按照字母顺序的词条编排方式大异其趣。《古埃及象形文字字典》于1841年至1844年间分批出版完毕,但使用起来极为不便,研究人员纷纷抱怨少了索引。不过,雅克-约瑟夫全心投入出版弟弟的遗作,而他自己的研究却因此搁置,其精神着实令人钦佩。《文法书》和《字典》这两部遗作的确有谬误之处,如果商博良仍在世,大概不会有这样的错误出现。尽管如此,这两本书的问世还是大大地推动了象形文字的研究,整个欧洲各地,尤其是德、英、法三国,都兴起新一波象形文字的研究热潮。

至于出版法国考察队赴埃及与努比亚的考察成果一事则比较棘手，因为雅克-约瑟夫怕商博良的权益受损，而不愿和图斯卡尼考察队合作。罗塞里尼因此径自在意大利出版了数卷，但由于他在1843年去世，终未能将其考察成果完全公诸于世。罗塞里尼死时四十二岁，只比商博良长命一年。至于法国考察队所搜集的资料，首先编辑完成的是该队所绘制的附有简短说明的所有遗址图，共四卷，内含五百多页整版插图，从1835年起经十余年出版完毕。为了弥补某些缺漏之处，法国政府于1838年派洛特再赴埃及考察，到了埃及后，洛特深为自责未能于商博良在世时，尤其是同赴埃及考察期间，多体察商博良的苦心。眼见过去十年间，埃及甚至诸王谷都已不复往日风貌，这份忧伤更是难以自抑。在诸王谷，他就在商博良曾睡过的拉美西斯四世墓室里过夜，悠然想起当年与商博良在此共度的时光，商博良的身影历历在目。

1848年法国再度爆发革命，国王路易腓力被推翻，约瑟芬的孙子路易·拿破仑上台，建立第二共和，后于1852年称帝，成为拿破仑皇帝。雅克-约瑟夫丢了国家图书馆的差事，只好搁下法国考察队考察成果的出版计划，直到1868年，他死后的第二年，才又重新恢复出版工作。最后一卷于1889年问世，离商博良去世已有六十年，受托出版者是年纪轻轻的马斯佩洛（Maspero）。马斯佩洛日后成为19世纪后半叶最著名的埃及学家。

商博良虽然早逝，但有些敌人并未因此稍减其反对商博良的立场，仍继续污蔑他的研究成果，尤以若马尔和克拉普罗特为最。许多学者认为商博良的研究成果谈不上重要，写文章批评他。但还是有许多人，如德国的莱普修斯（Lepsius）、英国的伯奇（Birch）、爱尔兰的辛克斯（Hincks）、法国的德鲁杰（de Rougé）等，都认为他成就非凡，并以具体行动让象形文字的理解更为周全精确。莱普修斯靠着新出版的《文法书》自学象形文字，然后进一步拓展商博良的破解体系，并更正其中的谬误，其主要成就之一就是，确定象形文字里不仅有单音节表音符号，还有具两音节和三音节的表音符号。

1866年，莱普修斯以柏林埃及博物馆馆长身份，再度前往埃及考察，探察了尼罗河三角洲和苏伊士运河地区。塔尼斯（今日的桑哈杰尔，开罗东北一百一十二公里处）是东三角洲最重要的遗址，有公元前约1000年的王族墓群，但商博良从未走访过。莱普修斯所率的考察队在这里发现了一座石灰石碑，成为他的研究对象。碑上刻有公元前238年托勒密三世在位时，诸祭司为改革埃及历法所颁布的神谕。埃及多处神庙都立了这样的石碑，这是其中的一座。诸祭司是在卡诺珀斯（即日后的阿布吉尔港）会面后颁布这道神谕的，因此这座发现于塔尼斯的石碑，就称为卡诺珀斯神谕或塔尼斯石碑。目前此碑位于开罗的埃及博物馆，此碑上的神谕就像罗塞塔石碑一样，以三种文字、两种语言写成，碑的正面是三十七行象形文和七十六行希腊文，碑的一个侧面有七十四行通俗体文，但发现的当时并未注意到侧面的通俗体文。商博良所开创而为其继承者拳拳服膺的破解体系，因这上面的碑文获得决定性确认，证实其为颠扑不破的理论。

19世纪后半叶，反商博良的声浪并未止息。来自根西的埃及学家兼东方学家勒努夫爵士，大力宣扬其反商博良的主张，且数十年不减其反对热情。他在1863年写道：

> 如果还有这么多地方需要后继者来完成，那如何可以说商博良"已可娴熟无误地看懂象形文"？事实的真相是，他的确可娴熟无误地看懂某些象形文，但可能他读不懂其他的。象形文字和其他文字一样，翻译的难易程度差异极大，有些相对较简单，有些极复杂，还有些则目前尚无法译出。

批评的声浪不绝如缕。但在三十余年后的1896年，勒努夫以圣经考古学学会会长的身份发表演说，却大力驳斥从过去至当时种种褒杨贬商的论调，最后以如下结尾：

> 历来有那么多人写了那么多东西，但有两件事实始终颠扑不破，那就是商博良从未得益于杨，也没有哪个人曾得益于杨。埃及学之得以茁壮成长，享有今日这般的地位，仅仅是靠商博良一人和他所运用的方法。他根据该方法所建立的体系，尽管有错误和不完善之处，但这些都无伤于该体系本体之健全。而莱普修斯、伯奇、德鲁杰之所以能修正这些错误和不完善之处，完全是靠着亦步亦趋应用该方法而有以致之。

渐渐地，商博良的大部分反对者都趋于缄默，而那些仍有意攻击他者，则只能拿他未能充分表彰杨的成就来作文章。

破解象形文字所造成的冲击之大，简直令人难以置信，事实上这意味着整个新的文明得以发现。象形文和僧侣体书写的古埃及文献一旦被郑重地翻译成今文，人类才走进了这些令人惊异的、五花八门的古埃及世界中。英国埃及学家葛利菲斯于1922年所写"商博良将让人摸不着头绪的研究，化为才智纵横而持续不断的破解"，扼要地说明了这一情势。此后的埃及学家，包括葛利菲斯本人，前仆后继追随他的脚步，更拓展了破解的范围。历来翻译者所译出的资料数量之巨，来源之多样，均令人大开眼界，除了写在纸莎草纸、木板及皮革上的文献，还有随手写在碎陶片和碎石块上的手记、布满神庙和坟墓墙上的彩绘铭文和雕刻铭文，以及大自法老王巨大的雕像，小至制作木乃伊过程中用以包裹尸身的亚麻缠带等各式各样物品上的文字。随拿破仑远征埃及的学者团一直梦想解开古埃及的秘密，如今终于美梦成

真。即便只是文字本身，例如 𓎟𓊖 （编年史）、𓊪𓏏𓎛 （吊床）、
𓄿𓏥𓏭 （绿色眼睑膏）、𓊪𓏏 （啤酒）、𓂝𓏏 （弓箭手）、𓊃𓏭 （谎
言）、𓋴𓏏𓃀 （纳税人），就足以显示出古埃及文明的复杂，以及拜商博
良的研究成果之赐而开始浮现的丰富资料。

象形文和僧侣体文献里蕴藏着丰富而多样的古埃及资料，商博良
等学者破解了这两种文字，具有极其重要的历史意义。这大量文献，
包括无数纸莎草纸文献、雕刻或写有文字的陶片、石块，之所以能残
存至今，得归功于当地合宜的气候和古埃及人的态度，因为他们将书
吏视为地位最崇高的人（法老王亦属书吏），书吏的撰写工作不仅为
当代人，也为后代子孙服务。颂扬书吏崇高地位的文献非常多，而在
这类文献里都可见到这种念兹在兹的敬重心态。其中有一份教谕性文
献，存世至今已至少三千年，文中清晰地阐明写下的文字比任何人为
的东西还存世更久，这份文献今日就叫"悼诸已故作家文"：

> 但是，如果你做这些事情，你便会明了各类著作。
> 至于那些书吏和贤人，
> 虽然他们已远逝，虽然他们已走完人生，而全遭遗忘，
> 但自从诸神——能预知过去，了解未来者——的时代结束，
> 新的时代继之而起以来，
> 他们的名字就永世长存。
> 他们未曾建造铜质金字塔
> 和铁制碑柱。
> 他们认知到后继有人并不只是
> 宣扬他们名字的子女。
> 他们从写作、教学之中
> 替自己找到继承人。

他们自行指定书籍为诵经祭司，
以书写板为挚爱的儿子，
以教示为自己的金字塔，
以笔为自己的婴儿，
以石面为妻。
从大人物到凡夫俗子
均划归为他的孩子：
身为书吏，他是他们的头头。
他们（书吏）曾盖起门户和豪宅，如今他们已倒下，
他们的主葬祭司离去了，
他们的柱碑遭尘土埋没，
他们的房室已遭遗忘。
但透过他们所写的纸卷，
他们的名字，自这些纸卷问世之日起，就一直传颂至今。
他们留给人的回忆和他们所创造的东西，何等美好，
且亘古如斯！
要立志做书吏！将此谨记在心，
然后你就会和他们一样流芳百世！
（纸莎草纸）卷轴之优越更甚于刻字的碑柱，
更甚于深宅大院。
在念诵他们名字的人心中，
它们就像礼拜堂和金字塔。
当然，人人传唱的名声
要在入土之后才能应验！
人死后，尸骸化为尘土，
与他同时代的人一一离开了尘世；

> 因为书,他受人缅怀,
> 传唱人间。
> (纸莎草纸)卷轴之优越甚于盖好的房子,
> 甚于西方的礼拜堂。
> 它胜过建起的别墅,
> 胜过神庙中的柱碑……

在古埃及,只有上层人士,即王室、朝臣、书吏、祭司、某些有技艺在身的工人,才懂得书写,而这些人占全人口不到百分之五。从象形文献来了解古埃及,就等于是透过他们的眼睛来看古埃及,此中对一般老百姓的生活着墨甚少,因而在某种程度上,这种了解必然有所偏颇。但商博良当时所处的欧洲,情况也比古埃及好不了太多。当时欧洲识字率从未超过五成,而且通常还要低更多,某些地区的识字率甚至和古埃及相近。这些书写文献尽管立场有所偏颇,但透过它们还是可以一窥古埃及的文化面貌,因为存留下来的文献非常多样,内容往往出乎人的意料,包括买卖契约、账单、档案、税单、人口调查表、敕令、技术论文、军情急报、历代国王名册、丧葬咒语和仪式、致生者与死者信、叙事性故事,几乎涵盖了今日社会的各类文书,唯独不见戏剧作品。草草写在碎陶片和小石块上的手记,许多都记载了生活里的琐碎小事,比如建材清单、哪一天该谁上工、容器里放了哪些东西。还有一种称为"专有名词研究"的文献,依动物、植物、天然现象甚至水的形态等分门别类,列出各类别所涵盖的专有名词。古埃及人很可能拿这类文献充做教学辅助教材和工具书。有些古埃及文字就是因其中一些名词表而得以为后人所识。

古埃及社会的重心在于宗教和对死后生活的企盼,商博良对这两个问题特别感兴趣,而某些门类的象形文献明显比其他文献较多,正反映了古埃及人上述价值观，一如某些建筑的保存相对较完好所代表的意义一样。随拿破仑远征埃及的德农就注意到了后一现象，作为艺术家兼作家的他在描述他与士兵在尼罗河谷的所见所闻时指出，他所见到的废墟"无尽的均是神庙！不见公共建筑，不见任何抵挡岁月摧残的房舍，不见王宫！当时的人在哪里呢？当时的统治者在哪里呢？"古埃及人非常看重坟墓和神庙，因而都以石头修葺，以求长存世间，相对地，人的住所，从最寒伧的农舍到最雄伟的法老王宫殿，都以泥砖构建，得以保存至今者少之又少。埃及人对死亡和死后生活的看法，有着非常严格、合理的逻辑，毕竟不管是陋屋还是王宫，都只能享用于现世，而坟墓则是 ☐ (per n djet，永恒的住所)。

古埃及从未出现过一神教，因为古埃及的宗教源自不同神话体系的多神信仰，但法老王是整个埃及境内神人之间的媒介。在许多神庙，会有祭司代表法老王主持仪式，以维持神界秩序，防止神界混乱。以埃及人所处的环境来说，这是很自然的反应。在尼罗河谷，只要大自然行事温和，季节运行规律，而又没有战争和邻国入侵的威胁，生活会很舒适，但只要尼罗河一年一度的泛滥超乎寻常的高或低，就足以摧毁作物，导致旱灾、饥荒。凡是可能导致毁灭性灾难的改变，埃及人都非常害怕，因而行事保守，依循旧规，力求避免改变。天地间这种根本和谐由女神 ☐ (Maat) 来代表，而这位女神同时也代表了这种和谐所具有的多种特质，比如真理、公正。但还有许多男神和女神，是古埃及人认为扮演预防混乱的角色，这也是为什么有这么多祭祀不同神祇的神庙，而这些神庙还只是某宗教的一部分。

对大部分古埃及人而言，神人关系通常较着重在个人利害层面。个人崇拜者虽然在许多方面竭力想透过膜拜来维持秩序，预防混乱，但还是祈求诸神直接干预他们的生活。地方性神祇多不胜数，例如底比斯俯视诸王谷的山中眼镜蛇女神 ☐ (Meretseger)，但也有一些神祇是全埃及人所尊崇的神，如伊西斯女神。家神则是更为基层的神，鲜少有自己的神庙，而是在一般人家的神龛里受膜拜，膜拜者常祈求从祂那儿得到帮助和保护。贝斯神（Bes）是最普及的家神之一，通常以诡异丑陋的侏儒形象呈现，古埃及人认为其长相狰狞，可以辟邪，保护家中成员，还可带来好运。在古埃及，分娩非常危险，为求母子平安，这时特别会祈请贝斯神保佑。

在今人看来，宗教仪式、祈祷、巫术、科学各自泾渭分明，但古埃及人可不觉得这四者有何区别，因而，大夫治病时除了用药，往往还会念咒语，施仪式，把这三项都视为治疗过程中不可缺少的一环。古埃及人普遍会戴护身符，以防范某些特定的邪灵危害，拿破仑远征埃及就带回一个，并随时戴在身上趋吉避凶，直到他儿子降生才取下。古埃及人为保护小孩不要发烧，会制作光玉髓印石护身符（在此称为"结"），符上刻有一只鳄鱼和一只手的图案，然后对着符念以下这段写在纸莎草纸上的咒语：

  对着结，
  对着小孩，对着刚长毛的小鸟而念的咒：
  在巢里觉得热吗？
  在灌木丛里酷热难当吗？
  妈妈不在身边吗？
  没有姊妹替你煽风吗？
  没有护士阿姨保护你吗？
  请给我一颗小金丸子，
  在光玉髓印石上，
  缀上四十颗珠子、一只鳄鱼和一只手的图案，
  好打倒、好驱除这"欲望的恶鬼"，好暖和四肢，

好打倒那些西方来的男女敌人。
你会脱险而得到保护！
有人会对着这颗小金丸，
缀着四十颗珠子、一只鳄鱼和手的图案的
光玉髓印石念咒语。
把它系上精致的亚麻绳，
做成护身符，
放在小孩的脖子上。
这就好了。

  护身符不仅用于生者，还绑在木乃伊的缠布上以保护死者，而且上面常写有"亡灵书"上的咒语。亡灵书一名是今人取的名字，商博良把它叫做"丧葬仪式"，埃及人则称之为 𓂋𓏤𓈖𓉐𓂋𓏏 𓉔𓂋𓅱（白天说的咒语）。人死后，亲人或祭司就念诵这些咒语，以确保死者在死后的世界继续存活；但如果未执行此仪式，就会想办法让咒语与死者更长久地存在。以法老王来说，自公元前2300年左右起，金字塔内各房间的墙上都会刻上以象形文呈现的这类咒文，今称"金字塔文"，如此一来，只要象形文不灭，咒语的法力就可长葆不衰。约公元前2000年时，仪式有所改变，咒文改刻在死者的棺木上，而非墓室的墙上。这类"棺木文"开始出现的时候，正好也有更多人想要透过将尸体制成木乃伊和咒文，以确保死后继续生活于另一个世界。这类做法原是法老王的特权，朝臣只能想办法把自己的墓筑得尽量靠近法老王墓，好分享法老王的复活法力；但这时的上层统治人士却径自在棺木上刻上咒文，以确保自己死后存活，不再冀求法老王的余泽。未来可能发生的任何不喜之事，咒文都会竭力一并扫除，比如从保护死者不至于被关在棺木里，到"避免腐化，避免在冥府里劳役"，都在防范之列。

约五百年后，今人所谓的"亡灵书"开始取代"棺木文"。"亡灵书"由约二百首咒文组成，其中许多首取自"金字塔文"和"棺木文"，虽名为书，但其实称不上是有确切内容的书。不同版本的"亡灵书"，所含的咒文会有些许不同，而这些咒文不写在棺木上，而是写在纸莎草纸卷上，然后与死者一起埋入墓室或棺木里。商博良在京灵研究德洛维蒂的收藏品时，首度研究并破解了许多咒文。为了让保护死者的咒文法力尽可能维持长久，咒文必须书写或刻在经久不坏的东西上，这就意味着现存的各种古埃及文献中，就以这类咒语的副本最多。"亡灵书"中的咒文，就和"金字塔文"、"棺木文"的咒文类似，都是为了确保与它们一起埋进墓里的死者复活，继续生活于另一个世界。但在古埃及人眼中，咒文赖以达成此目的的方式非常复杂。古埃及人认为人由五种元素所构成，而非肉身与灵魂，或是心、身、灵的组合，这五种元素分别是肉体或躯体 〰️ (khat)、🕊 (ba)、⊔ (ka)、人名 〰️ (ren)、人影 ☂ (shut)。

"ba"有时译做"性格"，包括让这个人成为独一无二之个体的所有非肉体元素。"ka"有时粗译做"灵魂"，古埃及人认为它是人死后赖以生存下去的生命力，且"ka"本身需要摄取食物，以维持自身的生存。"ka"并不会真的吃掉供奉给死者的食物，而是直接摄取其中可供养生命的物质。要在死后存活，死者必须离开坟墓，与自己的"ka"重新结合，但肉体不可能执行此一任务，而是由"ba"来办到。一旦重新结合，"ba"和"ka"就会组成 🐦 (akh，有时译为"受神庇佑的死者")，然后死者就以这种恒常不变的形式，永久居住于冥府。"亡灵书"的咒文系用来确保"akh"能顺利组成，让它在死后的世界不至于碰到所有可能的危险，且能享有最舒适的生活，不必工作，免于忧心。今人所取的"亡灵书"一名其实会误导人乍看其名字会以为这是一本邪恶不祥之书，从古埃及人的视角而言，这本咒语集比较近似于"永生之书"或"复活之书"。

古埃及人认为生界和冥界是重叠的，因此生者会写信给死者，而信就写在纸莎草纸上或盛放于供品的碗中，但还有许多种内容更为平淡无奇的信，是出自朝臣、国王、祭司、工匠之手，其中有些只是写在陶罐碎片上的短笺。有一类信谈的是家中生意的状况，例如海卡纳克赫特写给他底比斯家人的几封信。海卡纳克赫特是主持大臣伊皮葬礼的老祭司，他在某封信结尾处抱怨说，他离家到尼罗河下游经商期间，家人恶待他新娶进门的二老婆伊尤腾海布，而要求派人将她接到他那儿，信中的霍泰佩特可能是他的姊妹或姑姨：

> 我告诉你："不要让霍泰佩特的朋友离开她，也不要让她的美发师，她的助理离开她。"好好照顾她！也祝你一切顺心！但你过去并没爱过她（霍泰佩特），如今你就应该让伊尤腾海布来到我身边。我以此人——我说的是伊皮——的名义发誓，凡是侵犯我新老婆的身体，犯此恶行之徒，就是跟我作对，我就要对付他。嘿！这可是我的新老婆，该怎么对待一个男人的新老婆，大家都很清楚。注意！只要有谁像我对待我老婆一样的来对待她——如果有人向你检举你老婆的丑事，你们有谁受得了？我和你们一样受不了！

神庙档案室里可找到各式各样的文献，包括针对不同病症提供诊疗建议的医学性纸莎草纸卷，其中就有一份纸卷含有已知最古老的验孕法。其方法是要妇女每日在大麦粒和二粒小麦*麦粒上小便，如果

---

* 二粒小麦（emmer）距今约一万年前，两河流域北岸小亚细亚一带，有单粒小麦（einkorn）和二粒小麦两种野生小麦，后来有人将它们加以交配，新麦种不会自动落地，供人收割食用，即今日家生小麦的原种。——编注

两种麦粒都发芽，表示该妇女已怀孕，接下来如果只有大麦生长，表示怀的是男胎，如果只有二粒小麦生长，就表示怀的是女胎。现代实验已证明，未怀孕女人的尿液，会阻止大麦生长，因而这古老的验孕法还有某种程度的科学依据。其他的医学文献则提到骨折、蛇咬、其他动物的咬伤、眼疾的诊疗，从中可清楚地了解古埃及人常遇到的危险。还有些文献则提到更为笼统的道德性劝诫，比如属于箴言集的"普塔霍泰普大臣的教谕"，有如下的箴言：

> 如果你身为领导人，
> 碰到有人向你诉愿，你必须保持冷静！
> 别阻止他倾吐
> 他原本打算要说的话！
> 受冤屈的人，在意的是畅所欲言，
> 是否能达成此行来的目的反在其次。
> 至于那些不让别人诉愿的人，大家会说，
> "干吗要阻止？"
> 诉愿者的愿望可能无法实现，
> 但仔细聆听可平抚他的心情。

商博良深信透过象形文字，他已破解了全世界已知最古老的文字，还深信最初发明文字的地方就是埃及。他死后数十年，发源于美索不达米亚的楔形文字终于为人所破解，其中有些楔形文字的样本，经考证比已知最早的象形文字还要古老，美索不达米亚因此成为最早发明文字的地方。尽管有一些楔形符号的存在年代早于最古老的象形文字，但考古学家在埃及最新的发现却显示，商博良的论点可能还是对的。考古学家发现到某种已知最古老的表音文字，存在于公元前

3400年，而这种文字的原型正是商博良穷毕生之力研究的东西。最起码可以说，埃及和美索不达米亚两地同时发展出真正的文字，但很可能埃及是最先发明文字的地方。

　　商博良还没破解象形文字之前，就认知到象形文字最珍贵的贡献之一，就在于它可以呈现出古埃及的大事年表，因为这些象形文献涵盖了极长的历史，且往往记载了历史大事。如今古埃及年表仍有空白和不明确之处，但放眼古罗马文明诞生前地中海地区的诸国中，就属古埃及年表最完整，也最可靠。古埃及与东北方的阿拉伯半岛、安纳托利亚*、黎凡特**的青铜文化，与希腊、克里特岛的米诺斯文化、迈锡尼文化，与西方利比亚、遥远南方的苏丹的非洲文化都有往来，因而为这些地方的古代史提供了基本的了解。所以象形文字的破解不仅揭开了埃及早期史的面纱，还大大提升了对上述一大片广阔地域的古代史研究。

　　如今在法国，商博良已是民族英雄，历史地位崇高，但在法国之外的某些地区，虽然承认他对世界史的贡献，却并非心甘情愿，而这大部分得归因于商博良的敌人和杨的信徒，这两派人士的偏见过于坐大，左右了学术界的看法。这情形尤以英语世界的学术圈最为严重，过度吹捧杨的成就，而将商博良的成就贬至极低，难能见到持平的评价，而且往往忽略了一项最重要的事实，那就是不管是谁首先认出哪个象形符号，也不管是谁袭用了别人的研究成果，商博良的破解体系有效，而杨的不管用，是铁一般的事实。杨在破解通俗体方面的确成就卓著，但他的信徒大力鼓吹他是象形文字的真正破解者，反而让世人未能认识到他的真正成就，其实对他的伤害极深。

---

* 安纳托利亚（Anatolia）亚洲西部半岛小亚细亚的旧称。——译注
** 黎凡特（Levant）指地中海东部诸国及岛屿。——译注

在法国可以找到许多与商博良有关的事物，包括雕像、半身像、图画、纪念性饰板、街名、校名、纪念碑，以及一所学会、一座博物馆。巴黎卢浮宫博物馆里摆设有科尼埃所绘的商博良肖像，离他曾负责管理的埃及古文物部门不远。最令人神伤的，就属巴黎法兰西学院中庭里由巴托尔迪所制作的商博良雕像，以及佩勒拉雪兹公墓里的商博良墓。商博良墓为其遗孀罗津所安设，墓上立有一座简单的方尖碑，碑上写着"小商博良"，周围还有栅栏围着一块石板，石板上刻着"尚－弗朗索瓦·商博良长眠于此，1790 年 12 月 23 日生于洛特省菲雅克，1832 年 3 月 4 日逝于巴黎"。他住过的马札林路十九号那间房子目前还在，同一条窄路上的二十八号，也就是他完成关键性破解工作的那间房子，则饰有一面纪念商博良的饰板，至于他去世时所待的法瓦尔路四号房子则已拆掉。有数条街道以他的姓氏为名，包括巴黎和格勒诺布尔各有一条商博良路。但在格勒诺布尔，这个他住过许多年的城镇，20 世纪初开始展开大规模重整开发计划，商博良和雅克－约瑟夫所熟悉的许多建筑因此全被夷除，只有商博良曾就读、任教过的那所公立中学（现名司汤达尔公立中学），以及附近那所他们兄弟俩服务过的图书馆的大门，还是当时的模样。1886 年，商博良公立中学创立，格勒诺布尔人称该校为"商博"。

商博良在菲雅克待的时间并不长，但在这里却最能感受到商博良的遗迹之所在。布杜凯里路已改名"商博良两兄弟路"，商博良和雅克－约瑟夫出生于此的那两间房子，如今辟为博物馆，馆虽小但收藏不俗，有埃及文物和一处专门说明象形文物破解事迹的陈列室。而他们的父亲所开的书店，小时候他曾嬉戏玩耍其间，如今则成了斯芬克司咖啡馆，但二楼以上的楼层没什么改变。法国大革命期间他曾目睹过行刑、庆祝场面的那个广场，也改名商博良广场。该镇还有数栋建筑为表彰他的成就而以其姓氏为名，比如今日的公立中学。该镇南缘塞雷河畔的繁华主街旁，仍存有一座为纪念商博良而立的方尖碑，系他死后由大众捐资兴建。

至于在商博良生前死后均不遗余力予以支持的雅克－约瑟夫，纪念他的事物大部分位于菲雅克，离开菲雅克就不多见。1848年二月革命导致国王路易腓力遭到罢黜后，雅克－约瑟夫随之失去1830年获聘的巴黎文献学院古文书学教授一职，也失去皇家（国家）图书馆手稿管理主任之职，并遭指控盗用图书馆公产，而被迫搬出原来住所。1852年拿破仑三世废除第二共和，成立第二帝国后，雅克－约瑟夫重获青睐，奉派出任枫丹白露宫图书馆馆长，此后直至1867年5月9日去世为止，一直保有这项职务。雅克－约瑟夫在弟弟死后又活了约三十五年，享年八十九岁，遗体安葬于枫丹白露公墓。他儿子阿里死于1840年，妻子佐埃逝于1853年，儿子朱尔、保罗同在1864年逝世，只有儿子埃梅和女儿佐埃比他长命。商博良的姊姊玛莉于他死后一年的1833年就去世，佩特罗妮叶于他死后十四年去世，泰蕾兹则死于1851年底。玛莉、泰蕾兹都和父母同葬在菲雅克北方公墓的家庭坟墓里，坟墓朴实无华。位于杜布凯里路的老家于1854年出售给他人，书店也在次年卖掉。雅克－约瑟夫的后代仍住在格勒诺布尔地区，商博良的女儿佐拉伊德于1845年嫁给雪隆内（Amedee Cheronnet），她的一个儿子雪隆内－商博良（Rene Cheronnet-Champollion）娶了美国人科尔宾（Mary Corbin），移居纽约，而为商博良家族在美国开枝散叶。

还有一件纪念商博良的事物，乍看之下显得有些突兀，那就是月球上有一处环形山以他的姓氏命名。事实上，引领商博良接触象形文字的傅立叶和商博良的最大劲敌杨，在月球上也各有一座环形山以其姓氏命名。他们三人都深入地参与了象形文字的破解，以他们的姓氏来命名月球上的环形山，看似怪异，其实这是对他们的成就所给予的恰当的肯定，因为在古埃及，月亮是透特神掌管的地区，而透特神在埃及神话里有多种角色，其中一种就是死者的守护神。这个符号对象形文字的破解功劳很大，因为商博良就是在 ▢（Thothmes，"透特神所生"）这个名字里，认出那是代表透特神的符号。在古埃及宗教里，透特神等同月亮，古埃及人称颂祂为 ▢（月亮－透特）。古埃及某些地区的人认为，人死后会跨过月亮的天空，而月亮是由透特神所保护，但更重要的是，过去全埃及人都把透特视为书吏神和知识与真理之神，更将祂视为发明象形文字之神。祂的众多头衔之中，就有一个名为 ▢（赐予文字和书写体系之人）。

古埃及人认为人名是人不可或缺的一部分，将某人的名字完全抹去，使其消失于历史中，就等于把那个人消灭了。商博良生前饱受对手和敌人对他的名誉和声望的诋毁，但商博良深知自己的成就终将获得世人的肯定。"向未来说话是件好事，它会倾耳聆听"，这句古埃及箴言所透显的智慧，商博良非常欣赏它。他就像古埃及书吏一样，深信自己的话语终将永世长存。商博良真正令人永志不忘之处，在于当世人提及古埃及文明的重见天日，就必然会提到他的名字。他取得了解开古埃及文明的钥匙，同时这钥匙也为他开启了跻身历史名人殿堂的大门。

深入阅读

要领会古埃及的无尽珍宝,并不是非懂得象形文字不可,但对象形文字的功用懂得愈多,就愈能深入了解这些珍宝的精彩奥妙。这一主题的入门书市面上可找到的有威尔逊所撰的《了解象形文字:全方位导读》(*Understanding Hieroglyphs: A Complete Introductory Guide by Hilary Wilson*, 1995)、马雷克所写的《埃及象形文字入门》(*ABC of Egyptian Hieroglyphs by Jaromir Malek*, 1994)、戴维兹所撰的《埃及象形文字》(*Egyptian Hieroglyphs*, 1987)。

更为深入探讨象形文字的书则有贝特罗写的《象形文字:古埃及文字》(*Hieroglyphs: The Writing of Ancient Egypt*, 1996)、威尔京森写的《解读埃及艺术:古埃及绘画与雕刻的象形文字指南》(*Reading Egyptian Art: A Hieroglyphic Guide to Ancient Egyptian Painting and Sculpture*, 1992）。弗曼和阔尔克合著的《象形文字与古埃及的死后世界》（*Hieroglyphs and the Afterlife in Ancient Egypt*, 1996），叙述象形文字的发展过程，插图详尽。帕金森和阔尔克合著的《纸莎草纸卷》（*Papyrus*, 1995年），除了探讨纸莎草纸的制作和使用，还论及书吏和古埃及文。

如果想看懂象形文字，科里尔和曼利合著的《如何看懂象形文字：自学渐进指南》（*How to Read Egyptian Hieroglyphs: A Step-by-step Guide to Teach Yourself*, 1998），是不错的选择。如果想更深入研究，嘉迪纳的《古埃及语文法：象形文字学习入门》（*Egyptian Grammar: Being an Introduction to the Study of Hieroglyphs*, 1957年修订三版），虽然有多处已过时，但其涉猎范围之广仍是其他书所不能及。若说有哪本书最可能取代此书的地位，当属亚伦编的《中级古埃及语：象形文字语言和文化入门》（*Middle Egyptian: An Introduction to the Language and Culture of the Hieroglyphs*, 2000）。目前以英语编写的象形文字辞典，尚未出现综合性大型字典，福克纳编的《简明中级古埃及字典》（*A Concise Dictionary of Middle Egyptian*, 1962），算是现有最佳的小辞典。德国的汉宁编纂的《法老的语言：埃德袖珍大字典（西元前2800至西元前950)》（*Die Sprache der Pharaonen: Grosses Handwörterbuch Ägyptisch–Deutsch*, 2800–950v. Chr)，搜罗的词汇则广泛许多。

至于象形文字和罗塞塔石碑的最新研究成果，最佳参考书籍是帕金森所撰《破译密码：罗塞塔石碑和破解》（*Cracking Codes: The Rosetta Stone and Decipherment*, 1999)，以及索莱和瓦尔贝勒合著的《罗塞塔石碑》（*La pierre de Rosette*, 1999)。若想更深入了解法老王和框在椭圆形框中的法老王名字，可参阅阔尔克所撰《法老王是何方人物？法老王名字沿革和椭圆形框一览表》（*Who were the*

Pharaohs? A History of their Names with a List of Cartouches, 1990），以及克雷顿所撰《法老王编年史：古埃及历朝与历任统治者纪录》(Chronicle of the Pharaohs: The Reign-by-reign Record of the Rulers and Dynasties of Ancient Egypt, 1994）。想看看经过解译的象形文，可以参见帕金森所撰《古埃及的声音：中王国著作选集》(Voices from Ancient Egypt: An Anthology of Middle Kingdom Writings, 1991），以及同是帕金森所写的《公元前1940—公元前1640年间西努希传记和其他古埃及诗篇》(The Tale of Sinuhe and Other Ancient Egyptian Poems 1940–1640 B.C., 1997）。李奇泰姆陆续出版的三本著作《古埃及文献选读卷一：古王国与中王国》(Ancient Egyptian Literature: A Book of Readings, Volume I: The Old and Middle Kingdoms, 1973）、《古埃及文献选读卷二：新王国》(Ancient Egyptian Literature: A Book of Readings, Volume II: The New Kingdom, 1976）、《古埃及文献选读卷三：后期》(Ancient Egyptian Literature: A Book of Readings, Volume III: The Late Period, 1980），透过其中的译文，可饱览各式各样的古埃及文献。福克纳翻译、安德鲁斯编辑的《古埃及亡灵书》(The Ancient Egyptian Book of the Dead, 1985年修订版），以插图方式呈现了这部古老文献。

论及拿破仑远征埃及之行的著作有数本，赫罗德的《波拿巴在埃及》(Bonaparte in Egypt, 1962），和罗兰兹的《1798–1801远征埃及》(L'expédition d'Égypte 1798–1801, 1997）、莱叙的《埃及，1798年至1801年学者的冒险之行》(L'Égypte, une aventure savante, 1798–1801, 1998）这两本法文著作，都是不错的选择。德农所写的《随波拿巴将军征战期间上下埃及游记》(Travels in Upper and Lower Egypt during the Campaigns of General Bonaparte, 1986年重印发行）。目前尚未有以英文撰写的商博良传记或介绍性书籍，相关的原始资料几乎全以法文书写，不过第一本商博良传记却是以德语写成，即哈特勒班的《商博良生平和其著作》(Champollion, sein Leben und sein Werk, 1906, 两卷)。后来，默尼埃将此书节译出版法文本，名为《商博良生平和其著作，1790至1832年》(Jean-François Champollion: Sa vie et son oeuvre 1790–1832, 1983)。在这之后出版的法文传记，为拉古居尔的《商博良熠熠发亮的一生》(Champollion: Une vie de lumières, 1988)。至于介绍杨的书，最新且最容易买到的是伍德和奥德翰合著的《自然哲学家托马斯·杨，1773年至1829年》(Thomas Young Natural Philosopher 1773–1829, 1954)。伊弗森的《埃及神话和欧洲传统里的埃及象形文字》(The Myth of Egypt and its Hieroglyphs in European Tradition, 1961, 1993年再版)，论及商博良的对手和更早期研究者破解象形文字的失败过程。

要了解古埃及的大部分层面，现有许多插图详尽的书籍可选择，如萧与尼可森合著的《大英博物馆古埃及字典》(British Museum Dictionary of Ancient Egypt, 1994)，就是很有用的工具书。伊克兰和多森合著的《古埃及木乃伊：装备死者，迎向永恒》(The Mummy in Ancient Egypt: Equipping the Dead for Eternity, 1998)，则概括阐述了木乃伊这一主题。勒纳的《金字塔全面探索》(The Complete Pyramids, 1997)，希里奥蒂的《金字塔》(The Pyramids, 1997)，均专门探讨金字塔。史楚威克夫妇合著的《埃及底比斯：古卢克索墓群和神庙群指南》(Thebes in Egypt: A Guide to the Tombs and Temples of Ancient Luxor, 1999)，介绍曾为古埃及首都的底比斯精彩遗迹，叙述简明易懂。希里奥蒂的《诸王谷指南》(Guide to the Valley of the Kings, 1996)，里维斯和威尔京森合著的《诸王谷全探索》(The Complete Valley of the Kings, 1996)，则是诸王谷方面的专著。贝恩斯和马雷克合著的《古埃及地图集》(*Atlas of Ancient Egypt*, 1984)以文字和地图介绍埃及和努比亚全境的遗址。舒兹和塞德尔合编的《埃及:法老王的世界》(*Egypt: The World of the Pharaohs*, 1998)则着重阐明古埃及文明的丰饶。

新知
文库

01 《证据：历史上最具争议的法医学案例》［美］科林·埃文斯 著　毕小青 译
02 《香料传奇：一部由诱惑衍生的历史》［澳］杰克·特纳 著　周子平 译
03 《查理曼大帝的桌布：一部开胃的宴会史》［英］尼科拉·弗莱彻 著　李响 译
04 《改变西方世界的 26 个字母》［英］约翰·曼 著　江正文 译
05 《破解古埃及：一场激烈的智力竞争》［英］莱斯利·罗伊·亚京斯 著　黄中宪 译
06 《狗智慧：它们在想什么》［加］斯坦利·科伦 著　江天帆、马云霏 译
07 《狗故事：人类历史上狗的爪印》［加］斯坦利·科伦 著　江天帆 译
08 《血液的故事》［美］比尔·海斯 著　郎可华 译　张铁梅 校
09 《君主制的历史》［美］布伦达·拉尔夫·刘易斯 著　荣予、方力维 译
10 《人类基因的历史地图》［美］史蒂夫·奥尔森 著　霍达文 译
11 《隐疾：名人与人格障碍》［德］博尔温·班德洛 著　麦湛雄 译
12 《逼近的瘟疫》［美］劳里·加勒特 著　杨岐鸣、杨宁 译
13 《颜色的故事》［英］维多利亚·芬利 著　姚芸竹 译
14 《我不是杀人犯》［法］弗雷德里克·肖索依 著　孟晖 译
15 《说谎：揭穿商业、政治与婚姻中的骗局》［美］保罗·埃克曼 著　邓伯宸 译　徐国强 校
16 《蛛丝马迹：犯罪现场专家讲述的故事》［美］康妮·弗莱彻 著　毕小青 译
17 《战争的果实：军事冲突如何加速科技创新》［美］迈克尔·怀特 著　卢欣渝 译
18 《口述：最早发现北美洲的中国移民》［加］保罗·夏亚松 著　暴永宁 译
19 《私密的神话：梦之解析》［英］安东尼·史蒂文斯 著　薛绚 译
20 《生物武器：从国家赞助的研制计划到当代生物恐怖活动》［美］珍妮·吉耶曼 著　周子平 译
21 《疯狂实验史》［瑞士］雷托·U. 施奈德 著　许阳 译
22 《智商测试：一段闪光的历史，一个失色的点子》［美］斯蒂芬·默多克 著　卢欣渝 译
23 《第三帝国的艺术博物馆：希特勒与"林茨特别任务"》［德］哈恩斯－克里斯蒂安·罗尔 著　孙书柱、刘英兰 译
24 《茶：嗜好、开拓与帝国》［英］罗伊·莫克塞姆 著　毕小青 译
25 《路西法效应：好人是如何变成恶魔的》［美］菲利普·津巴多 著　孙佩妏、陈雅馨 译
26 《阿司匹林传奇》［英］迪尔米德·杰弗里斯 著　暴永宁、王惠 译

27 《美味欺诈:食品造假与打假的历史》[英]比·威尔逊 著　周继岚 译
28 《英国人的言行潜规则》[英]凯特·福克斯 著　姚芸竹 译
29 《战争的文化》[以]马丁·范克勒韦尔德 著　李阳 译
30 《大背叛:科学中的欺诈》[美]霍勒斯·弗里曼·贾德森 著　张铁梅、徐国强 译
31 《多重宇宙:一个世界太少了?》[德]托比阿斯·胡阿特、马克斯·劳讷 著　车云 译
32 《现代医学的偶然发现》[美]默顿·迈耶斯 著　周子平 译
33 《咖啡机中的间谍:个人隐私的终结》[英]吉隆·奥哈拉、奈杰尔·沙德博尔特 著　毕小青 译
34 《洞穴奇案》[美]彼得·萨伯 著　陈福勇、张世泰 译
35 《权力的餐桌:从古希腊宴会到爱丽舍宫》[法]让-马克·阿尔贝 著　刘可有、刘惠杰 译
36 《致命元素:毒药的历史》[英]约翰·埃姆斯利 著　毕小青 译
37 《神祇、陵墓与学者:考古学传奇》[德]C. W. 策拉姆 著　张芸、孟薇 译
38 《谋杀手段:用刑侦科学破解致命罪案》[德]马克·贝内克 著　李响 译
39 《为什么不杀光?种族大屠杀的反思》[美]丹尼尔·希罗、克拉克·麦考利 著　薛绚 译
40 《伊索尔德的魔汤:春药的文化史》[德]克劳迪娅·米勒-埃贝林、克里斯蒂安·拉奇 著
　　王泰智、沈惠珠 译
41 《错引耶稣:〈圣经〉传抄、更改的内幕》[美]巴特·埃尔曼 著　黄恩邻 译
42 《百变小红帽:一则童话中的性、道德及演变》[美]凯瑟琳·奥兰丝 著　杨淑智 译
43 《穆斯林发现欧洲:天下大国的视野转换》[英]伯纳德·刘易斯 著　李中文 译
44 《烟火撩人:香烟的历史》[法]迪迪埃·努里松 著　陈睿、李欣 译
45 《菜单中的秘密:爱丽舍宫的飨宴》[日]西川惠 著　尤可欣 译
46 《气候创造历史》[瑞士]许靖华 著　甘锡安 译
47 《特权:哈佛与统治阶层的教育》[美]罗斯·格雷戈里·多塞特 著　珍栎 译
48 《死亡晚餐派对:真实医学探案故事集》[美]乔纳森·埃德罗 著　江孟蓉 译
49 《重返人类演化现场》[美]奇普·沃尔特 著　蔡承志 译
50 《破窗效应:失序世界的关键影响力》[美]乔治·凯林、凯瑟琳·科尔斯 著　陈智文 译
51 《违童之愿:冷战时期美国儿童医学实验秘史》[美]艾伦·M. 霍恩布鲁姆、朱迪斯·L. 纽曼、
　　格雷戈里·J. 多贝尔 著　丁立松 译
52 《活着有多久:关于死亡的科学和哲学》[加]理查德·贝利沃、丹尼斯·金格拉斯 著　白紫阳 译
53 《疯狂实验史II》[瑞士]雷托·U. 施奈德 著　郭鑫、姚敏多 译
54 《猿形毕露:从猩猩看人类的权力、暴力、爱与性》[美]弗朗斯·德瓦尔 著　陈信宏 译
55 《正常的另一面:美貌、信任与养育的生物学》[美]乔丹·斯莫勒 著　郑嬿 译

56 《奇妙的尘埃》[美]汉娜·霍姆斯 著　陈芝仪 译

57 《卡路里与束身衣：跨越两千年的节食史》[英]路易丝·福克斯克罗夫特 著　王以勤 译

58 《哈希的故事：世界上最具暴利的毒品业内幕》[英]温斯利·克拉克森 著　珍栎 译

59 《黑色盛宴：嗜血动物的奇异生活》[美]比尔·舒特 著　帕特里曼·J.温 绘图　赵越 译

60 《城市的故事》[美]约翰·里德 著　郝笑丛 译

61 《树荫的温柔：亘古人类激情之源》[法]阿兰·科尔班 著　苜蓿 译

62 《水果猎人：关于自然、冒险、商业与痴迷的故事》[加]亚当·李斯·格尔纳 著　于是 译

63 《囚徒、情人与间谍：古今隐形墨水的故事》[美]克里斯蒂·马克拉奇斯 著　张哲、师小涵 译

64 《欧洲王室另类史》[美]迈克尔·法夸尔 著　康怡 译

65 《致命药瘾：让人沉迷的食品和药物》[美]辛西娅·库恩等 著　林慧珍、关莹 译

66 《拉丁文帝国》[法]弗朗索瓦·瓦克 著　陈绮文 译

67 《欲望之石：权力、谎言与爱情交织的钻石梦》[美]汤姆·佐尔纳 著　麦慧芬 译

68 《女人的起源》[英]伊莲·摩根 著　刘筠 译

69 《蒙娜丽莎传奇：新发现破解终极谜团》[美]让-皮埃尔·伊斯鲍茨、克里斯托弗·希斯·布朗 著　陈薇薇 译

70 《无人读过的书：哥白尼〈天体运行论〉追寻记》[美]欧文·金格里奇 著　王今、徐国强 译

71 《人类时代：被我们改变的世界》[美]黛安娜·阿克曼 著　伍秋玉、澄影、王丹 译

72 《大气：万物的起源》[英]加布里埃尔·沃克 著　蔡承志 译

73 《碳时代：文明与毁灭》[美]埃里克·罗斯顿 著　吴妍仪 译

74 《一念之差：关于风险的故事与数字》[英]迈克尔·布拉斯兰德、戴维·施皮格哈尔特 著　威治 译

75 《脂肪：文化与物质性》[美]克里斯托弗·E.福思、艾莉森·利奇 编著　李黎、丁立松 译

76 《笑的科学：解开笑与幽默感背后的大脑谜团》[美]斯科特·威姆斯 著　刘书维 译

77 《黑丝路：从里海到伦敦的石油溯源之旅》[英]詹姆斯·马里奥特、米卡·米尼奥-帕卢埃洛 著　黄煜文 译

78 《通向世界尽头：跨西伯利亚大铁路的故事》[英]克里斯蒂安·沃尔玛 著　李阳 译

79 《生命的关键决定：从医生做主到患者赋权》[美]彼得·于贝尔 著　张琼懿 译

80 《艺术侦探：找寻失踪艺术瑰宝的故事》[英]菲利普·莫尔德 著　李欣 译

81 《共病时代：动物疾病与人类健康的惊人联系》[美]芭芭拉·纳特森-霍洛威茨、凯瑟琳·鲍尔斯 著　陈筱婉 译

82 《巴黎浪漫吗？——关于法国人的传闻与真相》[英]皮乌·玛丽·伊特韦尔 著　李阳 译

83 《时尚与恋物主义：紧身褡、束腰术及其他体形塑造法》[美]戴维·孔兹 著　珍栎 译

84 《上穷碧落：热气球的故事》[英]理查德·霍姆斯 著　暴永宁 译

85 《贵族：历史与传承》[法]埃里克·芒雄－里高 著　彭禄娴 译

86 《纸影寻踪：旷世发明的传奇之旅》[英]亚历山大·门罗 著　史先涛 译

87 《吃的大冒险：烹饪猎人笔记》[美]罗布·沃乐什 著　薛绚 译

88 《南极洲：一片神秘的大陆》[英]加布里埃尔·沃克 著　蒋功艳、岳玉庆 译

89 《民间传说与日本人的心灵》[日]河合隼雄 著　范作申 译

90 《象牙维京人：刘易斯棋中的北欧历史与神话》[美]南希·玛丽·布朗 著　赵越 译

91 《食物的心机：过敏的历史》[英]马修·史密斯 著　伊玉岩 译

92 《当世界又老又穷：全球老龄化大冲击》[美]泰德·菲什曼 著　黄煜文 译

93 《神话与日本人的心灵》[日]河合隼雄 著　王华 译

94 《度量世界：探索绝对度量衡体系的历史》[美]罗伯特·P.克里斯 著　卢欣渝 译

95 《绿色宝藏：英国皇家植物园史话》[英]凯茜·威利斯、卡罗琳·弗里 著　珍栎 译

96 《牛顿与伪币制造者：科学巨匠鲜为人知的侦探生涯》[美]托马斯·利文森 著　周子平 译

97 《音乐如何可能？》[法]弗朗西斯·沃尔夫 著　白紫阳 译

98 《改变世界的七种花》[英]詹妮弗·波特 著　赵丽洁、刘佳 译

99 《伦敦的崛起：五个人重塑一座城》[英]利奥·霍利斯 著　宋美莹 译

100 《来自中国的礼物：大熊猫与人类相遇的一百年》[英]亨利·尼科尔斯 著　黄建强 译